유튜버 데르센의

사진촬영
라이트룸

ADOBE LIGHTROOM CLASSIC

D S L R

M I R R O R L E S S

L I G H T R O O M

BM 성안당
www.cyber.co.kr

Foreign Copyright:
Joonwon Lee
Address: 10, Simhaksan-ro, Seopae-dong, Paju-si, Kyunggi-do,
         Korea
Telephone: 82-2-3142-4151
E-mail: jwlee@cyber.co.kr

유튜버 데르센의
사진촬영&라이트룸

2018. 8. 30. 1판 1쇄 발행
2019. 8. 16. 1판 2쇄 발행

지은이 │ 데르센 김용만
펴낸이 │ 이종춘
펴낸곳 │ **BM** (주)도서출판 **성안당**

주소 │ 04032 서울시 마포구 양화로 127 첨단빌딩 3층(출판기획 R&D 센터)
     │ 10881 경기도 파주시 문발로 112 출판문화정보산업단지(제작 및 물류)
전화 │ 02) 3142-0036
     │ 031) 950-6300
팩스 │ 031) 955-0510
등록 │ 1973. 2. 1. 제406-2005-000046호
출판사 홈페이지 │ **www.cyber.co.kr**
ISBN │ 978-89-315-5577-6 (13000)
정가 │ **28,000원**

이 책을 만든 사람들
책임 │ 최옥현
진행 │ 조혜란
기획 · 진행 │ 앤미디어
교정 · 교열 │ 앤미디어
본문 · 표지 디자인 │ 앤미디어
홍보 │ 김계향
국제부 │ 이선민, 조혜란, 김혜숙
마케팅 │ 구본철, 차정욱, 나진호, 이동후, 강호묵
제작 │ 김유석

■ **도서 A/S 안내**

성안당에서 발행하는 모든 도서는 저자와 출판사, 그리고 독자가 함께 만들어 나갑니다.
좋은 책을 펴내기 위해 많은 노력을 기울이고 있습니다. 혹시라도 내용상의 오류나 오탈자 등이
발견되면 **"좋은 책은 나라의 보배"**로서 우리 모두가 함께 만들어 간다는 마음으로 연락주시기
바랍니다. 수정 보완하여 더 나은 책이 되도록 최선을 다하겠습니다.
성안당은 늘 독자 여러분들의 소중한 의견을 기다리고 있습니다. 좋은 의견을 보내주시는 분께는
성안당 쇼핑몰의 포인트(3,000포인트)를 적립해 드립니다.

잘못 만들어진 책이나 부록 등이 파손된 경우에는 교환해 드립니다.

　　사진 촬영과 보정은 서로의 부족한 부분을 채워주는 공생 관계와 같습니다. 촬영만 잘 한다고 해서 촬영 의도에 맞는 분위기를 연출하는 것은 어렵고, 보정만 잘 한다고 해서 설득력 있는 사진을 얻을 수 있는 것도 아닙니다. 촬영과 보정, 이 두 조건이 맞아떨어졌을 때 비로소 완성도 있는 사진이 나옵니다. 요즘은 다양한 매체를 통해 전문 포토그래퍼의 보정 방식을 배울 기회가 많습니다. 하지만 이런 방식을 입문자분들이 직접 촬영한 사진에 그대로 적용하면 전문 포토그래퍼의 사진에서 보았던 느낌이 사진에 드러나지 않게 됩니다. 왜 그럴까요? 여러분이 소질이 없어서도 아니고, 미적 감각이 없어서도 아닙니다. 이런 문제는 촬영 방식의 차이 때문에 발생합니다.

　　기획된 콘셉트가 없는, 즉흥적인 인물 촬영이라는 가정 하에 전문 포토그래퍼의 촬영 방식은 다음과 같습니다. 먼저, 빛의 방향과 성질을 고려한 후 그림자를 봅니다. 어떤 분위기의 사진을 촬영할 것인지 판단하여 인물의 위치를 주변 구조물에 맞게 설정합니다. 그런 다음 어떤 방식으로 보정을 더할 것인지 판단합니다. 예를 들면, 노출 부족으로 촬영할 것인지 아니면 노출 과다로 촬영할 것인지 결정하는 식입니다. 마지막으로, 큰 틀의 포즈를 잡아주고 본 촬영에 들어갑니다. 이 일련의 과정들이 대략 10초에서 30초 내외로 진행됩니다. 이것은 인물 촬영뿐만 아니라 다른 장르의 사진 촬영에서도 동일하게 적용됩니다. 여러분이 인터넷이나 서적을 통해 후보정을 배워도 사진에 전문 포토그래퍼의 느낌이 나타나지 않는 이유가 바로 여기에 있습니다. 최종 보정본의 결과물을 끌어내기 위한 촬영 과정이 생략되었기 때문에 전문 포토그래퍼의 보정 기법을 적용해도 같은 느낌의 이미지를 얻지 못하는 것입니다.

　　이 책은 사진에서 무엇보다 중요하다고 말할 수 있는 빛을 이해하기 위한 이론부터 시작하여 촬영한 결과물을 보정하는 실습과 연계하는 방식으로 진행합니다. 특정 컬러 톤을 사용하기 위해 어떻게 촬영해야 하는지 설명하며, 반복적인 툴 활용을 통해 자연스럽게 손에 익게끔 구성하였습니다. 또한 의도적으로 B컷을 촬영한 후 보완하는 방식으로 진행하면서 촬영 중 누구나 실수할 수 있는 부분을 짚어줍니다. 사진 초보가 사진 고수로 거듭나는 데는 '관심'에서 시작합니다. 이 책을 처음부터 끝까지 차근차근히 공부한다면 보정과 촬영 기술이라는 두 마리 토끼를 동시에 잡을 수 있을 것입니다. 공부하면서 이해가 가지 않는 부분이 있다면 메일(wwfhit0964@naver.com)과 유튜브 채널('데르센' 검색)을 통해 질문을 주시면 답변해 드리도록 하겠습니다.

데르센 김용만

미리보기 preview

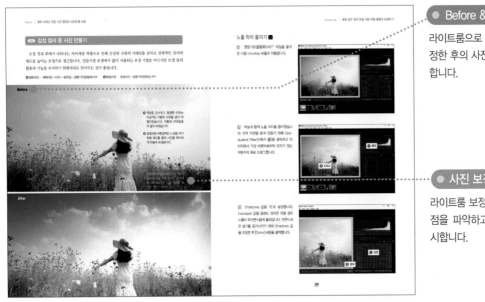

● Before & After

라이트룸으로 보정하기 전과 보정한 후의 사진을 비교하여 표시합니다.

● 사진 보정 계획

라이트룸 보정 전에 사진의 문제점을 파악하고, 보정 계획을 제시합니다.

● 따라하기

직접 라이트룸을 이용한 보정 작업을 따라하기 형식으로 제공합니다.

● 촬영 노하우

라이트룸을 이용한 보정 작업에 가장 적합한 사진 촬영 노하우를 소개합니다.

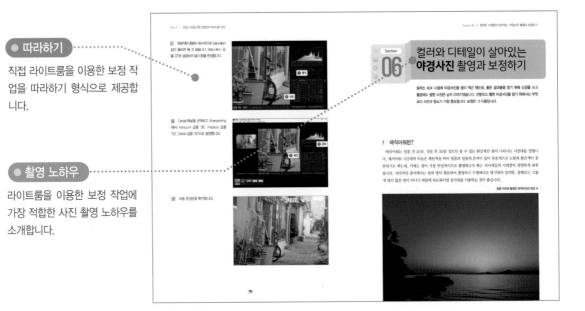

• 예제 파일 및 완성 파일 다운로드

이 책은 예제 및 완성 파일을 제공하며, 성안당 홈페이지(http://www.cyber.co.kr/)에서도 다운로드할 수 있습니다. 예제 및 완성 파일을 사용할 경우에는 폴더 전체를 하드디스크에 복사하여 사용하세요.

성안당 홈페이지에서 다운로드할 때에는 '회원가입'을 클릭하여 회원으로 가입한 다음 로그인하고 메인 화면에서 [자료실] 버튼을 클릭하세요. 다음 페이지 메뉴에서 [자료실/바로가기] 탭을 클릭하고 검색 창에 '사진 촬영 & 라이트룸'을 입력한 다음 [검색] 버튼을 클릭하면 예제 파일 및 완성 파일이 검색됩니다. [자료 다운로드 바로가기] 버튼은 회원 가입 상태에서만 보입니다.

• 라이트룸에서 예제 파일 불러오기

01 라이트룸을 실행시킨 다음 Library 모듈에서 화면 왼쪽 하단의 [Import] 버튼을 클릭합니다.

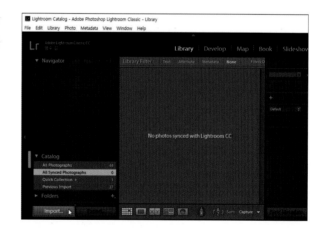

02 예제 파일을 복사해둔 저장 경로를 선택한 다음 화면에 예제 파일이 표시되면 [Import] 버튼을 클릭하여 불러옵니다.

❶ 파일 경로 선택

❷ 클릭

목차 contents

PART 03 풍경 사진을 위한 촬영과 라이트룸 보정

PART 05　소소하지만 확실한 행복을 위한 일상사진과 라이트룸 보정

PART 06 대박을 부르는 쇼핑몰 사진 촬영과 라이트룸 보정

카메라와 렌즈를 알면 라이트룸이 보인다

Part 1에서는 올바른 촬영 습관부터 시작하여 사진 촬영에 관한 기본적인 이론을 설명합니다. 빛과 색에 대한 개념을 이해한 후 사진 보정 작업을 위한 최적의 작업 환경을 세팅하는 방법까지 알아봅니다.

Section

01

완벽한 원본을 위한
카메라와 렌즈

좋은 사진을 촬영하기 위해서는 기본적인 사진 촬영 이론을 반드시 알고 있어야 합니다. 사진의 기본적인 부분은 카메라를 다루면서 자연스럽게 배울 수 있기 때문에 조금만 관심을 가진다면 누구나 쉽게 이해할 수 있습니다. 처음부터 불필요한 부분까지 공부할 필요는 없습니다. 기본적인 것만 공부를 해도 대부분의 사진을 촬영할 수 있기 때문이죠. 이번 섹션에서는 카메라 기본부터 시작하여 전문 사진 작가들이 사용하는 카메라 세팅에 대해 알아보겠습니다.

1 | 올바른 촬영 습관 갖기

카메라를 구입한 후 가장 먼저 해야 할 일이 있습니다. 바로 사용 설명서를 읽는 것인데요. 카메라 브랜드와 기종마다 버튼 배열과 기능이 다르기 때문에 반드시 읽어두는 것이 좋습니다. 설명서의 모든 기능을 정독하면서 외우면 좋겠지만, 힘들다면 당장 사진을 촬영하기 위해 필요한 부분만 익히고 차근차근 틈날 때마다 읽어도 좋습니다.

카메라와 렌즈 제대로 잡기

① 세 손가락으로 그립을 감싸듯이 잡습니다.

② 집게손가락을 셔터 버튼에 자연스럽게 올려놓고, 엄지는 카메라 후면부를 자연스럽게 감싸줍니다.

③ 왼손으로 렌즈를 가볍게 받치는 느낌으로 감싸줍니다.

세로 사진 촬영에 사용되는 자세

먼저 뷰파인더에 눈만 붙이는 자세입니다. 카메라를 좌우로 움직일 수 있는 각이 넓기 때문에 빠른 대응을 요구하는 촬영에 적합합니다. 하지만 셔터스피드가 조금이라도 느려지면 사진이 흔들릴 수 있는 단점이 있습니다. 다음으로는 양팔의 팔꿈치와 뷰파인더의 눈, 총 세 개의 포인트가 몸에 밀착되는 자세입니다. 좌우로 움직이는 각이 좁긴 하지만 가장 안정적인 자세이기 때문에 느린 셔터스피드로 촬영해도 흔들리지 않는 사진을 얻을 수 있습니다.

▲ 빠른 대응이 가능한 세로사진 촬영 자세

▲ 안정적인 세로사진 촬영 자세

뷰파인더로 봐야 하는 이유

일반적으로 DSLR 카메라는 두 가지 방법으로 촬영하려는 대상(피사체)을 관찰할 수 있습니다. 카메라 상단에 달려있는 뷰파인더가 첫 번째 방법이고, 두 번째 방법은 LCD 창을 통해서 촬영하는 것입니다.

사진을 배우는 단계에서는 LCD 창이 아닌 뷰파인더를 통해 촬영하는 습관을 들이는 것이 좋습니다. 상황에 따라 LCD 창이 도움이 될 때가 있지만, 주변의 빛이 LCD 창에 반사되어 피사체를 또렷하게 관찰할 수 없고 LCD 창에 보이는 이미지는 카메라 내장 필터가 적용된 이미지이기 때문에 사실적인 모습을 볼 수 없기 때문입니다. 모든 것은 시작이 가장 중요합니다. 처음부터 잘못된 습관으로 촬영하면 다시 되돌리는데 오랜 시간이 걸리게 되는 점을 주의하길 바랍니다.

▲ DSLR 카메라 후면

2 | 사진은 빛으로 그리는 그림, 노출

사진에서 가장 중요한 것은 밝기입니다. 이 밝기를 사진에서는 '노출'이라는 단어로 말하고 있습니다. 사진을 촬영했을 때 어둡게 나왔다면 '노출 부족', 밝게 나왔다면 '노출 과다', 적당한 밝기로 나왔다면 '적정 노출'이라 부릅니다.

▲ 노출 부족

▲ 적정 노출

▲ 노출 과다

3 | 메시지를 전달하는 수단, 초점

정확한 초점을 위한 셔터 누르는 습관

초점 방식에는 MF(수동 초점)과 AF(자동 초점)이 있습니다. 수동 초점은 초점 링을 돌려 직접 초점을 맞추는 방식이고, 자동 초점은 카메라가 자동으로 감지하여 초점을 맞추는 방식입니다. 수동 초점 방식은 동영상 촬영과 세밀한 촬영(접사, 제품 촬영)에서 활용되고 자동 초점 방식은 일반적인 사진 촬영에서 활용되고 있습니다. 즉, 수동 초점과 자동 초점은 카메라 숙련도가 아닌 활용도에 따라 구분해서 사용한다고 볼 수 있습니다. 그런데 초점은 왜 중요할까요? 이유는 사진은 '눈으로 보는 시각 언어'이기 때문입니다. 사진은 감상하는 이들이 어떤 내용인지 알 수 있게 촬영해야 합니다. 초점을 정확하게 맞춘 사진은 보는 이들에게 명확한 메시지를 전달할 수 있지만, 초점이 맞지 않은 사진은 의미를 제대로 전달할 수 없습니다.

▲ AF : 자동 초점, MF : 수동 초점

▲ 초점 링을 조절하면 수동으로 초점을 잡을 수 있다.

명확한 메시지 전달을 위해서는 셔터를 누르는 방법부터 알고 실천해야 합니다. 반누름과 누름이라는 단어가 있지만, 일반적으로 반셔터와 셔터라는 단어로 통용하여 사용하고 있습니다. 셔터를 누르는 방법은 다음과 같습니다.

① 뷰파인더 또는 LCD 창을 보며 피사체의 위치를 잡고 셔터를 살짝 누르면 '삐빅' 소리가 납니다. 이렇게 누른 상태에서 손을 떼지 말고 대기합니다. 이것을 '반셔터'라 하며 사진을 촬영하기 전에 초점을 맞

추는 과정입니다. 매우 중요한 과정으로, 사진 경력이 오래되더라도 반드시 선행되어야 합니다. 이 과정을 생략하고 셔터를 깊게 눌러 촬영하면 일반적으로 말하는 핀이 나간 사진 즉, 초점이 맞지 않은 사진이 나오게 됩니다.

② 뷰파인더 또는 LCD 창을 보며 초점을 맞춘 피사체가 선명하게 나오는지 확인한 후 셔터를 깊게 눌러 촬영합니다. 일반적으로 사진 경력이 좀 되는 분들도 뷰파인더 또는 LCD 창으로 초점을 맞춘 영역을 확인하지 않은 채 촬영하는 경우가 있습니다. 그러므로 반드시 초점 맞춘 영역이 선명한지 확인한 다음 촬영하는 습관을 갖는 것이 중요합니다.

▲ 초점을 엉뚱한 곳에 맞춘 사진　　　　　　　　　▲ 초점을 피사체에 정확하게 맞춘 사진

정확한 초점을 위한 카메라 세팅과 촬영 습관

정확한 초점을 맞추기 위해서는 초점 영역과 관련된 카메라 세팅을 바꿀 필요가 있습니다. 뷰파인더를 보면서 반셔터를 누르면 뷰파인더 전체로 초점 맞은 영역이 움직이는 것을 확인할 수 있습니다. 이것은 카메라 제조사에서 출고 시 정해놓은 기본 설정이며, 정확한 초점을 위해서는 설정을 스팟 AF 방식으로 바꿔야 합니다.

스팟 AF는 뷰파인더상에 보이는 가운데 점 하나를 활용하여 초점을 맞추는 방식으로, 가장 정확하고 세밀하게 초점을 맞춥니다. 스팟 AF 방식이 정확한 이유는 AF 포인트의 모양 때문인데요. 고가의 기종들은 AF 포인트가 십자가(+) 형태이지만 일반적인 DSLR 카메라의 경우에는 가운데와 그 주변의 몇 개만 십자가 모양이고 나머지는 일자형 모양을 띠고 있습니다.

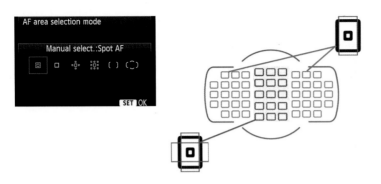

▲ 뷰파인더 프레임 내에 형성된 AF 센서와 AF 포인트의 모양

AF 포인트의 모양이 정확도와 어떤 관련이 있을까요? 다음 사진을 예로 들어보겠습니다. 사진에서 주 피사체는 세로 모양의 형태를 가진 울타리로, 울타리에 초점을 맞추고 촬영하였습니다. 이것을 가운데 십 자가형 스팟 AF가 아닌, 주변의 일자형 AF를 활용할 경우 초점을 빠르게 맞추지 못할뿐더러 울타리가 아닌 앞뒤 배경에 초점 맞춰질 수 있습니다. 쉽게 말해, 가로로 된 피사체이든 세로로 된 피사체이든 십자 가 모양이면 어딘가에는 걸리게 되니 손쉽게 초점을 맞출 수 있습니다. 이런 이유 때문에 가운데 스팟 AF 하나만 활용하여 초점을 맞추는 것 입니다.

가운데 스팟 AF를 사용해야 하는 이유는 하나 더 있는데요. 조리개 대응 센서 기능이 있기 때문입니다. 명칭은 어렵지만 원리는 간 단합니다. 대부분의 DSLR 카메라는 가운데 AF 센서가 조리개 F/2.8 대응으로 설계해놓 았습니다. 즉, 조리개 F/2.8보다 밝은 렌즈들 (예 : F/1.8, F1.4)을 사용할 경우 F/2.8 대 응 센서가 작동합니다. 번들렌즈처럼 최대 개 방 값이 F/3.5인 렌즈는 가운데 AF 사용을 못하는지 의문이 생길 수 있는데요. 물론, 사 용할 수 있습니다. 왜냐하면 가운데 AF 센서 는 F/2.8 대응뿐만 아니라 F/5.6도 같이 넣 어 두었기 때문이죠. 정확성을 가진 F/2.8 대 응 센서를 작동시키기 위해서라도 가운데 하 나만 사용하는 것이라고 보면 됩니다.

그런데 여기서 한 가지 문제가 있습니다. 가운데 스팟 AF 하나만 사용할 경우 피사체가 프레임 내에서 가운데 배치되는 점입니다. 이 문제는 카메라의 구도를 변경하면 해결할 수 있습니다.

검은색 영역 : F/5.6 또는 F/8.0 대응

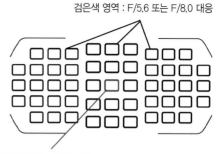

빨간색 영역 : F/2.8 대응

4 | 프레임 내 피사체의 위치를 변경하는 '구도 변경'

가운데 스팟 AF 포인트를 사용할 경우 피사체가 프레임 가운데에 배치되는 문제가 발생합니다. 주 피사체의 위치를 왼쪽 또는 오른쪽으로 이동시키기 위해서는 구도 변경을 해야 합니다. 방법은 간단합니다.

▲ 구도 변경 전 : 인물이 가운데 배치　　　　　　　　　▲ 구도 변경 후 : 인물이 측면에 배치

① 촬영하려는 피사체를 가운데 두고 반셔터를 누릅니다.
② 반셔터를 계속 누르고 있는 상태에서 카메라 앵글을 원하는 방향으로 움직입니다.
③ 프레임 내 원하는 위치에 피사체를 배치합니다.
④ 원하는 위치에 피사체를 배치했다면 그 상태에서 셔터를 눌러 촬영합니다.

> **Tip 코사인 오차**
>
> 코사인 오차는 구도를 변경하는 과정에서 처음 지정한 초점 위치가 틀어지는 현상으로, 본문의 구도 변경 과정 중 ②번 과정에서 발생합니다. 코사인 오차는 초광각 렌즈로 최대 개방에서 종종 발생합니다. 즉, 일반적으로 사용되고 있는 렌즈로 인물 촬영 시 발생하는 초점이 나가는 문제가 코사인 오차일 가능성은 1%도 안 됩니다. 조리개를 너무 개방한 상태에서 인물이 움직였거나 촬영자의 잘못된 촬영 습관으로 초점이 맞지 않는 경우가 많으므로 코사인 오차에 대한 연구를 하기보다는 올바른 촬영 습관을 들이고 최대 개방에서 인물의 움직임을 최소화해야 합니다.

카메라 성능은 좋아졌는데, 사진 실력은 그대로?

DSLR 카메라의 기술력은 나날이 좋아지고 있습니다. 올 크로스(뷰파인더 모든 영역이 십자가 모양)형의 AF 포인트를 장착한 카메라는 물론이고 F/2.8 대응 센서 역시 한 개가 아닌, 중앙부 전체에 걸쳐 포진된 DSLR 카메라가 시장에 나오고 있는데, 이 추세로 몇 년이 지나면 가운데 스팟 AF만 고집할 이유가 없을지도 모릅니다. 하지만 취미로 인터넷이나 SNS에 사진을 올리는 분들의 사진 품질과 내용은 10년 전이나 5년 전이나 지금과 별반 다르지 않습니다. 카메라 성능과 마찬가지로 사진 품질도 좋아졌을 것 같은데 말이죠. 카메라의 성능은 사진의 품질을 대변해주지 못합니다. 앞서 언급한 AF에 관한 내용 역시 정확하고 신속한 촬영에 한정하여 생각하기보다는 '촬영 기술'의 관점에서 생각해야 합니다. 구도 변경으로 인한 프레임 구성과 렌즈의 왜곡에 대한 이해를 높이기 위해서라도 말입니다.

5 | 조리개 바로 알기

조리개란?

조리개는 빛의 양을 조절하는 장치로, 조리개의 크기는 F 값 또는 F 스톱(F-Stop)이라 말하며 통상적으로 줄여서 '스톱'이라 말하기도 합니다. 사진은 '빛으로 그리는 그림'입니다. 빛이 있어야 사진이라는 결과물이 나오기 때문에 외부의 빛이 카메라까지 들어가야 하는데, 이때 많은 양의 빛이 들어가면 사진이 밝게 나오고 적은 양의 빛이 들어가면 사진이 어둡게 나옵니다. 이처럼 조리개는 노출(사진의 밝기)을 결정하는데 있어 큰 역할을 담당하고 있습니다. 조리개의 역할은 노출뿐만 아니라 심도(사진에서 선명하게 보이는 영역)까지 관여하는데요. 하나씩 차근차근 알아보도록 하겠습니다.

밝기에 관여하는 조리개

다음 이미지를 보면 조리개 값이 작으면 구멍이 커지고 조리개 값이 크면 구멍이 작아진다는 것을 알 수 있습니다. 즉, 구멍이 크면 많은 빛이 들어가고 구멍이 작으면 적은 빛이 들어가는 것입니다. 조리개 구멍을 크게 하는 것을 '조리개를 개방한다.'라고 하고, 구멍을 작게 하는 것을 '조리개를 조여 준다.'라고 합니다.

F/1.8

F/11

조리개 값이 작으면 구멍이 커지므로 사진이 밝게 나오고, 조리개 값이 크면 구멍이 작아져 사진이 어둡게 나오게 됩니다.

▲ 조리개 값 : F/1.4

▲ 조리개 값 : F/4.5

심도에 관여하는 조리개

다음 사진을 보면 조리개 값이 작으면 배경이 흐려지고, 조리개 값이 크면 전체가 선명한 사진이 나오는 것을 알 수 있습니다. 심도는 '초점이 맞춰진 범위'를 말합니다. 초점이 얕게 맞춰지면 아주 좁은 범위만 선명한 사진이 나오고 배경은 흐려지는데, 통상적으로 아웃포커스라 불리는 사진 기술입니다. 반대로 초점이 깊게 맞춰지면 넓은 범위까지 선명한 사진이 나오게 됩니다. 이것을 팬포커스라 합니다. 즉, 초점이 얕게 맞춰져 아웃포커스가 된 사진을 '얕은 심도', 팬포커스로 깊게 맞춰진 사진을 '깊은 심도'라 합니다.

▲ 조리개 값 : F/1.4

▲ 조리개 값 : F/8.0

상황에 맞는 조리개 값의 활용

아웃포커스된 사진이 감성적이고 주제를 잘 드러낼 수 있다고 생각할 수 있지만 상황에 맞는 조리개 값을 활용하는 것이 더욱 중요합니다.

▲ 조리개 값을 F/7.1로 촬영한 이미지

6 | 셔터스피드 바로 알기

셔터스피드는 '셔터가 열려있는 시간의 길이'를 말하는 것으로, 셔터가 열렸을 때는 빛을 받아들이고 닫히면서 빛을 차단시켜 더 이상 빛이 들어오지 못하게 합니다. 즉, 셔터가 오랫동안 열려 있으면 그만큼 빛을 많이 받아서 사진이 밝게 나오는 것이고, 반대로 짧은 시간동안 열려 있으면 빛을 상대적으로 어둡게 나옵니다. 셔터스피드 역시 조리개와 마찬가지로 노출을 결정하는데 큰 역할을 담당하며 표현력에도 관여합니다.

셔터스피드를 빠르게 세팅하여 촬영하면 사진이 어둡게 나오고, 느리게 세팅하여 촬영하면 사진이 밝게 나옵니다. 여기서 빠르게 세팅된 셔터스피드 값을 '빠른 셔터속도(빠른 셔속)', 느리게 세팅된 셔터스피드 값을 '느린 셔터속도(느린 셔속)'라 합니다.

▲ 셔터스피드 1/100초 : 사진이 밝게 나온다.

▲ 셔터스피드 1/250초 : 사진이 어둡게 나온다.

표현 방식에 관여하는 셔터스피드

셔터속도를 빠르게 세팅하고 촬영하면 빠르게 움직이는 피사체도 정지 영상처럼 촬영할 수 있습니다. 반대로 셔터속도를 느리게 세팅하고 촬영하면 잔상이 발생합니다. 그렇기 때문에 선명하게 촬영해야 하는 사진과 잔상을 남겨야 하는 사진을 명확하게 구분하여 촬영해야 합니다.

▲ 셔터스피드 25초로 촬영 : 물결의 흐름을 부드럽게 표현할 수 있다.

▲ 셔터스피드 1/100초로 촬영 : 눈으로 보지 못하는 순간적인 장면을 포착할 수 있다.

셔터스피드 값에 따른 득과 실

셔터스피드 값은 사진의 흔들림에 직접적인 영향을 줍니다. 셔터스피드를 빠르게 세팅할 경우에는 문제가 되지 않지만 셔터스피드를 느리게 세팅할 경우 손떨림이 발생합니다. 즉, 어두운 장소에서 촬영 시 밝게 하기 위해 셔터스피드를 너무 느리게 세팅하면 손떨림이 발생할 수 있습니다. 일반적으로 1/125초 이상의 셔터스피드라면 흔들리

▲ 셔터스피드 1/15초, 셔터스피드가 너무 느릴 경우 흔들린 사진을 얻게 된다.

지 않는 사진을 얻기 위한 안정적인 속도입니다. 하지만 이는 일반적인 경우이며, 렌즈의 초점 거리 및 촬영자의 촬영 습관과 자세에 따라 달라질 수 있습니다. 그러므로 자주 사용하는 렌즈를 장착하고 촬영했을 때 흔들리지 않는 최저 셔터스피드 값을 반드시 알고 있어야 합니다.

흔들리지 않는 셔터스피드 값 확인하기

① 카메라에 렌즈를 장착한 후 손으로 잡습니다.
② 카메라의 촬영 모드를 셔터스피드 우선 모드로 설정하고, ISO 감도를 자동으로 설정합니다.
③ 셔터스피드를 1/60초로 설정하여 촬영합니다. 만약 사진이 흔들렸다면 셔터스피드를 조금씩 올려서 촬영합니다.
④ 컴퓨터로 사진 파일을 연 후 초점 맞춘 영역이 흔들렸는지 확인합니다. 흔들리지 않은 셔터스피드 값이 촬영자가 카메라를 손으로 들고 버틸 수 있는 최저 셔터스피드 값입니다.

Tip 일반적인 상황에서는 이렇게 확인한 최저 셔터스피드 값으로 촬영해도 문제가 거의 생기지 않지만 빠른 대응을 요구하는 촬영(스포츠, 행사 촬영)에서는 사진이 흔들릴 확률이 높습니다. 이런 경우에는 최소 셔터스피드보다 조금 더 빠르게 설정합니다.

7 | ISO 감도 바로 알기

ISO 감도는 '빛에 반응하는 입자의 크기'를 말하는 것으로, 입자의 크기가 크면(높은 ISO 감도) 아주 적은 양의 빛에도 반응하기 때문에 사진을 밝게 촬영할 수 있습니다. 반대로 입자의 크기가 작으면(낮은 ISO 감도) 많은 양의 빛에도 둔감하게 반응하므로 사진이 어둡게 촬영됩니다. ISO 감도 역시 조리개, 셔터스피드와 같이 노출을 결정하는데 있어 결정적인 역할을 담당하고 있습니다.

ISO 감도 값에 따른 득과 실

ISO 감도 값이 크면 빛의 양이 적은 어두운 장소에서도 사진을 밝게 촬영할 수 있지만 사진의 품질은 떨어지게 됩니다. 쉽게 말하자면 노이즈가 발생하는 것이지요. 반대로 ISO 감도 값이 작으면 사진의 품질은 좋아지지만 어두운 장소에서 촬영 시 어둡게 촬영됩니다. 이것을 밝게 하기 위해서는 셔터스피드를 느리게 세팅해야 하는데 이럴 경우 손떨림이 발생하게 됩니다.

▲ ISO 감도 1600. 감도를 올리면 어두운 장소에서 밝게 촬영할 수 있는 대신 노이즈가 발생한다.

8 | 뷰파인더에서 노출 정보 보는 법

　LCD 창으로 촬영할 경우, 화면의 밝기를 보면 판단할 수 있습니다. 현재 노출이 적정 노출인지 아닌지 하지만 뷰파인더를 통해 촬영할 때는 노출 정보 창에서 확인하여 촬영해야 합니다. 뷰파인더의 하단을 보면 다음 그림과 같은 노출 정보 창이 있습니다. 가운데 오각형 모양(▼)이 적정 노출이며 이것을 기준으로 직사각형 막대(▮)가 '−' 방향으로 이동하면 노출 부족(사진이 어둡게 촬영됨), '+' 방향으로 이동하면 노출 과다(사진이 밝게 촬영됨)라고 생각하면 됩니다.

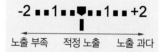

9 | 카메라 모드만 바꿔도 사진이 달라진다

카메라 모드의 종류와 활용

❶ 카메라를 몰라도 된다! 자동 모드(Auto Mode)

　자동 모드는 모든 설정 값을 카메라가 자동으로 지정해주는 모드로, 카메라에 대한 지식이 전혀 없어도 누구나 손쉽게 촬영할 수 있는 모드입니다. 하지만 촬영자가 의도한 대로 표현할 수 없기 때문에 사진을 배우는 단계에서는 활용도가 없다고 볼 수 있습니다.

▲ 카메라 촬영 모드 다이얼

❷ 빠른 대응을 위한 P 모드(Programing AE Mode)

　P 모드는 완전 자동과는 달리 프로그램 시프트(Program Shift) 기능이 있습니다. 프로그램 시프트는 셔터스피드 값을 조절하면 조리개 값이 같이 자동 조정되면서 적정 노출로 맞춰주는 기능으로, ISO 감도와 측광 방식 모두 변경이 가능합니다. 빠른 대응을 요구하는 촬영에서 주로 사용하는 모드이지만 카메라에 익숙해지면 활용도가 많이 떨어지는 모드입니다.

❸ 조리개 우선 모드(Aperture Priority Mode)

　조리개 우선 모드는 일반적으로 AV 모드 혹은 A 모드로 불리며, 조리개 값에 중점을 두고 나머지 세팅 값이 변경되면서 적정 노출을 맞춰주는 모드입니다. 풍경, 접사, 정물, 인물 등 다양한 촬영에서 두루두루 많이 사용되며 인물 촬영 시 아웃포커스 효과를 내기 위해 조리개를 개방 값으로 설정한 후 촬영하는 경우도 많습니다. 단, 어두운 장소에서 촬영하면 셔터스피드가 나오지 않아 사진이 흔들릴 수 있는 단점이 있습니다.

④ 셔터스피드 우선 모드(Shutter Speed Mode)

셔터스피드 우선 모드는 Tv 모드 또는 S 모드로 불리며, 셔터스피드 값을 지정하면 나머지 값들이 변경되면서 적정 노출을 맞춰주는 모드입니다. 패닝샷이나 줌인샷에 많이 활용하고 어두운 장소에서 셔터스피드 확보가 어려운 경우 ISO 감도를 자동으로 설정한 후 사용합니다.

▲ 패닝샷   ▲ 줌인샷

⑤ 카메라와 친해질 수 있는 수동 모드(Manual Mode)

수동 모드는 'M 모드'라 부르며 노출에 관여하는 모든 부분을 촬영자가 직접 설정하며 촬영자의 의도를 100% 반영할 수 있는 모드입니다. 카메라를 자유자재로 다룰 수 있는 훈련을 할 수 있지만 노출과 표현에 대한 기본 지식이 있어야 하고, 카메라를 익숙하게 다루지 못할 경우 빠른 대응을 요구하는 촬영이 어려운 단점이 있습니다.

> **Tip** 이후 몇 가지 섹션을 제외한 모든 촬영은 수동 모드로 진행됩니다. 어렵다고 느껴질 수 있지만 수동 모드 하나만 제대로 알고 익숙하게 다룰 줄 알게 되면 나머지 모드를 전부 다룰 수 있습니다.

어렵게만 느껴지는 수동 모드

수동 모드는 사진이나 카메라를 이해하는데 가장 효과적이기 때문에 필자는 입문자분들에게 항상 수동 모드로 사진을 촬영하라고 말합니다. 처음으로 수동 모드를 설정할 때는 머릿속으로 더듬더듬 생각하면서 지정해야 하지만 일주일만 지나면 능숙하게 다룰 수 있을 것입니다. 앞에서 셔터스피드, 조리개, ISO 감도는 노출에 직접적인 역할을 담당하고 있다고 설명했습니다. 수동 모드는 이 세 가지를 활용해 직접 카메라 세팅을 하는 것입니다.

❶ 조리개 값의 선택

조리개 값은 노출 외에 심도에도 영향을 줍니다. 그러므로 사진 촬영할 때 어떤 심도로 가져갈 것인가는 매우 중요합니다. 깊은 심도라면 조리개를 조여야 하고, 얕은 심도의 아웃포커스된 사진을 얻으려면 조리개를 개방해야 합니다.

최초 카메라 세팅은 조리개 값 4.0, 셔터스피드 1/320초, ISO 감도 100입니다. 이제 이 값들을 조정하여 노출을 맞춰보도록 하겠습니다. 일단 조리개 값부터 맞추겠습니다. 필자는 조리개 값을 F/2.2로 설정하였습니다. 반셔터를 누른 후, 뷰파인더 하단의 노출 정보 창을 보면 다음과 같은 노출 정보가 표시됩니다. 셔터를 누른 결과 이미지가 상당히 어둡게 촬영되었습니다.

▲ 조리개 F/2.2, 셔터스피드 1/320초, ISO 감도 100

❷ 셔터스피드의 선택

앞선 과정에서 사진이 어둡게 촬영되었습니다. 이제 셔터스피드로 밝기를 맞춰 보겠습니다. 사진이 흔들리지 않는 최저 셔터스피드 값이 1/125초인 것을 확인한 후 조리개 값을 F/2. 2, 셔터스피드를 1/125초로 세팅하고 반셔터를 누릅니다. 뷰파인더 노출 정보를 보면 이전보다는 조금 더 밝아진 것을 확인할 수 있습니다.

▲ 조리개 F/2.2, 셔터스피드 1/125초, ISO 감도 100

최초 설정된 1/320초보다 1/125초가 느린 셔터스피드이기 때문에 빛을 더 오랫동안 받아서 노출 값이 올라간 것입니다. 셔터스피드 값을 조정함으로써 사진의 밝기가 밝아지긴 했지만 여전히 사진이 어둡게 느껴집니다.

❸ ISO 감도의 선택

부족한 빛을 채우는 마지막 단계입니다. ISO 감도 값을 올려줍니다. ISO 감도를 400으로 세팅하면 적정 노출로 설정합니다.

▲ 조리개 F/2.2, 셔터스피드 1/125초, ISO 감도 400

ISO 감도를 올리면 이미지 품질이 떨어지지만 셔터스피드가 확보된 상태이기 때문에 흔들리지 않는 안정된 사진을 얻을 수 있습니다. 사진은 촬영자의 의도가 아닌 이상 기본적으로 흔들리지 않은 상태에서 평가를 받을 수 있고, 보는 이의 공감대를 형성할 수 있습니다. 그러므로 삼각대가 없는 상황에서 깨끗한 이미지를 얻기 위해 너무 ISO 감도 100에 연연할 필요는 없습니다. 흔들리지 않는 사진을 촬영하는 것이 중요하니까요.

10 | 사진 기본 이론의 끝판 왕, 측광 모드

측광은 이제 막 사진을 배우는 분들이 가장 어려워하는 부분 중 하나입니다. 단어 자체도 생소하고 머릿속에서 외우려고 하다 보니 어렵게 느끼는 것 같습니다. 측광 모드의 종류를 간략하게 살펴본 후 측광에 대해 잘못 생각할 수 있는 부분을 짚고 넘어가도록 하겠습니다.

측광 모드의 종류

측광은 뷰파인더에 보이는 범위 중 일부 혹은 전체를 선택하여 빛의 양을 측정하는 것으로, 빛의 양에 따라 사진의 밝기가 달라지며, 자동 모드와 반자동 모드에서만 적용됩니다. 모든 설정을 직접 세팅하는 수동 모드에서는 노출 정보만 확인하는 참고용으로만 활용됩니다.

❶ 평가 측광(다분할 측광, 멀티패턴 측광)

평가 측광은 뷰파인더에서 보이는 전체 영역에 대한 평균값을 계산하여 빛의 양을 측정하는 모드입니다. 전체적으로 고른 밝기를 요구하는 촬영에서 사용되며, 일반적으로 풍경사진에서 많이 활용하는 모드입니다. 하지만 다음의 왼쪽 사진을 보면 가장 밝은 부분의 밝기가 너무 밝은 것을 확인할 수 있습니다. 그러므로 빛이 일부분만 들어오는 곳이나 일몰이나 일출 사진처럼 암부와 명부의 노출 차가 큰 상황에서는 적합한 모드는 아닙니다.

▲ 평가 측광은 뷰파인더 전체 영역에 대한 평균값을 계산한 노출로 촬영된다.　▲ 전체적으로 고른 밝기인 풍경을 촬영할 때 사용하기 적합하다.

❷ 중앙부 중점 측광

중앙부 중점 측광은 뷰파인더로 보이는 전체 영역 중 가운데 영역을 70~80%, 나머지 붉은색 원을 20~30% 비율로 측정하는 모드입니다. 다음 사진을 보면 평가 측광과 달리 사진의 전체적인 밝기가 안정된 것을 확인할 수 있습니다. 일반적으로 인물 촬영이나 일몰, 일출, 풍경 등 다양한 촬영에서 많이 활용하는 측광 모드입니다.

▲ 중앙부 중점 측광은 뷰파인더 가운데 중점을 둔 측광 방식이다.

▲ 인물 촬영에서 주로 활용된다.

❸ 스팟 측광

스팟 측광은 아주 작은 포인트를 활용하여 빛의 양을 측정하는 모드로, 일정 범위가 아닌 포인트 하나만 활용하는 측광 모드입니다. 포인트로 지정된 부분만 적정 노출을 맞추는데, 뷰파인더 내에서 어디에 측광을 하느냐에 따라 결과물의 밝기가 완전히 달라지기도 합니다. 스팟 측광은 세밀한 노출을 요구할 때 사용할 뿐만 아니라 풍경, 인물, 일상 등 다양한 촬영에서 활용합니다. 단, 정확하고 세밀한 대신 많은 촬영 경험이 요구되는 단점이 있습니다. 또한 다음 사진처럼 AF 포인트에 따라 스팟 측광이 같이 움직이는 카메라 기종이 있지만 가운데에 포인트가 고정이 된 카메라가 대부분이므로, 먼저 카메라가 AF 영역에 따라 스팟 측광 연동이 되는지 확인해야 합니다.

▲ 스팟 측광은 가운데 하나의 포인트에 관한 영역만 측광하는 모드다.

▲ 인물사진뿐만 아니라 명부와 암부의 차이가 클 때 유용하게 활용된다.

Tip 이후 몇 가지 섹션을 제외한 모든 촬영은 스팟 측광 모드로 진행됩니다. 가장 어렵다고 느낄 수 있는 부분이지만 스팟 측광을 자주 다루고 이해하게 되면 상황에 따라 어디에, 어떻게 측광해야 하는지 알 수 있고 응용할 수 있기 때문입니다.

측광 방식에 따라 명부와 암부의 노출 차를 극복할 수 있을까?

우리가 생활하는 공간에는 어두운 곳도 있고 밝은 곳도 있습니다. 여기서 어두운 부분을 '암부', 밝은 부분을 '명부'라 부르는데, 명부와 암부에도 단계가 있고 최대 밝기와 최소 밝기가 존재합니다. 이것을 가리켜 '다이내믹 레인지(Dynamic range)'라 부릅니다. 사람의 눈은 상당히 정교하면서도 많은 것을 볼 수 있는데요. 여기서 많은 것이란

노출의 범위를 말합니다. 하지만 다음 사진을 보면 DSLR 카메라가 볼 수 있는 노출의 범위와 사람이 볼 수 있는 노출의 범위는 다른 것을 알 수 있습니다.

▲ 사람의 눈으로는 지붕 아래까지 밝게 보인다.

▲ 카메라는 지붕 아래의 밝기까지 보지 못한다.

카메라의 다이내믹 레인지는 사람의 눈보다 좁기 때문에 명부와 암부의 밝기 차이가 큰 상황에서 측광 모드를 변경해도 명부와 암부 둘 다 밝게 하거나, 둘 다 어둡게 하는 것만 가능합니다. 이것이 측광 모드의 핵심입니다. 측광 모드는 빛의 양을 측정하는 범위를 촬영자가 지정만 할 뿐, 명부와 암부의 노출 차이를 계산하여 실제로 눈으로 보는 것처럼 표현하는 것이 아닙니다. 다음 사진은 스팟 측광으로 측광의 위치를 다르게 촬영한 것입니다.

▲ 하늘에 노출을 맞추면 단청 아래가 어두워진다.　　　　▲ 단청 아래에 노출을 맞추면 하늘이 너무 밝아진다.

수동 모드에서는 측광 모드가 필요 없을까?

　측광 모드는 반자동 모드와 자동 모드에서만 직접적으로 영향을 받습니다. 다음 사진은 반자동 모드인 조리개 우선 모드로, 동일한 조리개 값에 측광 모드만 다르게 촬영한 것입니다. 결과물을 보면 사진의 밝기도 다르고 셔터스피드 값도 다른 것을 알 수 있습니다. 이렇게 촬영된 이유는 반자동 모드와 자동 모드는 노출을 적정 노출까지 맞추려는 성질이 있기 때문입니다. 만약 셔터스피드 우선 모드였다면 조리개 값이 달라지면서 노출을 맞추려 했을 것입니다.

▲ 조리개 우선 모드 F/6.3, 1/15초, ISO 640, 평가 측광

▲ 조리개 우선 모드, F/6.3, 1/30초, ISO 640, 중앙부 중점 측광　　▲ 조리개 우선 모드, F/6.3, 1/200초, ISO 640, 스팟 측광

수동 모드에서는 어떨까요? 다음 사진을 보면 수동 모드에서는 측광 방식을 변경해도 데이터의 변화가 없고 사진의 밝기 변화도 없는 것을 알 수 있습니다. 이렇게 되는 이유는 수동 모드는 촬영자가 직접 세팅하며 노출을 맞추는 방식이기 때문입니다. 이처럼 수동 모드에서는 측광 모드가 아무런 영향을 주지 않지만 무시해서는 안 됩니다. 최종으로 셔터를 누르기 전, 뷰파인더를 통해 노출 정보를 볼 때 측광 모드의 변화에 따라 다른 노출 값을 보여주기 때문입니다.

▲ 수동 모드, F/6.3, 1/80초, ISO 640, 평가 측광　　▲ 수동 모드, F/6.3, 1/80초, ISO 640, 중앙부 중점 측광

Tip 측광 모드는 입문자분들이 가장 어려워하는 영역이지만 걱정할 필요는 없습니다. 스팟 측광 모드로 촬영 연습을 하다 보면 자신도 모르는 사이에 능숙하게 활용하고 있는 모습을 발견할 것입니다.

▲ 수동 모드, F/6.3, 1/80초, ISO 640, 스팟 측광

11 │ 렌즈의 종류와 화각의 특성

줌렌즈의 종류와 활용

줌렌즈는 초점 거리를 자유자재로 움직일 수 있는 렌즈를 말합니다. 가까이 있는 것을 촬영할 때는 줌아웃, 멀리 있는 것을 크게 표현하여 촬영할 때는 줌인하여 촬영합니다. 줌렌즈에는 '줌 링(Zoom ring)'이라는 외부 장치가 있는데, 이것을 돌려 줌인과 줌아웃을 구현합니다. 여러 개의 렌즈를 들고 다닐 필요 없이 하나의 렌즈만으로 멀리 있는 것과 가까이 있는 것을 촬영할 수 있고,

초점 링   줌 링

자동 초점/수동 초점
전환 버튼

빠른 AF 속도로 인해 신속한 촬영이 가능합니다. 하지만 높은 조리개 값으로 인하여 망원 줌렌즈가 아닌 이상 아웃포커스 효과를 구현하기 어렵고 단렌즈에 비해 해상력이 낮으며, 사진 공부를 하는데 있어 화각에 대한 이해도를 떨어뜨리는 단점이 있습니다.

줌렌즈의 종류에는 광각 줌렌즈, 표준 줌렌즈, 망원 줌렌즈가 있으며 이 세 종류의 렌즈를 '줌렌즈 삼총사'라 부릅니다. 간략하게 살펴보도록 하겠습니다.

❶ 풍경은 나에게 맡겨라! 광각 줌렌즈

광각 줌렌즈는 풍경사진에서 활용도가 높은 렌즈로, 16–35 F/4.0 렌즈가 대표적으로 가장 많이 활용됩니다. 풍경사진의 경우에는 심도를 깊게 촬영하기 때문에 최대 개방 값인 F/4.0은 큰 의미가 없습니다. 하지만 최대 개방 값이 F/4.0인 만큼 얕은 심도를 구현하기 힘든 점과 배럴 디스토션이 발생하는 점에서 인물 및 접사, 스냅 등 다양한 촬영에 광각 줌렌즈 하나만을 사용하기에는 한계가 있습니다. 최근에는 F/2.0을 지원하는 광각 줌렌즈가 출시되어, 심도의 활용 면에서는 좋아졌지만 넓은 화각 때문에 선별적인 촬영이 힘들어 모든 사진을 촬영하기에는 부족한 점이 있습니다.

◀ 광각줌렌즈로 촬영한 사진

> **Tip** 배럴 디스토션(Barrel Distortion)
>
> 배럴 디스토션은 광각 계열의 화각에서 바깥쪽으로 휘어져 나가는 형태의 왜곡을 말합니다. 반대되는 왜곡은 망원 화각에서 생기는 핀 디스토션(Pin Distortion)이 있는데, 요즘 나오는 렌즈에서 핀 디스토션이 눈에 띄게 드러나는 경우는 거의 없습니다.

▲ 왜곡 없는 이미지

▲ 왜곡 발생 : 배럴 디스토션

② 촬영하지 못하는 사진은 없다! 표준 줌렌즈

표준 줌렌즈는 광각부터 준 망원까지 아우르는 렌즈로, 24-70 F/2.8이 대표 렌즈라 볼 수 있습니다. 줌렌즈 삼총사 중 가장 활용도가 높으며 패션, 행사, 풍경, 인물, 스냅, 제품 촬영 등 거의 모든 촬영에서 활용할 수 있는 렌즈입니다. 전체적으로 빠른 AF 성능을 가지고 있고 조리개 최대 개방 값이 F/2.8로, 전문 사진가도 하나쯤은 가지고 있는 렌즈입니다. 하지만 광각처럼 넓은 촬영에 한계가 있으며, 망원처럼 공간이 압축되면서 인물이 부각되는 효과가 적기 때문에 사진을 웬만큼 촬영해 보지 않는 이상 밋밋한 이미지가 나올 확률이 높은 렌즈입니다.

▲ 활용 범위가 넓은 표준 줌렌즈

❸ 멀리 있는 것을 크게 보여주는 망원 줌렌즈

망원 줌렌즈는 넓고 시원한 표현은 불가능하지만 특정 피사체를 부각하는데 강점을 가진 렌즈로, 70-200 F/2.8이 대표 렌즈라 볼 수 있습니다. 낮은 조리개 값의 지원으로 인물을 망원으로 줌인하여 촬영할 경우, 공간이 압축되는 동시에 아웃포커스 효과를 잘 구현하기 때문에 많은 취미 사진 작가들이 인물 촬영에서 많이 사용하고 있는 렌즈입니다. 또한 빠른 AF 속도를 지원하므로 스포츠 촬영에서도 많이 활용되고 있습니다. 하지만 기본적으로 무겁고 초점 거리가 길기 때문에 사진이 흔들릴 확률이 높으며, 인물과 멀리 떨어져야 하므로 소통과 교감이 힘든 단점이 있습니다.

▲ 70-200으로 촬영한 이미지

단렌즈의 종류와 활용

단렌즈는 하나의 초점 거리를 가진 렌즈로, 줌 링이 없기 때문에 촬영자가 직접 다가가거나 떨어져서 거리를 조절해야 하는 렌즈입니다. 하나의 렌즈로 모든 사진 촬영하기 힘들기 때문에 최소 두 개 이상의 다른 렌즈를 가지고 있어야 합니다. AF 속도는 줌렌즈에 비해 상대적으로 느린 편에 속하기 때문에 순간적으로 AF를 잡아야 하는 단점이 있습니다.

└ 초점 링

▲ 단렌즈는 초점 링만 있을 뿐, 줌 링이 없다.

단렌즈는 조리개 값이 낮아 어두운 장소에서도 밝게 촬영할 수 있으며, 얕은 심도의 사진을 구현하기 쉬운점과 뛰어난 해상력을 보여주는 장점이 있습니다. 단렌즈도 줌렌즈와 마찬가지로 크게 광각, 표준, 망원으로 구분합니다.

▲ 단렌즈는 낮은 조리개 값을 지원하기 때문에 어두운 장소에서도 밝게 촬영할 수 있다.

❶ 상업사진 작가들이 즐겨 사용하는 광각 단렌즈

광각 단렌즈는 50mm 미만의 초점 거리를 가진 렌즈로, 풍경사진뿐만 아니라 상업사진에서 인물 촬영 시 많이 사용하는 렌즈입니다. 광각의 왜곡을 이용하면 독특한 느낌의 사진 촬영이 가능하고, 모델에게 다가가서 소통하고 교감하면서 촬영할 수 있는 장점 때문에 많이 사용되고 있습니다. 또한 공간이 협소한 카페 같은 장소에서 배경과 인물을 동시에 표현할 때 활용하면 얕은 심도에서 오는 아웃포커스와 배경의 은은함을 동시에 표현할 수 있습니다.

광각 단렌즈는 원근감을 극적으로 표현할 수 있지만 표준 단렌즈와 망원 단렌즈에 비해 아웃포커스의 효과가 적은 것이 단점입니다.

❷ 사실적인 표현이 강점인 표준 단렌즈

인물 촬영을 할 때 인물이 바로 앞에 있는 것처럼 표현하기 위해서는 어떻게 촬영해야 할까요? 정답은 바로 표준 단렌즈를 사용하는 것입니다. 표준 단렌즈를 사용하면 사람이 실제 보는 화각과 비슷한 화각을 보여줄 수 있을 뿐만 아니라 거리감 역시 현실과 유사하게 표현됩니다. 하지만 이 부분이 50mm 렌즈의 장점이자 단점이 될 수 있습니다. 잘 촬영하면 인물이 바로 앞에 있는 착각이 들 정도의 사진을 얻을 수 있지만 잘못 촬영하면 밋밋한 사진이 나오게 되기 때문입니다. 표준 단렌즈는 어느 정도의 연습이 필요한 렌즈로, 다루기 어려운 렌즈에 속하지만 이 렌즈 하나만으로도 사실적인 표현이 가능한 장점이 있습니다.

▲ 50mm 렌즈로 촬영한 이미지

❸ 아웃포커스가 돋보이는 망원 단렌즈

망원 단렌즈는 85mm 이상의 렌즈로, 인물의 왜곡이 눈에 보이지 않으며, 얇은 심도 이미지 구현이 가능한 장점이 있어 인물사진에서 많이 활용되는 렌즈입니다.

망원 단렌즈는 초점 거리가 길고 렌즈 무게가 무거워 사진이 흔들릴 확률이 높기 때문에 빠른 셔터스피드 값을 요구하는 단점이 있습니다. 하지만 광각 단렌즈와 표준 단렌즈에 비해 상대적으로 다루기 쉬워 인물 촬영 시 많이 활용하고 있는 렌즈입니다. 망원 단렌즈는 좁은 장소에서는 활용하기 힘들고, 하나의 렌즈만으로 다양한 사진을 촬영하는 것은 어렵습니다.

▲ 135mm 렌즈로 촬영한 이미지

▲ 좁은 장소에서 망원 단렌즈를 사용하여 인물을 촬영할 경우 클로즈업 사진만 촬영할 수 있다.

02

색과 빛,
나만의 작업 환경 만들기

색은 사진의 느낌이 완전히 다르게 보이도록 만드는 중요한 요소입니다. 이번 섹션에서는 사진 촬영을 하고 보정하면 반드시 알아야 하는 몇 가지 개념을 중점적으로 설명할 것입니다. 구체적으로 사진 촬영과 보정에서 다루는 색은 어떤 것이며, 왜 색에 대해 알아야 하는지, 더 나아가서 카메라 세팅법과 최적의 편집 환경을 설정하는 방법에 대해 알아봅니다.

1 | 빛과 색의 삼원색

빛의 삼원색

빛의 삼원색은 'Red', 'Green', 'Blue'로 구성되어 있으며, 'RGB'라 부릅니다. 각 색상을 같은 비율로 혼합하면 흰색이 되고 서로 혼합하면 기존 색보다 밝아지게 되는데, 이것을 '빛을 가하여 색을 혼합한다'고 해서 '가산 혼합'이라 합니다. 지금부터 다룰 모든 사진 작업은 RGB 채널이라는 개념을 바탕으로 이루어질 것입니다.

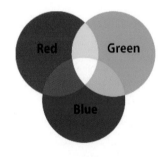

색의 삼원색

색의 삼원색은 'Cyan', 'Magenta', 'Yellow'로 구성되어 있습니다. 빛의 삼원색과 반대로 각 색상을 같은 비율로 혼합하면 검은색이 되며, '빛을 줄여서 색을 혼합한다'고 해서 '감산 혼합'이라 합니다.

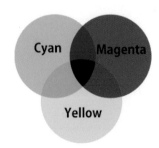

빛의 삼원색과 색의 삼원색, 왜 알아야 하나?

사진을 보정하는데 있어 빛의 삼원색과 색의 삼원색의 관계를 아는 것은 매우 중요합니다. 특정 컬러 톤을 만들 때나 불필요한 컬러를 제 거할 때 해당 컬러의 반대되는 색(보색)을 알아야 하기 때문입니다. 그렇다면 각 컬러의 보색은 어떻게 알 수 있을까요? 정답은 빛의 삼원 색과 색의 삼원색에 나와 있습니다. 오른쪽 이미지를 보면 빛의 삼원 색과 색의 삼원색을 나란히 배치했을 때 정면으로 반대되는 색이 바 로 보색임을 알 수 있습니다.

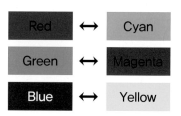

▲ 빛의 삼원색과 색의 삼원색의 보색 관계

다음 사진은 늦은 오후에 촬영한 것으로, 보정 작업을 하지 않은 원본 이미지입니다. 사진을 보면 전체 적으로 노란색(Yellow)을 많이 띠는 것을 알 수 있는데, 여기서 어떤 색을 추가해야 노란색이 약해질까 요? 앞에서 살펴본 보색 관계를 참고하면 노란색의 보색은 파란색(Blue)으로 표시되어 있습니다. 파란색 을 추가하면 노란색이 많이 약해지는 것을 알 수 있습니다.

▲ 원본 이미지

▲ Blue 컬러 추가

특정 컬러를 약하게 만들거나 지울 때뿐만 아니라 컬러토닝 작업을 할 때도 보색 관계를 적용할 수 있습 니다. 다른 예를 들어볼까요? 원본 이미지를 다른 컬러 톤으로 만들기 위해 이전과는 반대로 Blue 컬러를 낮춰 보겠습니다. Blue 컬러를 낮추면 Blue의 보색인 Yellow 컬러가 높아집니다. 여기에서 Yellow 컬 러를 한 번 더 Green 컬러를 입히고 대비를 살짝 넣어 최종으로 원하는 이미지를 얻었습니다. 이처럼 빛의 삼원색과 색의 삼원색을 이용한 보색 관계는 사진에서 컬러와 관련된 작업을 할 때 상당히 중요하게 활용 됩니다.

▲ 원본

▲ Blue 컬러 감소

▲ 최종 작업

흰색을 흰색처럼, 화이트밸런스

화이트밸런스는 이름 그대로 흰색을 흰색처럼 보이게 조절하는 것을 말합니다. 예를 들어, 카페에서 A4 용지를 꺼냈다고 가정합니다. 그리고 주변 사람들에게 "이 A4 용지는 무슨 색인가요?"라고 물으면 아마 모두 같은 대답을 할 것입니다. '흰색'이라고요. 하지만 실제로는 흰색이 아닙니다. 시각적으로만 색을 판단한 것이 아니라, 사람의 기억력이 개입했기 때문입니다. 즉, A4 용지가 흰색이라는 것을 사전에 알고 있었기 때문에 흰색이라고 대답한 것이죠.

안타깝게도 카메라는 이런 능력이 없기 때문에 오로지 렌즈와 이미지 센서에 의존하여 색을 보여줍니다. 그러다 보니 주변 빛에 영향을 받게 되고, 흰색이 아닌 노란색 혹은 갈색으로 나오게 되는 것입니다. 그렇다면 사진의 화이트밸런스를 맞추기 위해서는 어떻게 해야 할까요? 바로 노란색의 보색인 파란색을 추가하면 간단하게 해결됩니다. 여기까지가 화이트밸런스의 전부라고 생각해도 됩니다.

▲ 원본 이미지

▲ Blue 컬러 추가

색온도와 화이트밸런스

　화이트밸런스는 표시 단위로 'K(Kelvin)'를 사용합니다. 모든 빛은 '색온도'가 있는데 색온도가 높아지면 푸른색 계열을 띠고, 낮아지면 붉은색 계열을 띱니다. 다음의 도표를 완벽하게 외워서 실제 촬영에 적용하는 것은 불가능합니다. 사람의 눈은 도표에 나와 있는 수치처럼 색을 정확하게 판별할 수 없으니까요. 대표적으로 일몰·일출에서 많이 보이는 2200K와 일상의 태양광인 5800K 그리고 흐린 날인 7000K 정도만 알아두면 좋습니다. 이것은 이후에 설명할 JPG 촬영과도 연관이 있습니다.

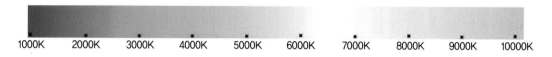

> **Tip** 흐림 모드, 백열등 모드, 일출 모드 등 카메라에 내장된 자동화된 화이트밸런스 기능은 매뉴얼을 참고하여 적용하면 됩니다. 여기서 소개하지 않는 이유는 이렇게 자동화된 기능들은 결과물에 색을 더하는 수준일 뿐더러, 사진 공부의 측면에서는 도움이 되지 않기 때문입니다.

화이트밸런스를 알아야 하는 이유

　화이트밸런스의 개념은 앞서 설명한 대로 흰색을 흰색처럼 보이게 조절하는 것입니다. 하지만 화이트밸런스를 배우는 가장 큰 이유는 정확한 컬러를 구현하기 위함뿐만 아니라, 기준이 되는 컬러를 왜곡했을 때 더 환상적인 이미지를 연출할 수 있기 때문입니다.

▲ 화이트밸런스가 왜곡된 이미지

▲ 정확한 화이트밸런스를 맞춘 이미지

2 | 색에도 공간이 있다

사진에서 '색공간'은 색을 표현할 수 있는 범위를 말합니다. RGB가 가장 기본적인 색공간이고 이 RGB로 색을 만들어냅니다. RGB는 웹이나 모니터 같은 출력물에 기준이 맞춰져 있고 추가로 인쇄용으로 사용되는 CMYK가 있습니다.

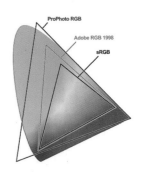

Prophoto RGB

가장 넓은 색 재현 능력을 가지고 있으며, RAW 파일에 최적화된 색공간입니다. 이미지 센서에 저장되는 모든 컬러의 정보를 그대로 보여주기 때문이죠. 하지만 이런 장점이 오히려 단점으로 작용하는 경우도 많습니다. sRGB의 색 영역밖에 보여주지 못하는 웹이나 SNS 게시용으로 국한되어 있다면 무의미한 색공간입니다.

Adobe RGB(1998)

포토샵으로 유명한 Adobe 사가 1998년에 만든 색공간입니다. sRGB에 비해 Green과 Cyan에서 강점을 보이며, 상당히 넓은 색 재현 능력을 가지고 있습니다. 단, Adobe RGB 컬러를 지원하는 모니터와 그래픽카드가 있어야 하는 점과 웹상에 이미지를 게시했을 때 모든 색 영역을 보여주지 못하는 단점이 있습니다. 만약 Adobe RGB 컬러로 작업한 이미지를 sRGB로 변환하지 않고 웹에 올리면 물이 빠진듯한 색이 나옵니다. 그러므로 최종 작업에서 반드시 sRGB로 변환해야 합니다. 이런 한계가 있지만 컬러의 표현력이 풍부하기 때문에 전시나 상업사진처럼 중대형 인화를 목적으로 한다면 필수인 색공간입니다.

sRGB

일반적으로 가장 많이 사용하는 색공간입니다. 웹이나 스마트폰, SNS 등 많은 영역에서 활용되지만 천연 자연색을 구현하는데 한계가 있고, 출력했을 때 결과물의 질이 Adobe RGB에 비해 약간 떨어지는 모습을 보입니다.

CMYK

색의 삼원색인 'CMY'에 'K'가 하나 붙은 것입니다. K는 'Black'의 약자로, 'Blue'와 혼용되지 않도록 단어의 끝자인 K를 사용한 것입니다. 앞에서 언급한 세 종유의 RGB가 편집용에 적합하다면 CMYK는 인쇄용에 적합합니다. 기본적으로 RGB보다 색공간의 영역이 좁기 때문에 컬러를 구현하는데 한계가 있으므로 출판이나 인쇄 작업 시 반드시 CMYK로 작업하여 저장해야 색의 편차를 줄일 수 있습니다.

3 | 사진의 신세계, RAW 파일

디지털 카메라에서 화이트밸런스에 대한 지식은 사진 생활하는데 그렇게 큰 비중을 차지하지 않습니다. 그 이유는 바로 'RAW'라는 강력한 파일 형식 때문인데요. RAW 파일은 가공되지 않은 데이터로, 빛의 강도만 저장하고 있을 뿐, 카메라에서 설정한 색온도나 색공간, 필터 같은 기능은 적용되지 않습니다. 이런 이유 때문에 RAW 파일은 JPG에 비해 칙칙하게 표현됩니다. RAW 파일로 촬영해도 카메라 LCD 창에서는 JPG로 변환된 컬러를 보여주기 때문에 RAW 파일은 모니터에서만 본연의 컬러를 확인할 수 있습니다.

보정 작업을 하면 할수록 원본 이미지의 손상이 심해지지만 RAW 파일은 아무런 가공이 되지 않은 데이터이기 때문에 JPG에 비해 보정의 폭이 상당히 넓은 장점이 있습니다. 하지만 파일 용량이 크기 때문에 컴퓨터의 성능이 어느 정도 받쳐줘야 하며, 저장 공간을 많이 차지하는 단점이 있습니다. 무엇보다도 가장 큰 단점은 보정을 할 줄 모르면 사용할 일이 없는 파일 형식이라는 점입니다. 그렇기 때문에 더 나은 결과물을 위해서라도 RAW 파일로 촬영하고 보정하는 연습이 필요합니다.

1 JPG+RAW 동시 저장 원본 이미지
2 JPG 파일 보정 : 노출 값 +3.55. 디테일 손상이 심하고 그러데이션이 깨져 노이즈가 발생했다.
3 RAW 파일 보정 : 노출 값 +3.55. 눈에 띄는 노이즈 없이 노출값이 높아졌고 그러데이션도 매끄럽다.

4 | 노출 제대로 읽는 방법, 히스토그램

사진을 촬영한 후 LCD 창에서 밝기를 확인하면 노출 값에 대한 정보를 얻을 수 있습니다. 여기서 문제가 발생합니다. 우리 주변에는 수많은 빛이 존재하는데, 이런 빛 때문에 LCD 창에 정보를 100% 받아들이지 못하게 됩니다. 쉽게 말하자면, 밝은 곳에서 스마트폰을 볼 때와 어두운 곳에 볼 때 그리고 아침에 볼 때와 오후에 볼 때 밝기가 모두 다른 것과 같습니다. 그러므로 히스토그램(Histogram)을 이용하여 촬영한 이미지가 정확한 노출로 촬영이 되었는지 검증해 볼 필요가 있습니다.

히스토그램이란?

히스토그램은 컬러 톤의 양과 명부·암부를 그래프화한 것입니다. X축은 밝기를 나타내고 왼쪽으로 갈수록 어두운 영역, 오른쪽으로 갈수록 밝은 영역을 의미합니다. Y축은 컬러 톤의 양을 나타내고 위로 갈수록 풍부한 영역, 아래쪽으로 갈수록 적은 영역을 의미합니다. 오른쪽 그래프를 분석해 보면 톤의 분포는 풍

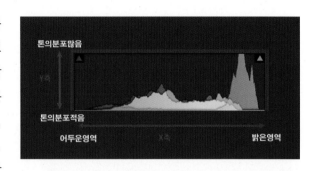

부하다고 볼 수 없지만, 어두운 영역부터 밝은 영역까지 밝기가 고른 것을 알 수 있습니다. 만약 가장 어두운 영역이나 가장 밝은 영역에 컬러 톤이 높이 올라가 있다면 노출을 잘못 조절하여 손상된 부분이 있음을 의미합니다.

다음 세 장의 사진을 예로 들어 히스토그램을 분석해 보겠습니다. 먼저, 다음 사진 **1**의 히스토그램을 보면 가장 어두운 영역에 톤이 많이 올라간 것을 알 수 있습니다. 실제 사진도 너무 어두워서 형태를 알기 힘들 정도입니다. 반대로 다음 사진 **2**의 히스토그램을 보면 가장 밝은 영역에 톤이 많이 올라간 것을 알 수 있습니다. 실제 사진 역시 노출 과다로 인하여 하늘과 강의 디테일이 손상되었습니다.

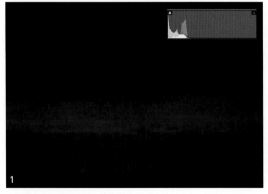

▲ 너무 어둡게 촬영된 사진(노출 부족)

▲ 너무 밝게 촬영된 사진(노출 과다)

다음은 적정 노출의 사진으로, 히스토그램을 보면 가장 밝은 영역과 가장 어두운 영역의 톤의 양이 고른 것을 확인할 수 있습니다. 거의 모든 영역에서 디테일이 손상되지 않은 사진을 얻었습니다.

◀ 적당한 밝기로 촬영된 사진(적정 노출)

의도적인 노출 부족과 노출 과다

사진 촬영 후 LCD 창에서 사진을 확인할 때 히스토그램도 같이 참고하는 것이 좋은데, 디테일 손상을 최소화하면서 가장 적정 노출에 가까운 사진을 얻을 수 있기 때문입니다. 하지만 반드시 명부와 암부를 모두 살려야 하는 것은 아니며 상황에 따라 유기적으로 바뀔 수 있습니다.

오른쪽 이미지는 톤의 분포가 상당히 극단적으로 밝게 치우쳐있지만 노출 과다라는 이유로 사진이 잘못되었다고 말하는 사람은 없을 것입니다. 전체적인 디테일을 고르게 살려야 하는 것이 우선인 사진은 히스토그램을 참고하여 촬영하는 것이 맞지만, 촬영자가 의도적으로 노출 과다, 노출 부족으로 촬영한 사진의 히스토그램은 어느 한쪽에 치우치게 됩니다.

5 | 카메라 세팅 바꾸기

이 책에서 설명하는 대부분의 촬영은 다음과 같은 카메라 세팅으로 진행합니다. 스팟 측광을 활용한 세밀한 노출 측정뿐만 아니라, 평범한 이미지에서 극적인 이미지로 만들기 위해 필요한 RAW 파일까지 모두 이 세팅으로 진행되므로 천천히 따라하면서 카메라와 더 가까워지는 계기가 되었으면 합니다.

① 저장 파일 포맷 : 촬영 즉시 결과물에서 보정 작업까지 이어지기 때문에 RAW 파일로 설정합니다.
② 색공간 : JPG 촬영에서 활용하기 위해 Adobe RGB로 설정합니다.
③ 화이트밸런스 : Auto
④ AF방식 : 스팟 AF
⑤ 측광 방식 : 스팟 측광
⑥ 촬영 모드 : M 모드(수동 모드)

6 | 캘리브레이션 장비 없이 최적의 편집 환경 만들기

모니터 캘리브레이션이란?

모니터 캘리브레이션은 정확한 컬러를 구현하기 위해 모니터 및 프린터의 컬러를 맞추는 작업을 말합니다. 모니터 캘리브레이션을 하는 가장 큰 이유는 일관성 있는 작업을 위함입니다. 모니터는 사용할 때마다 수명이 조금씩 닳고 밝기와 색온도가 틀어지는 현상이 발생하기 때문에 주기적인 캘리브레이션 작업을 통하여 일관성 있는 컬러 톤을 유지해야 합니다. 하루에 수백 장씩 보정하는 사진 작가는 컬러 톤이 틀어질 경우 원하는 결과물을 얻을 수 없기 때문에 반드시 필요한 작업입니다.

캘리브레이션에 필요한 장비

일반적인 가정용 모니터는 너무 밝고 컬러의 왜곡이 많습니다. 이러한 문제를 해결하기 위해 나온 것이 고급 모니터와 캘리브레이션 장비의 조합입니다. 디자이너, 사진가 등 본업으로 사진 작업을 하는 사람이라면 반드시 필요한 장비이지만 취미로 사진 생활을 하는 분들은 무리해서 구입할 필요는 없으니 이후 컬러에 대한 이해가 어느 정도 되었을 때 구입해도 늦지 않습니다.

▲ 가장 많이 사용하는 캘리브레이션 장비 i1pro와 Spyder

최적화된 편집 환경 만들기

Adobe RGB를 지원하는 모니터에 캘리브레이션 작업을 수행하면 사진 편집에 최적화된 환경을 만들어 줍니다. 하지만 취미로 하는 사진 촬영에서 이런 구성으로 보정 작업을 하는 사람은 소수일 것입니다. 별도의 캘리브레이션 장비 없이 최적화된 사진 편집 환경을 만드는 방법을 알아보겠습니다.

① 포털 사이트에서 'Chrome'을 검색하여 다운받은 후 설치합니다. Chrome 브라우저를 실행한 다음 주소 입력창에 'http://www. monitor.co.kr'을 입력하면 다음과 같은 사이트가 표시됩니다.

② F11 키를 누르면 '그레이스케일' 이미지가 표시됩니다. 이 이미지는 수많은 단계로 이루어져 있으며 우리나라에서 지정한 표준은 10단계의 밝기로 구분되어 있습니다.

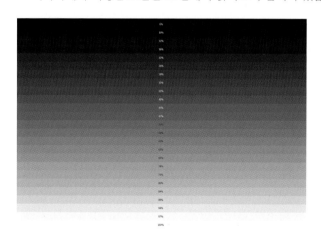

표시된 그레이스케일 화면에서 단계별로 구분된 경계선이 모두 보여야 하고, 모든 조정이 끝나기 전까지 그레이스케일 화면을 끄면 안됩니다. 검은색 또는 흰색 부분이 잘 보이지 않는다면 모니터에서 설정 버튼을 눌러 메뉴를 표시합니다. 모니터에는 밝기(Brightness)와 대비(Contrast)를 조정할 수 있는 메뉴가 있는데, 모니터의 밝기는 주변 환경보다 밝은 것이 좋기 때문에 최대한 밝게 설정한 후 그레이스케일 화면의 단계가 모두 보일 때까지 대비를 조정합니다. 최대한 보이게 설정했다면 화면을 클릭합니다.

③ 다른 패턴의 그레이스케일 화면이 나옵니다. 이전 단계와 같은 방식으로 모든 이미지에서 모든 단계의 경계선이 보이는지 확인하고 조정합니다. 클릭을 할 때마다 다른 패턴이 나오며, 조정이 끝나면 F11 키를 누른 후 브라우저에서 '뒤로 가기'를 클릭합니다.

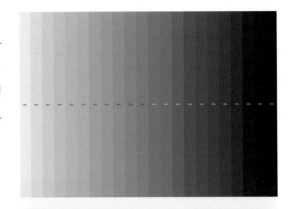

④ 색상을 맞추기 위해 메뉴에서 '4.색상별조절'을 클릭합니다.

⑤ F11 키를 누르면 다음과 같은 화면이 나옵니다. 이것 역시 모든 단계의 경계선이 보여야 하며, 보이지 않는다면 조정을 해야 합니다. 마찬가지로 클릭을 할 때마다 다른 패턴 화면이 나오고 모든 패턴이 끝나면 Green, Blue 화면이 순차적으로 나옵니다. 모니터 메뉴의 Custom 세팅에서 Red, Green, Blue 조정이 가능합니다.

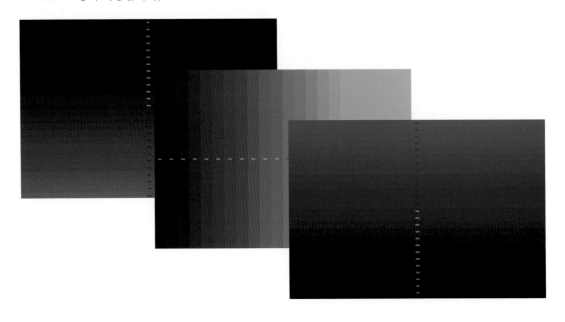

　모니터 캘리브레이션은 하드웨어 캘리브레이션과 소프트웨어 캘리브레이션으로 나뉩니다. 하드웨어 캘리브레이션은 모니터가 보여줄 수 있는 범위 내에서 진행되기 때문에 컬러가 한쪽으로 쏠리거나 밴딩 현상이 나타나지 않습니다. 앞에서 설명한 방법은 모니터의 한계치 내에서 오직 모니터 세팅으로만 설정한 것이므로 하드웨어 캘리브레이션에 가깝다고 볼 수 있습니다. 반면, 소프트웨어 캘리브레이션은 모니터에서 설정하는 것이 아니라 그래픽카드의 컬러 데이터로 교정하는 방법으로, 컬러가 한쪽으로 쏠리거나 밴딩 현상, 그레이스케일 표현력의 축소라는 결과가 나올 수 있습니다.

　물론, 중고가의 모니터는 소프트웨어 캘리브레이션으로 작업해도 크게 문제가 되지 않지만 이것도 어디까지나 캘리브레이션 장비를 활용하여 정교하게 설정한 경우에만 해당하는 것이며, 별도의 장비 없이 시각에 의존하여 제어판을 설정할 경우 문제가 발생할 수 있습니다.

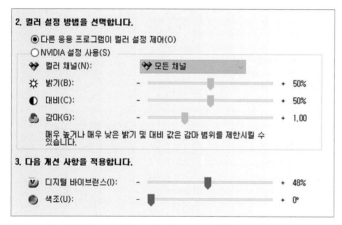

▲ 프로그램 제어판에서 과도하게 조정할 경우 문제가 발생할 수 있다.

Tip　밴딩 현상

그러데이션이 부드럽지 못하고 층이 생기는 현상으로, 구형 모니터와 구형 스마트폰에서 종종 볼 수 있습니다.

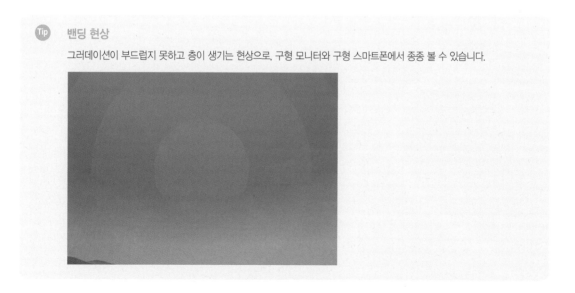

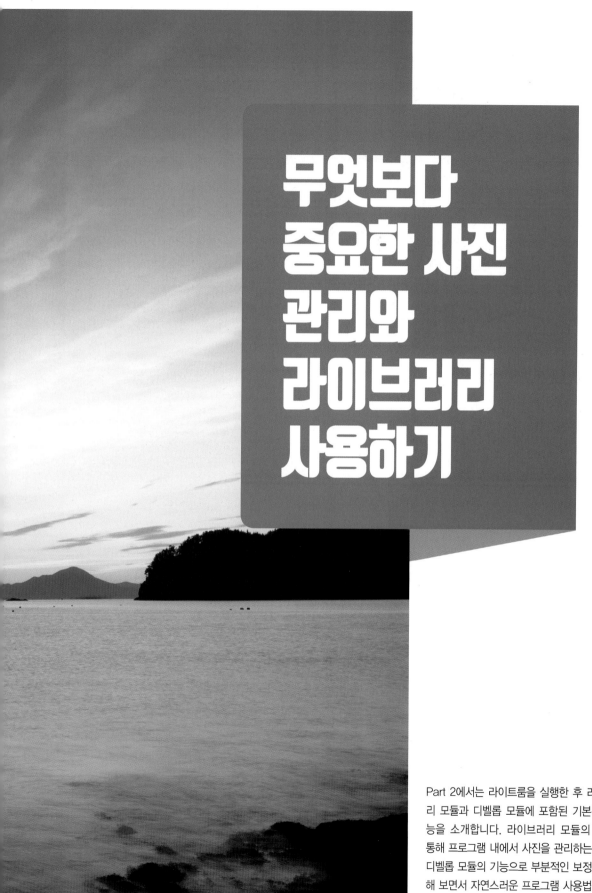

무엇보다 중요한 사진 관리와 라이브러리 사용하기

Part 2에서는 라이트룸을 실행한 후 라이브러리 모듈과 디벨롭 모듈에 포함된 기본적인 기능을 소개합니다. 라이브러리 모듈의 기능을 통해 프로그램 내에서 사진을 관리하는 방법과 디벨롭 모듈의 기능으로 부분적인 보정을 적용해 보면서 자연스러운 프로그램 사용법을 알아봅니다.

라이트룸의 **특성 살펴보기**

라이트룸은 현존하는 RAW 컨버팅 프로그램에서 기준이 되는 위치에 있습니다. 전문가 수준의 난이도를 요구하지도 않으면서도 이미지 품질을 보장하기 때문입니다. 이번 섹션에서는 라이트룸과 몇 가지 다른 프로그램을 알아보고 보정 공부를 어떻게 시작해야 하는지 알아봅니다.

1 | 라이트룸이란?

RAW 컨버팅 프로그램

RAW라는 강력한 파일 형식을 다루기 위해서는 특별한 프로그램이 필요합니다. RAW 파일은 이미지가 아닌 데이터이기 때문입니다. 현재 많이 사용되는 RAW 컨버팅 프로그램으로는 라이트룸(Lightroom), 카메라 로우(Camera RAW), 캡처원프로(Capture one pro)가 있으며, 각각의 프로그램마다 장단점이 있습니다.

캡처원프로(Capture one pro)

캡처원프로는 중형 디지털 카메라 제조회사인 페이즈원에서 제작한 프로그램으로, 가장 세밀하고 정확한 보정이 가능합니다. 세밀한 보정 범위를 가지고 있기 때문에 다루기 어려운 단점이 있지만, RAW 컨버팅 프로그램 중 가장 높은 품질의 이미지를 구현할 수 있습니다.

▲ 캡처원프로의 인터페이스

라이트룸(Lightroom)

라이트룸의 기능은 캡처원프로의 기능과 닮은 점이 많습니다. 두 프로그램의 차이는 인터페이스에서 볼 수 있습니다. 정교하지만 다루기 어려운 캡처원프로와는 달리, 라이트룸은 직관적이면서 간단하여 누구나 쉽게 컬러 조정이 가능한 장점이 있습니다. 라이트룸은 현재 가장 많이 활용되는 프로그램이며, 지속적인 업데이트를 통해 사용자들의 요구 또한 잘 반영하고 있습니다.

▲ 라이트룸의 인터페이스

▲ 카메라 로우의 인터페이스

카메라 로우(Camera RAW)

카메라 로우는 요즘은 활용도가 많이 떨어지는 프로그램이지만 부실한 프로그램은 아닙니다. 라이트룸과 비교했을 때 컬러의 균일성과 세밀하고 디테일한 부분은 거의 동일합니다. 하지만 파일 관리와 일괄 작업이라는 관점에서 볼 때는 라이트룸에 비해 사용하기 불편한 것은 사실입니다. 프로그램 안에서 기본적인 작업이 모두 가능한 라이트룸과 달리, 카메라 로우는 Bridge라는 프로그램을 필요로 하기 때문이죠. 만약 정품 포토샵을 사용하고 있다면 추가 비용은 들지 않고 공식 홈페이지에서 다운로드 받아서 사용할 수 있습니다. 라이트룸과 동일한 인터페이스를 갖고 있는 만큼 이미 포토샵을 활용하고 있는 사용자에게는 최고의 선택이 될 것입니다.

라이트룸의 장점은?

　라이트룸의 가장 큰 장점은 원본 이미지의 손실이 없고 파일 관리와 일괄 작업이 쉬운 점입니다. 보정에 필요한 정보만 가져와서 편집을 하는 원리로 작동하는 프로그램이기 때문에 원본 손상 없는 보정이 가능한 것입니다. 또한 동기화 기능을 활용하여 일괄 작업이 가능하며, 라이브러리의 기능을 잘 활용하면 사진 관리에서도 강점을 보일 수 있습니다. 처음 프로그램을 실행하는 사용자라면 다소 어렵다고 생각할 수 있지만, 직관적인 인터페이스를 갖고 있어 누구나 쉽게 적응할 수 있습니다. 하지만 유료 정책이 변경되면서 CC 버전을 포토샵과 함께 묶어서 월정액제 방식으로 판매하고 있기 때문에 포토샵을 사용하든 하지 않든 같이 구입해야 합니다. 비교적 저렴한 금액으로 월정액비가 책정되어 있고, 지속적인 업데이트와 관리를 통해 사용자의 의견을 적극적으로 반영하는 노력을 보이는 점에서 충분히 장기적으로 활용할 수 있는 프로그램이라 볼 수 있습니다.

2 | 라이트룸과의 첫 만남

보정을 배우는 가장 빠른 방법

　라이트룸을 처음 실행하면 아무 작업도 하지 않은 상태이므로 화면에 보이는 모든 것은 백지 상태입니다. 이제 이것을 자신만의 스타일대로 만들어 나가야 합니다. 화면을 살펴보면 맨 위에 메뉴 바가 있고 양 옆에는 패널 그룹이 있으며, 하단에는 필름스트랩과 도구모음이 있는 것을 할 수 있습니다. 각각의 명칭과 역할을 외우는데 시간을 들일 필요는 없습니다. 잘 몰라도 보정하는데 전혀 지장 없을뿐더러 직접 해 보면 쉽게 이해할 수 있기 때문입니다. 다음 섹션에서 보다 자세하게 라이트룸의 각 기능들이 어떤 역할을 하는지 알아보도록 하겠습니다.

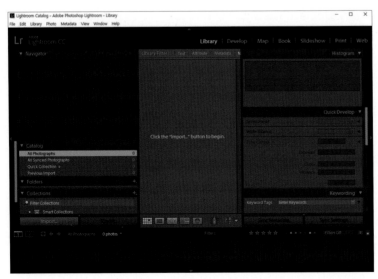

◀ 라이트룸 첫 화면

Section
02

체계적인 사진 관리를 위한
라이브러리

과거에 보정 프로그램은 보정의 역할만 잘 하면 된다는 생각을 했었고, 실제로 그렇게 보정했습니다. 폴더를 만들어 관리하는 것이 전부였죠. 하지만 RAW 컨버팅 프로그램이 등장하면서 프로그램 내에서도 폴더를 체계적으로 관리할 수 있게 되었습니다. 그때 처음 접한 프로그램이 바로 라이트룸입니다.

1 | 효율적인 사진 관리, 라이브러리(Library)

라이브러리는 실무적인 편집을 하는 모듈이라기보다는 사진 관리 및 분류에 초점을 맞춘 모듈입니다. 많은 취미 사진가분은 사진을 폴더별로 관리할 뿐, 라이트룸에서는 관리하지 않습니다. 사진 관리가 결과물에 영향을 주는 것은 아니기 때문에 소홀해질 수 있는 부분인 것은 사실이지만 날짜, 시간, 장소, 장르 등 모든 것이 제각각인 수많은 사진들을 효율적으로 관리하기 위해서는 프로그램 내에서도 관리가 되어야 합니다.

❶ 라이브러리 필터 막대
❷ 이미지 표시 영역
❸ 식별판
❹ 소스 작업 패널
❺ 메타정보, 키워드,
　 이미지 조정 작업 패널
❻ 모듈피커
❼ 도구모음
❽ 필름스트립

▲ 라이브러리 모듈

2 | 카탈로그 활용하기

카탈로그 만들기

카탈로그(Catalog)는 라이트룸 안에 있는 작업공간을 말합니다. 예를 들어, A라는 카탈로그와 B라는 카탈로그가 있다고 가정했을 때 A에서는 B에 있는 사진을 편집하지 못합니다. 즉, 카탈로그는 서로 독립된 공간이기 때문에 카탈로그를 변경하거나 수정할 때는 라이트룸 재실행 여부를 사용자에게 묻습니다. 카탈로그를 만드는 방법을 알아보겠습니다.

01 [File]-New Catalog를 클릭합니다.

02 Create Folder with New Catalog 대화상자가 열립니다. 여기서 생성하는 폴더가 새로 만든 카테고리를 저장하는 기본 폴더입니다. 파일 이름에 '2018년'을 입력한 후 [Create] 버튼을 클릭합니다.

03 카탈로그를 만들면 라이트룸이 재실행되며 이전 단계에서 만든 카탈로그 이름(2018년1월)이 상단에 표시됩니다.

Tip 간혹 오류로 인해 카탈로그 이름이 표시되지 않을 수 있지만 편집하는데 문제가 있는 것은 아니며, 다음에 실행할 때는 정상적으로 표시됩니다.

04 동일한 방식으로 '2019년' 카탈로그를 추가로 생성합니다. 이후에 사진을 넣어 관리할 때는 카탈로그를 하나만 만들어서 활용하다가 '2018년 2월, 3월…' 같이 월별 또는 연도별로 나누거나 '2018 업무, 2018 취미' 같이 세분화하여 카테고리를 만들어도 됩니다. 형식이 정해진 것이 아니므로 작업자의 활용도와 스타일에 맞게 카테고리를 추가로 만들면 됩니다.

메타데이터 불러오기

라이트룸은 원본 사진의 데이터 손상을 방지하기 위해 특정 폴더에서 바로 편집할 수 없으며 사진의 메타데이터만 가져와서 보정할 수 있습니다. 메타데이터를 불러오는 작업을 'Import'라고 하고 반드시 이 작업을 수행해야 사진을 편집할 수 있습니다. 만들어 둔 작업공간에 사진을 불러오도록 하겠습니다.

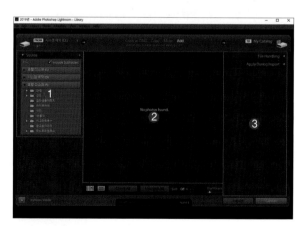

▲ Import 화면

❶ **Source 패널** : Import하려는 파일의 경로를 설정합니다.
❷ **이미지 프리뷰 패널** : 경로를 설정한 폴더에 들어있는 사진을 보여줍니다.
❸ **Import 옵션 설정 패널** : Import 진행 시 추가로 수행할 기능을 선택합니다.

01 앞에서 카탈로그라는 작업공간을 만들었습니다. '2019년'이라는 카탈로그를 마지막에 만들었기 때문에 현재 '2019년' 카탈로그가 실행되어 있을 것입니다. 이제 작업공간에 사진을 불러올 차례입니다. [Import] 버튼을 클릭합니다.

02 Source 패널에서 사진을 불러올 폴더를 지정합니다. '2019년' 폴더 경로를 선택하면 미리보기 이미지가 표시됩니다. 기본적으로 모든 사진이 선택되어 있습니다. 만약 불러오기에서 제외하고 싶은 사진이 있다면 체크 해제합니다. 일단 모두 선택한 채로 넘어갑니다.

03 Import 옵션을 설정하겠습니다. Import 옵션 설정 패널에서 File Handling을 클릭한 후 'Don't Import Suspected Duplicates'에 체크합니다.

04 Apply During Import를 클릭하면
패널이 열립니다.

Tip Import-File Handling 옵션

ⓐ Build Smart Previews : 스마트 프리뷰 파일을 생성하는 옵션입니다. 스마트 프리뷰는 이동식 디스크(외장하드, USB 등)를 사용하여 사진을 불러온 후 바로 편집할 때 사용합니다. 라이트룸에서는 이동식 디스크를 PC에서 제거하면 편집이 불가능하지만 Import 과정에서 스마트 프리뷰 파일을 생성하면 작은 용량의 원본 사진이 하드디스크에 생성되기 때문에 이동식 디스크가 제거되어도 편집할 수 있습니다. 용량이 작기 때문에 저장 공간이 작은 노트북에서 사용하기 좋지만, 100% RAW 파일이 아닌 손실형의 DNG 파일이기 때문에 보정 범위가 큰 작업에는 적합하지 않습니다. 저장 공간이 큰 데스크톱 PC에서는 'None'으로 설정합니다.

ⓑ Don't Import Suspected Duplicates : 원본 파일 이름, EXIF, 촬영 날짜, 시간, 파일 크기가 동일한 경우 사진이 카탈로그 내부의 다른 파일과 중복된 것으로 판단하여 사진을 불러오지 않습니다. 특정 폴더나 카탈로그가 아닌, 라이트룸 모든 카탈로그를 검색하여 블라인드 처리하는 옵션으로, 디스크 용량을 중복으로 차지하지 않기 때문에 유용합니다. 과거에는 중복이 아닌데도 유사 이미지로 분류해서 Import를 하지 못하는 경우가 종종 있었습니다. 분명 새로 촬영한 이미지인데 오류로 인하여 블라인드 처리가 되었다면 이 옵션을 체크 해제한 후 다시 Import하면 문제 없이 편집할 수 있습니다.

ⓒ Add to Collection : Collection은 일종의 하위 폴더로, Import 시 자동으로 컬렉션에 추가하는 옵션입니다. 사진을 불러온 후 직접 분류하면서 컬렉션을 지정하는 것이 효율적이기 때문에 'None'으로 설정합니다.

05 Import를 실행하기 위한 모든 설정을 완료하면 프리뷰 아래쪽의 Thumbnails 슬라이더 바를 왼쪽으로 보낸 후 작은 화면에서 모든 사진이 블라인드 처리되지 않고 제대로 활성화되었는지 확인한 다음 하단의 [Import] 버튼을 클릭합니다.

Tip Apply During Import 옵션

ⓐ Develop Settings : 사진을 불러오는 동안 컬러 톤이나 흑백을 적용합니다. 디테일한 보정과는 멀어 거의 사용하지 않습니다. 'None'으로 설정합니다.

ⓑ Metadata : 촬영한 장소, 시간, 카메라, 촬영자 정보, 저작권 등의 정보를 추가합니다. 필요에 따라 입력한 후 [Crete] 버튼을 클릭합니다.

ⓒ Keywords : 사진에 키워드를 입력하여 단어만 입력하면 검색이 되도록 만듭니다. 장소, 날짜, 장르 기타 등 원하는 것을 입력하면 됩니다. 단, 너무 많은 키워드를 입력하면 사진이 많을 경우 찾기 힘들기 때문에 대표 키워드 하나만 입력하는 것을 권장합니다.

06 정상적으로 사진을 불러온 것을 확인
합니다.

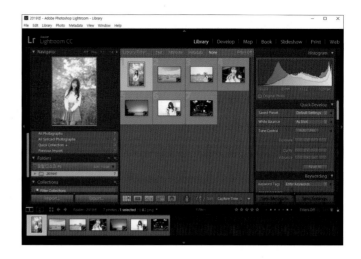

카탈로그 사진 내보내기

  카탈로그에서 사진을 내보내는 기능으로, 자주 사용하는 기능은 아닙니다. 다른 컴퓨터에서 편집한 사
진의 보정 데이터를 이동식 디스크에 저장하여 가져올 때 주로 사용합니다.

01 먼저 사진을 선택합니다. 떨어져 있는
여러 장의 사진을 선택할 때는 [Ctrl] 키를
누른 후 원하는 사진을 선택하면 됩니다.

02 사진을 연속으로 선택하거나 모든 사
진을 선택할 때는 [Shift] 키를 누른 후 첫번째
사진과 마지막 사진을 선택하면 자동으로
그 사이에 있는 사진이 모두 선택됩니다.

03 [File]-Export as Catalog를 클릭
합니다.

04 Export as Catalog 창이 열리면 저장 위
치를 지정한 후 파일 이름을 입력합니다.

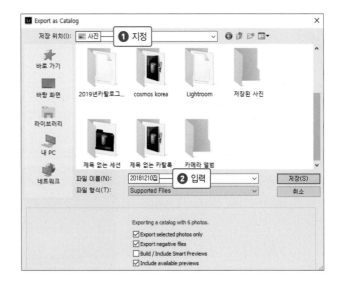

05 Export as Catalog 옵션에서 'Export
selected photos only', 'Include available
previews', 'Export negative [Files]'에 체크
합니다.

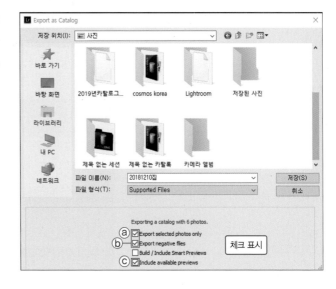

06 [저장(S)] 버튼을 클릭합니다.

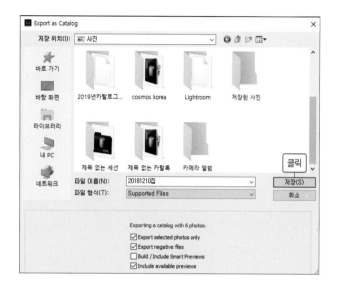

07 식별판과 화면에서 카탈로그 내보내기 진행 상황이 끝나면 최종으로 내보내기가 완료됩니다.

Tip **Export as Catalog 옵션**

ⓐ Export selected photos only : 선택한 사진만 카탈로그로 이동합니다. 체크 해제 시 모든 사진이 이동합니다.

ⓑ Export negative files : 원본 사진 파일도 포함하여 카탈로그로 이동합니다. 체크 해제 시 원본 사진 파일은 이동하지 않습니다. 해당 사진이 이동하려는 PC에 없을 경우 보정이 불가능하기 때문에 체크합니다.

ⓒ Build/Include smart Previews : 스마트 미리보기 이미지를 생성 또는 적용합니다. PC에 저장하지 않고 이동식 디스크에 연결하여 바로 편집한다면 체크하고, 아니면 체크 해제합니다.

ⓓ Include available previews : 프리뷰 이미지가 있을 경우 포함합니다. 프리뷰 이미지가 포함되어 있기 때문에 체크합니다.

카탈로그 사진 불러오기

카탈로그를 내보냈다면 이제 이동식 디스크 또는 하드디스크에 저장한 카탈로그를 불러올 차례입니다.

01 [File]-Open Catalog를 클릭합니다.

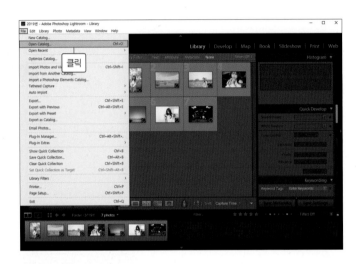

02 불러올 카탈로그의 경로를 찾습니다. 기본적으로 카탈로그는 내 PC-사진 폴더에 저장되어 있습니다.
'20181210집' 폴더를 더블클릭합니다.

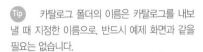 카탈로그 폴더의 이름은 카탈로그를 내보낼 때 지정한 이름으로, 반드시 예제 화면과 같을 필요는 없습니다.

03 폴더 내부에서 카탈로그를 내보낼 때 옵션에서 선택한 원본 이미지와 프리뷰 이미지 그리고 카탈로그 생성 파일이 있는 것을 확인합니다.

04 '20181210집.lrcat' 파일을 선택하고 [열기(O)] 버튼을 클릭합니다.

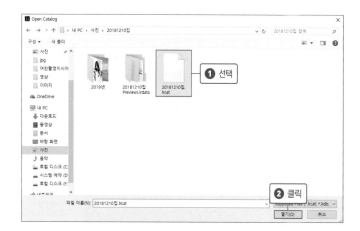

05 라이트룸 재실행을 경고하는 메시지가 표시되면 [Relaunch] 버튼을 클릭합니다.

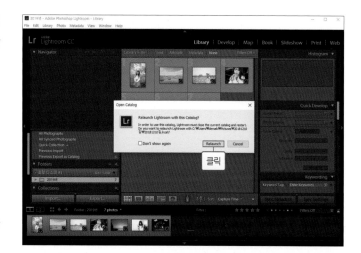

> **Tip** 라이트룸의 카탈로그는 별도의 작업 공간이기 때문에 재실행해야만 불러올 수 있습니다.

06 라이트룸이 재실행되면 지정한 카탈로그를 정상적으로 불러온 것을 확인할 수 있습니다.

카탈로그 병합하기

두 개의 카탈로그를 병합하는 방법을 알아보겠습니다.

01 '2018년' 카탈로그와 '2019년' 카탈로그를 병합해 보겠습니다. 먼저 카탈로그는 독립된 공간이기 때문에 현재 카탈로그에서는 작업할 수 없습니다. 일단 '2018년' 카탈로그를 불러와야 합니다. 바로 이전 단계에서 배운 카탈로그 불러오기 방법을 적용하여 '2018년 카탈로그'를 불러옵니다.

02 Import에서 배운 내용을 적용하여 '2018년' 폴더에 있는 이미지를 불러옵니다.

03 [File]-Import from Another Catalog를 클릭합니다.

04 '2019년' 카탈로그(병합하려는 카탈로그)의 경로를 찾습니다.

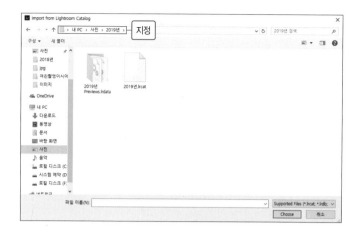

05 '2019년.lrcat' 파일을 더블클릭합니다. 카탈로그는 기본적으로 내 PC-사진 폴더에 저장되어 있습니다.

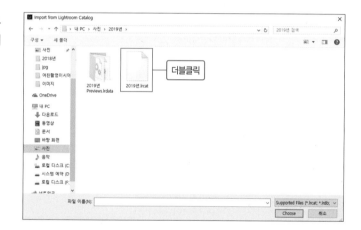

06 Import from Catalog'2019년' 창이 열리면 'Show Preview'를 체크합니다. 왼쪽에 Preview 창이 활성화됩니다.

07 Catalog Contents에서 모든 폴더를 선택합니다. 기본 값으로 모두 선택되어 있습니다.

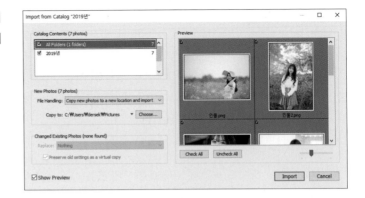

08 New Photos의 File Handling 옵션에서 'Copy new photos to a new location and import'를 선택합니다.

09 [Import] 버튼을 클릭하면 최종으로 병합됩니다.

Tip Import from Catalog—File Handling 옵션

ⓐ Add new photos to catalog without moving : 카탈로그 내 새로운 사진을 이동시키지 않습니다.

ⓑ Copy new photos to a new location and import : 사진을 새로운 폴더에 복사하여 Import합니다.

ⓒ Don't import new photos : 새로운 사진은 Import하지 않습니다.

3 | 사진 분류하기

사진 분류는 작업의 신속성과 효율성을 위한 것으로, 많은 사진을 분류해야 하는 만큼 이 작업에서는 처음 배울 때부터 단축키를 사용하는 것을 권장합니다. 라이트룸에서는 별점(Rating), 컬러(Color), 깃발(Flag)로 사진을 분류합니다. 각 기능을 사용하는 방법은 다음과 같습니다.

별점으로 사진 분류하기

촬영한 사진의 등급을 매기는 기능입니다. 등급을 매겨서 A컷과 B컷 등 사진의 결과물을 분류하여 보정 순서를 판단할 수 있고, 의뢰받은 사진일 경우 고객이 선택한 사진에 별점을 매겨 빠르게 작업할 수 있는 장점이 있습니다. 별점을 매기는 방법은 간단합니다. 먼저 사진을 한 장 또는 여러 장 선택하고 키보드 숫자 키 ①~⑤ 중 하나를 선택하여 누릅니다. 누르면 해당 숫자만큼 사진 하단에 별이 생성된 것을 알 수 있습니다. 예제에서는 별 5개를 주기 위해 숫자 키 ⑤를 눌렀습니다. ⓪을 누르면 별이 사라집니다.

깃발로 사진 분류하기

별점과 컬러는 분류하는 방식의 종류가 많지만 깃발(Flag)은 두 종류뿐입니다. 그렇기 때문에 큰 범위에서 분류할 때 사용하거나 앞에서 설명한 분류 방식을 적용한 후 보조로 사용합니다. 사진을 한 장 또는 여러 장 선택한 후 뭔가 부족한 느낌의 사진이라면 단축키 Ⓧ, 확실한 사진이라면 단축키 Ⓟ를 누릅니다. 취소하려면 단축키 Ⓤ를 누르면 됩니다.

사진 분류 작업은 각자 선호하는 스타일로 진행하면 됩니다. 필자의 경우에는 업무로 사진을 촬영하는 경우가 많기 때문에 1차는 사진의 결과물에 따라 별점을 주고, 2차는 컬러별로 등급을 매겨 앨범과 액자 등 인화로 구분합니다. 마지막으로 홍보용 이미지나 최상급 A컷의 경우에는 Flag로 표시해두는 방식으로 활용하고 있습니다.

Tip 별점과 컬러 깃발 기능은 서로 중복해서 사용할 수 있습니다.

종류별로 분류된 사진 보기

사진이 많을 경우 분류해도 산만하게 배치되는 경우가 대부분인데, 다음 기능으로 원하는 사진을 쉽게 찾을 수 있습니다. 이 기능들은 Library Filter에서 사용할 수 있습니다.

❶ Text

키워드로 사진을 검색하는 기능입니다. 파일 이름이나 지정한 키워드를 입력하면 바로 검색됩니다.

❷ Attribute

분류 작업이 완료된 사진 중 Flag, Rating, Color가 적용되거나 적용되지 않은 사진을 찾습니다.

❸ Metadata

촬영 날짜, 카메라 렌즈, Label로 원하는 사진
을 찾습니다.

4 | 컬렉션이란?

컬렉션(Collections)은 일종의 폴더 개념으로, 사진을 종류별로 구분해서 넣을 수 있습니다. 여러 개의
컬렉션을 하나로 묶은 것을 '컬렉션 세트(Collection Set)'라 부르는데, 쉽게 말하자면 컬렉션 세트는 상
위 폴더이고 컬렉션은 하위 폴더로 볼 수 있습니다. 컬렉션은 활용 방법에 따라 몇 가지로 구분되며 가장
일반적인 것은 아이, 여자친구, 가족 등 주제 또는 장소에 따라 분류하는 것입니다.

컬렉션 만들기

필자의 경우에는 컬렉션 기능을 많이 사용하는 편은 아닙니다. 이미 사진 분류 작업에서 모든 분류를
끝낸 상태이고 키워드까지 Import 단계에서 지정해 놓았기 때문에 Library Filter로 검색하여 바로 보
정 작업에 들어가는 편입니다. 하지만 편집 차원에서 끝내는 것이 아니라 보정 작업 이후를 생각한다면
컬렉션 관리도 필요합니다. 예를 들어, 장소는 같지만 촬영 날짜가 다르다고 가정한다면 해당 장소에 관
련된 사진이 여기저기 흩어져 있을 수 있습니다. 이런 경우, 컬렉션을 지정하여 넣어 두면 해당 장소에 관
한 모든 사진을 한번에 찾는 것이 가능합니다. 또한 당장 내일 또는 일주일 후 강의나 브리핑이 있다면 필
요한 사진을 컬렉션으로 분류하여 보관할 경우 하드디스크의 용량에 부담을 주지 않습니다. 단, 컬렉션은
이미지를 폴더화하고 링크를 걸 뿐이며, 실제로 복제하여 저장하지는 않습니다.

01 인물사진으로 컬렉션 세트를 만들겠습니다. 오른쪽 패널에서 Collections 옆의 '+'를 클릭합니다.

02 'Create Collection Set'를 선택합니다.

03 Name에 '인물사진'을 입력한 후 [Create] 버튼을 클릭합니다.

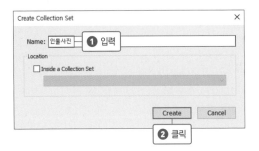

04 '인물사진' 컬렉션 세트가 생성되면 마우스 오른쪽 버튼으로 클릭하고 'Create Collection'을 실행합니다.

05 Name에 '아는동생'을 입력한 후 [Create] 버튼을 클릭하면 폴더가 생성됩니다.

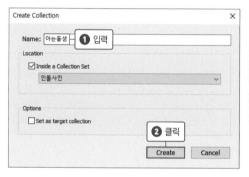

06 카탈로그 패널에서 'All Photo gra-phs'를 선택합니다.

07 인물사진 중 컬렉션에 넣을 사진만
선택한 후 드래그하여 위치시킵니다.

08 선택한 세 장의 사진이 '아는 동생' 컬
렉션에 들어간 것을 확인합니다.

Quick Collection(퀵 컬렉션) 만들기

퀵 컬렉션은 클릭 한 번으로 빠르게 사진을 분류할 수 있는 기능입니다.

01 사진 오른쪽 위에 있는 동그라미를
클릭하면(단축키 B) 바로 퀵 컬렉션으로
등록됩니다.

02 퀵 컬렉션으로 등록된 사진은 카탈로그 패널에서 확인할 수 있습니다.

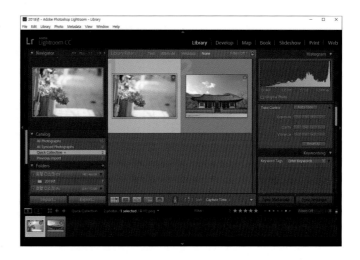

> **Tip** 퀵 컬렉션을 사용할 때는 썸네일의 크기를 크게 설정해야 사진의 정확한 판별 및 분류가 가능합니다.

▲ 작은 썸네일

▲ 큰 썸네일

스마트 컬렉션(Smart Collection) 만들기

컬렉션이 촬영자가 일일이 지정하여 분류하는 기능이라면 스마트 컬렉션은 조건을 설정하면 해당 조건에 해당하는 사진을 모아서 분류하는 기능입니다. 스마트 컬렉션은 사진이 양이 너무 많아 찾기 힘들 때 사용하면 편리합니다. 예를 들어, 2~3대의 카메라를 활용하여 촬영한 경우 렌즈 리뷰를 하기 위해 특정 렌즈로 촬영한 사진을 찾으려 할 때나 사진 분류 작업 시 별 5개를 지정한 이미지를 찾을 때 사용하면 일일이 사진을 찾아야 하는 수고로움을 덜 수 있습니다.

01 Collections 옆의 '+'를 클릭하여 'Create Smart Collection'을 선택합니다.

02 Create Smart Collection 창이 열리면 Name에 원하는 이름을 입력 한 다음 조건을 설정합니다. 예제에서는 'Camera'를 선택합니다.

03 두 번째 조건을 설정합니다. 예제에서는 'Contains'를 선택합니다.

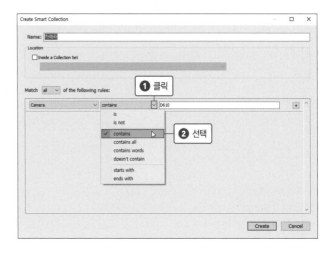

04 마지막으로 키워드를 입력하는데, 예제에서는 필자의 카메라 기종인 'D610'을 입력하였습니다. 모두 입력했다면 [Create] 버튼을 클릭합니다.

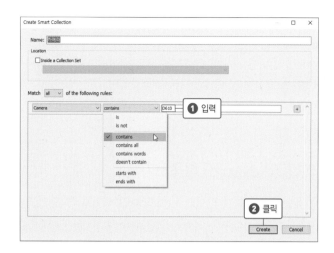

05 설정한 조건에 따라 스마트 컬렉션이 분류된 것을 확인할 수 있습니다.

Tip 설정 내용은 '카메라 기종 중 D610을 포함하는 사진을 모두 표시하라'입니다.

Quick Develop(퀵 디벨롭)

퀵 디벨롭은 한 장 한 장 세심하게 보정하는 것과는 거리가 멀기 때문에 자주 사용하는 기능은 아닙니다. 하지만 노출과 대비, 채도와 같은 부분을 빠르게 일괄 편집할 수 있어, 급하게 파일을 넘겨야 하는 상황에서는 유용한 기능입니다. Develop 모듈에서 상세하게 다룰 예정이므로 이 부분은 간략하게 보고 넘어가도 좋습니다.

❶ **Saved Preset** : 저장된 프리셋 값을 선택합니다.
❷ **White Balance** : 화이트밸런스를 맞춰주는 기능으로, AsShot과 Auto가 있습니다. 두 옵션 중 원하는 것을 선택하여 적용합니다.

❸ Auto tone : 자동으로 선택한 사진의 밝기와 채도를 조정합니다.

❹ Exposer : 선택한 사진의 노출을 조정합니다.

❺ Clarity : 선택한 사진의 명료도를 조정합니다.

❻ Vibrance : 선택한 사진의 채도를 조정합니다.

❼ Reset All : 선택한 사진을 원본으로 되돌립니다.

5 | 키워드(Keyword) 활용하기

키워드는 사진에 특정 단어를 키워드로 입력한 후 그 단어를 이용해 원하는 사진을 검색하는 기능입니다. Import할 때마다 작성하거나 적용해야 하기 때문에 번거로울 수 있지만, 촬영 후 시간이 지나면 어떤 장소나 인물을 촬영한 사진을 어디에 저장했는지 기억이 나지 않을 수 있습니다. 이런 경우를 대비하여 키워드를 미리 입력해 놓으면 해당 사진을 빠르게 찾을 수 있습니다.

사진에 키워드를 입력하면 연필 모양의 아이콘이 표시됩니다. 키워드는 Import 시 입력할 수도 있습니다.

키워드 생성하기 Lr

01 키워드를 입력할 사진을 선택합니다.

02 키워드 입력 박스를 클릭한 후 키워드를 입력합니다.

Tip 조금 더 자세한 키워드를 입력하거나 입력한 키워드를 수정하려면 쉼표(,)를 입력한 후 키워드 입력 박스를 클릭하고 추가로 입력합니다.

키워드 적용하기

미리 만들어 둔 키워드를 적용하는 기능으로, 매번 키워드를 새로 입력해야 하는 번거로움을 없애줍니다. Keyword Suggestions에서 이전에 입력한 키워드를 클릭하면 키워드 추가 및 신규 등록이 완료됩니다.

키워드 단순화하기

키워드의 모든 기능을 활용하거나 너무 많은 키워드를 입력하면 검색에서 너무 많은 이미지를 가져오기 때문에 빠르게 찾는 것이 힘들어집니다. 예를 들어, 라이트룸에 지원하는 'Wedding Photography' 프리셋 키워드를 살펴보겠습니다. 웨딩스냅 한 팀당 1천 장~3천 장은 거든히 촬영하는 요즘의 웨딩스냅 추세에서 다음 화면의 목록에 있는 키워드를 모두 사용하면 어떻게 될까요?

언뜻 보면 사진 관리를 잘 할 수 있을 것 같지만, 이렇게 많은 키워드를 사용하면 작업의 효율성과 신속성을 떨어뜨리게 됩니다. 그러므로 특수성을 가진 사진을 골라 키워드를 지정하는 것으로 끝내는 것이 좋습니다. 예를 들어, '홍길동원판사진'처럼 말이죠. 수천 장씩 촬영하는 분들의 경우에는 Import하기 전에 폴더 이름에 촬영 장소, 내용, 날짜를 입력하고 키워드는 간단하게 하나만 설정해 두면 효율적으로 사진을 관리할 수 있을 것입니다.

라이트룸의 최대 장점은 원하는 작업을 쉽게 할 수 있다는 것, 즉 접근성이 좋은 프로그램이라는 것입니다. 파일 관리라는 측면에서 보면 완벽에 가까운 프로그램이라고 볼 수 있지만 이러한 부분은 입문자에게는 혼란을 유발할 수 있는 단점으로 작용하기도 합니다. 대표적으로 라이브러리 모듈의 모든 기능을 사용할 경우, 사진 분류에만 몇 시간을 소비해야 할지도 모르는 일이기 때문이죠. 앞에서 언급한 것처럼 키워드는 최대한 단순하게 입력하는 것이 좋고, 컬렉션과 사진 분류도 복잡하게 하는 것보다는 명확하게 하는 것이 좋습니다. 단, 일관성을 지키는 것이 중요합니다. 예를 들어, 오늘 촬영한 사진의 A컷을 Flag로 지정했다면 다음 촬영에서도 A컷은 Flag로 지정하는 것이 중요합니다.

Section 03

보정의 시작, **디벨롭** 모듈 사용하기

보정에 직접적으로 관여하는 Develop 모듈에 대해 알아보겠습니다. 이번 섹션은 실무적인 보정 기법의 기초가 되기 때문에 반드시 알고 넘어가야 합니다. 필요할 때 해당 도구나 기능을 찾아서 몇 번 사용하다보면 자연스럽게 외워지므로 억지로 외울 필요는 없습니다.

1 | 디벨롭(Develop) 모듈

라이브러리 모듈이 사진 관리에 중점을 둔 영역이었다면 디벨롭 모듈은 보정에 중점을 둔 영역입니다. 여기서는 디벨롭 모듈의 기본적인 내용에 중점을 두고 진행하도록 하겠습니다.

2 | 탐색기(Navigator)

디테일한 보정을 할 때 사진을 확대해야 하는 경우가 많은데, 탐색기는 이런 경우에 사용하는 도구입니다.

기본 활용 방법

확대하려는 위치에 마우스 커서를 가져간 후 클릭하면 사진이 확대됩니다. 왼쪽의 Navigator 창에서 현재 확대된 위치가 표시됩니다. 위아래에 있는 화살표를 클릭하여 확대 · 축소 비율을 조정할 수 있습니다. 라이트룸에 익숙해지면 사용 빈도가 높은 기능입니다.

> **Tip** 보정 결과를 Navigator 창에서 미리 볼 수 있기 때문에 컬러 톤을 작업할 때도 자주 사용합니다. 프리셋 하위 폴더에 선택 후 마우스 커서를 가져가는 것만으로도 Navigator 창에서 이미지 변화를 확인 가능합니다.

3 | 사전설정(Preset)

라이트룸에서 지원하는 보정된 값을 적용하거나 사용자가 직접 보정한 값을 저장하여 사진에 적용할 수 있는 기능입니다. 다른 포토그래퍼에게 프리셋을 제공받았다면 그것을 그대로 사진에도 적용할 수 있습니다. 프리셋은 Develop 모듈 전부를 알아야 제대로 활용할 수 있습니다.

4 | 스냅 샷(Snapshots)

보정을 하다 보면 '이 정도면 괜찮겠지'라고 생각할 때가 많습니다. 스냅 샷은 이런 경우 활용하는 기능으로, 현재까지 작업한 보정 내용을 임시로 저장합니다. 스냅 샷에 저장해둔 후 추가적으로 계속 보정을 하다가 마음에 들지 않으면 스냅 샷을 더블클릭하여 저장한 시점으로 되돌릴 수 있습니다.

기본 활용 방법

어느 정도 보정 작업이 마무리되었다면 Snapshots 오른쪽의 '+'를 클릭합니다. New Snapshot 창이 열리면서 자동으로 날짜와 시간이 기록됩니다. 기본값을 사용해도 좋지만 여기서는 이름을 입력하고 [Create] 버튼을 클릭합니다.

스냅 샷이 저장되었음을 확인할 수 있습니다. 계속 사진을 보정합니다. 보정된 사진을 보면, 이전에 스냅 샷으로 저장한 사진이 더 괜찮은 것 같습니다. Snapshots에서 '12. 15(1차완성본)'을 더블클릭하면 스냅 샷으로 지정된 값으로 복원됩니다.

5 | 작업 내역(History)

작업 내역은 편집한 내용을 라이트룸이 자동으로 기록해둔 공간입니다. 해당 지점에 마우스 커서를 가져가면 Navigator 창에서 이미지 변화를 미리 확인할 수 있습니다. 클릭할 경우 보정 값이 변하면서 이미지에 적용됩니다. 잘못 클릭하여 취소하고 싶을 때는 Ctrl+Z 키를 눌러 이전 단계로 되돌아갑니다.

6 | 클리핑(Clipping)

히스토그램은 사진의 노출과 톤 분포를 표시하는 기능입니다. 라이트룸에서의 히스토그램은 기능이 하나 더 있는데요. 바로 보정의 한계점을 표시해주는 것입니다. 사진이 너무 밝거나 어두워서 디테일의 손상이 온 것을 '클리핑(Clipping)'이라 하는데, 히스토그램에는 클리핑 검출 기능이 있습니다. 클리핑은 가장 안정적이면서도 완성도 높은 이미지 보정을 위한 가이드라인 역할을 하지만, 클리핑에 너무 신경 쓰면 표현의 제약이 따르게 됩니다.

기본 활용 방법

히스토그램에서 가장 어두운 영역의 삼각형에 마우스 커서를 가져가면 사진의 일부분이 파랗게 표시되는데, 이 부분은 너무 어두워서 디테일이 손상되었음을 나타냅니다. 물론, 이것은 가상의 컬러이고 실제로 보정된 결과물에서는 표시되지 않습니다. 이런 경우 사진을 밝게 보정하면 클리핑 영역이 지워지면서 해결됩니다.

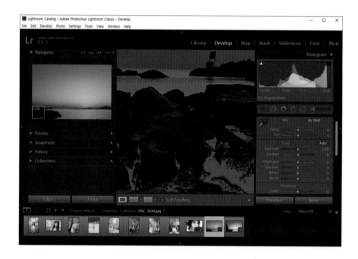

반대로 히스토그램에서 가장 밝은 영역의 삼각형에 마우스 커서를 가져가면 사진의 일부분이 빨갛게 표시됩니다. 마찬가지로 너무 밝아서 디테일이 손상된 것을 나타내며, 이때는 사진을 어둡게 보정하면 해결됩니다.

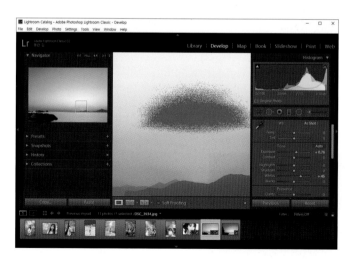

Tip 삼각형을 클릭하면 마우스 커서를 가져가지 않아도 클리핑 영역을 표시해 줍니다.

7 | 오버레이 자르기(Crop Overlay)

사진에서 '자르기'는 주제의 강조와 사진의 안정감을 주는 면에서 중요한 작업이며, 보정의 시작이라고 볼 수 있습니다. 자르기를 영어로는 '트리밍(Trimming)'이라 하고, 구체적으로는 이미지를 확대하여 불필요한 부분을 제거하는 작업을 의미합니다. 신중하게 촬영하여 트리밍할 필요가 없으면 좋겠지만 모든 피사체를 촬영자가 구성한 프레임 안에서 촬영하기란 쉽지 않습니다. 즉, 불가항력의 환경이 존재한다는 것이죠. 순간을 담는 사진에서 불필요한 구조물이 개입되는 경우와 렌즈의 한계로 주제를 드러내는데 어려움이 있는 경우가 대표적입니다.

오버레이 자르기 기능을 이용하면 사진을 자를 수 있습니다. 이 기능을 활용하면 단순히 자르는 것뿐만 아니라 이미지를 회전시키고, 불필요한 부분을 별도로 표시할 수도 있습니다.

① Aspect(종횡비) : 지정한 영역을 제외한 나머지를 잘라냅니다. 'Aspect'을 클릭하고 사진에서 원하는 지점을 클릭합니다. 사진에서 보여주려는 영역을 드래그한 후 마우스에서 손을 떼면 선택 영역이 지정됩니다. 선택 영역은 Navigator 화면에서 미리 볼 수 있습니다.

Enter 키를 누르면 원본은 그대로 유지된 채 선택 영역을 제외한 나머지 영역이 잘라나갑니다. 이때 원본이 손상되는 것은 아니며, Ctrl+Z 키를 누르면 언제든지 이전 단계로 돌아갈 수 있습니다. Original 오른쪽의 화살표를 클릭하면 자르기 비율을 설정할 수 있습니다. 여기서는 '1×1'을 선택합니다.

자물쇠 아이콘이 잠기면서 자르기
비율이 정사각형 프레임으로 고정
됩니다. 자유로운 비율로 자르려면
잠겨있는 자물쇠를 클릭하여 잠금
을 해제하고 수정하면 됩니다.

② Angle(각도) : 사진을 회전합니다. Angle에서 슬라이더 바를 좌우로 움직이면 수치에 따라 사진이 왼쪽 또는 오른쪽으로 회전합니다. 사진의 모서리 부분에 마우스 커서를 가져가면 커서가 회전 모양으로 바뀌는데, 이때 클릭 후 드래그해도 회전할 수 있습니다.

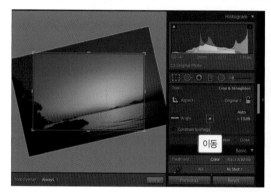 

③ Constrain to Image(이미지 제
한) : 이미지를 합성하거나 렌즈의
왜곡을 보정할 경우, 사진에서 잘
려나가는 부분이 발생하게 됩니다.
Constrain to Image는 보정으로
발생한 불필요한 부분의 이미지를
자동으로 표시해 주는 기능입니다.

수평 맞추기

오버레이 자르기를 활용하여 사진의 수평을 맞추도록 하겠습니다. Ctrl 키를 누르면 마우스 커서가 자 모양으로 바뀝니다. 수평을 맞춰야 하는 기준을 선택한 후 드래그합니다. 자동으로 수평이 맞게 수정된 것을 확인할 수 있습니다. 예제의 사진은 바다 사진이기 때문에 수평선이 수평의 기준이 됩니다.

구도 확인하기

O 키를 누를 때마다 그리드(안내선)가 다양한 모양으로 바뀝니다. 그리드를 기준으로 크롭하면 완성도 높은 프레임을 구성할 수 있습니다.

8 | 얼룩 제거(Spot Removal)

얼룩을 제거하는 기능으로, 인물의 잡티뿐만 아니라 사진에서 불필요한 부분을 제거할 때도 활용합니다. Size, Feather, Opacity는 대부분의 보정 프로그램에 나오는 용어이므로 각각의 기능을 알고 넘어가는 것이 좋습니다.

① Size(크기) : 브러시의 크기를 설정합니다. 마우스 휠 스크롤을 활용해서 크기를 조절할 수도 있습니다.

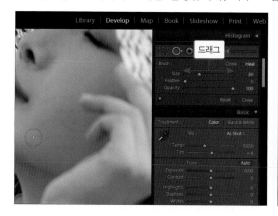 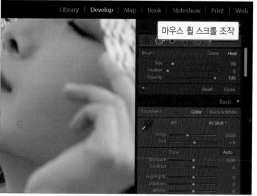

② Feather(페더) : 부드러움의 정도를 설정합니다. 페더 값이 커지면 경계선이 보이지 않을 정도로 자연스러운 보정이 적용되고, 페더 값이 작아지면 경계선의 구분이 명확한 보정이 적용됩니다.

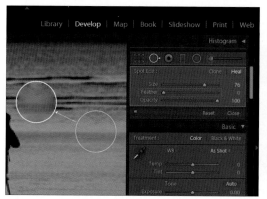 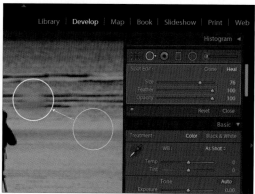

③ Opacity(불투명도) : 보정을 짙게 또는 투명하게 적용할 것인지 설정할 수 있습니다. 불투명도의 값이 작아지면 투명하게 보정되고, 값이 커지면 짙게 보정됩니다.

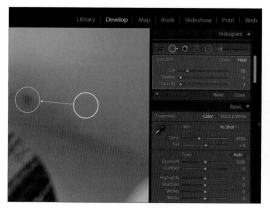 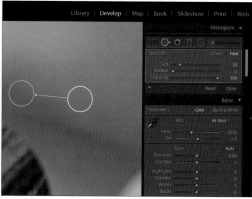

기본 활용 방법

'Spot Removal'을 클릭하면 마우스 커서의 모양이 원형으로 바뀝니다. Spot Removal 전용 편집 창이 열리면 Size를 지우려는 영역의 크기만큼 설정합니다.

지우려는 영역을 클릭하면 새로운 원(복제해올 영역)이 생성됩니다. 이 원은 라이트룸에서 자동으로 지정한 유사 픽셀 영역으로, [Done] 버튼을 클릭하면 선택 영역에 덮어씌우게 됩니다.

9 | 적목현상 수정(Red Eye Collection)

어두운 장소에서 인물을 촬영할 때 플래시를 터트리면 인물의 눈이 빨갛게 표현된 사진이 나오는데, 이런 현상을 '적목현상'이라고 합니다. 'Red Eye Collection'은 적목현상을 감소시키는 기능입니다.

10 | 점진적 필터(Graduated Filter)

지정한 보정 값을 점진적으로 적용하는 기능으로, 최초 시작점이 가장 짙게 적용되며 끝 지점으로 갈수록 연하게 적용됩니다. 예를 들어, 노출을 어둡게 조정하여 점진적 필터를 적용하면 시작점은 어두운 보정 값이 적용되고 아래로 내려올수록 적게 적용됩니다.

기본 활용 방법

'Graduated Filter'를 클릭하면 Graduated Filter 전용 편집 창으로 전환되고 마우스 커서가 '+' 모양으로 바뀝니다.

사진에서 원하는 시작 지점을 클릭한 후 보정을 적용하려는 범위를 드래그합니다. Graduated Filter 의 시작점은 사진의 끝단인 테두리입니다. 보정 값을 설정하고 [Done] 버튼을 클릭하면 Graduated Filter가 적용됩니다.

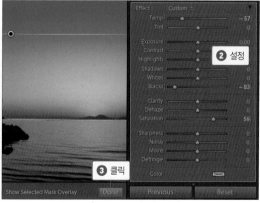

11 | 방사형 필터(Radial Filter)

　Grduated Filter가 직선 개념이었다면 Radial Filter는 원형 개념의 필터입니다. 적용 범위만 다를 뿐, 기본 활용법은 Graduated Filter와 동일합니다.

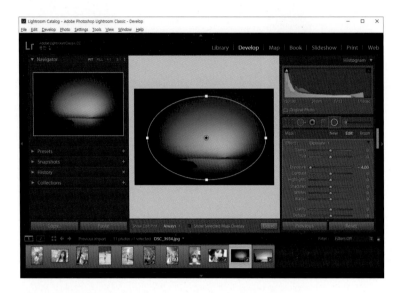

12 | 조정 브러시(Adjustment Brush)

　사용자가 보정이 적용될 영역을 직접 브러시로 칠해서 지정하는 기능으로, 세밀한 보정을 요구할 경우 사용합니다. 상세한 내용은 인물 촬영 편에서 집중적으로 다루고 있습니다.

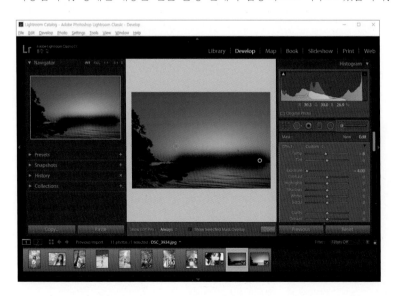

13 | 화이트밸런스(White Balance) 패널

화이트밸런스를 보정하는 패널로, 스포이드는 사진에서 흰색 지점을 선택하면 자동으로 화이트밸런스를 잡아주는 도구입니다. 스포이드를 선택한 후 사진의 흰색 부분을 클릭하면 Temp와 Tint 값이 자동으로 변경되며, 사진의 전체적인 컬러가 달라집니다. 단, 너무 밝아서 노출이 날아간 지점은 선택되지 않고 경고 메시지가 표시됩니다.

 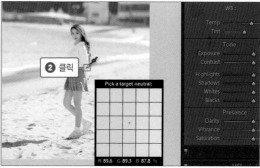

① Temp(색온도) : 앞선 섹션에서 배운 화이트밸런스의 색온도 개념과 동일합니다. 사진에서 노란색이 과해 보인다면 슬라이더 바를 파란색 쪽으로 옮기면 됩니다. 파란색이 과하다면 그 반대가 됩니다.

② Tint(색조) : 화이트밸런스를 조정하는 역할뿐만 아니라 특정 컬러 톤을 풍부하게 만들 때 또는 붉은색이나 녹색을 더하거나 뺄 때 활용합니다. 이미지 전체에 적용되기 때문에 세밀한 조정이 필요합니다.

14 | 톤(Tone) 패널

사진에서 가장 중요한 것은 밝기입니다. 밝기는 암부(Shadow), 적정 노출(Mid tone), 명부 (Highlight)로 나뉘며, 톤 패널은 밝기와 관련된 기능을 모아둔 곳입니다. 톤 패널을 조정하면 한 부분만 적용되는 것이 아니기 때문에 과한 보정을 필요로 할 경우에는 여러 가지 기능들을 종합적으로 활용해야 합니다.

① Exposure(노출) : 사진의 전체적인 밝기를 조정합니다. 어두운 곳과 밝은 곳을 따로 구분하여 보정할 수 없기 때문에 전체적으로 어둡거나 밝을 때만 활용할 수 있습니다.

② Contrast(대비) : 명부와 암부의 밝기 차이를 조정합니다. Contrast 값을 조정하면 명부, 암부, 미드 톤 전체에 대한 대비 값이 조정됩니다.

③ Highlights(밝은 영역) : 사진에서 밝은 영역을 기준으로 밝기를 조정합니다. 다음 사진에서 High-lights 값을 조정하면 가장 어두운 영역인 산의 밝기가 거의 변하지 않는 것을 확인할 수 있습니다.

 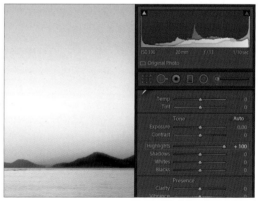

④ Shadows(어두운 영역) : 사진에서 어두운 영역을 기준으로 밝기를 조정합니다. 다음 사진에서 Shadows 값을 조정하면 Highlights와 달리 가장 어두운 영역인 산의 밝기도 밝아진 것을 확인할 수 있습니다.

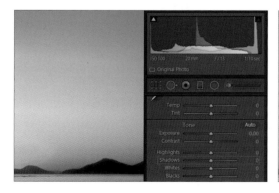 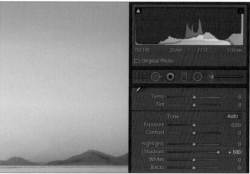

⑤ Whites(흰색 계열) : 가장 밝은 영역을 기준으로 밝기를 조정합니다. 사진이 너무 밝아 디테일이 손상된 경우 Exposure 값으로 노출을 내려 디테일을 복원하는데, 이것으로도 부족할 때 활용합니다.

⑥ Black(검정 계열) : 가장 어두운 영역을 기준으로 밝기를 조정합니다. 사진이 너무 어두워서 잘 보이지 않는 영역을 되살릴 때 유용합니다.

Presence(외관)

채도와 대비를 조정할 수 있는 영역입니다. Contrast는 명부와 암부의 차이를 말하는 것이고, Saturation는 색상의 진하고 엷음을 말합니다.

① Clarity(부분 대비) : Tone의 Contrast가 전체적인 대비를 조정한다면 Presence의 Clarity는 미드 톤을 기준으로 대비가 적용됩니다. 다음 사진에서 Contrast 값을 증가시키면 사진 전체를 고려한 대비가 적용되어 바위의 디테일이 사라집니다. 반면, Clarity 값을 증가시키면 미드 톤을 기준으로 대비가 적용되기 때문에 바위의 어둡고 밝은 부분을 기준으로 대비가 적용되며, 부분적으로 선명해지는 효과가 있습니다.

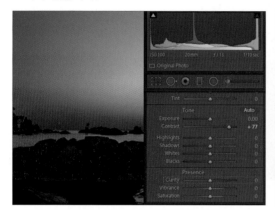 

② Vibrance(생동감)와 Saturation(채도) : 사진의 채도를 조정할 수 있습니다. 명확한 구분을 위해 최대 값으로 조정해 보겠습니다. Saturation을 조정하면 사진 전체를 고려하여 채도가 조정됩니다. 인물의 얼굴까지 채도가 증가하여 붉은색이 도는 것을 확인할 수 있습니다. Vibrance를 조정하면 미드 톤을 기준으로 조정되기 때문에 인물의 얼굴에 컬러가 심하게 묻어나지 않습니다.

▲ Saturation : 100 적용   ▲ Vibrance : 100 적용

15 | 톤 커브(Tone Curve)

톤 커브는 톤 패널에서 배운 내용을 모두 포함하는 동시에 RGB 채널을 활용하여 특정 컬러 톤을 생성할 때 활용합니다. 포토샵의 Curve 기능보다 활용 범위가 좁긴 하지만, 기본적인 사용 방법이 같기 때문에 미리 알아두면 포토샵에서 보정할 때도 어렵지 않게 응용할 수 있습니다.

기본 활용 방법

Tone Curve를 조정할 수 있는 영역입니다. X축은 노출, Y축은 톤의 분포를 나타냅니다. 마우스로 클릭 후 드래그하면서 조정하는 방식으로 활용하며 간편하게 대비를 줄 수 있는 S자형이 무난하게 사용되고 있습니다.

톤 커브를 클릭한 후 마우스 커서를 사진에 가져가면 현재 마우스 커서가 위치한 이미지 영역의 톤 곡선 지점을 표시합니다. 이 상태에서 마우스를 위아래로 드래그하면 이미지 상에서 바로 편집할 수 있습니다.

다음 화면에서는 톤의 분포를 조정할 때 좌우로 조정할 수 없습니다. 자유자재로 조정할 수 있게 하려면 Tone Curve 아래쪽의 'Click to edit Point Curve'를 클릭하면 됩니다. 이 옵션을 클릭하면 고급 커브 기능이 활성화되면서 화면이 전환되고, 가운데 포인트를 클릭한 상태에서 좌우로 이동할 수 있습니다.

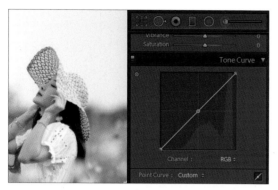

고급 커브 기능을 활성화시키면 RGB 채
널별로 보정을 적용할 수 있습니다. 이 기능
은 특정 컬러 톤을 만들 때 유용하게 사용됩
니다.

16 | HSL/Color(색조)

색조, 채도, 광도를 조정할 수 있는 도구
모음입니다. Hue와 Color는 동일한 기능
에 인터페이스만 다르므로 익숙한 방법으로
활용하면 됩니다. 색조는 '색의 성질'을 말
하는 것으로, 해당 색이 얼마나 원색에 가까
운지 나타내는 지표입니다.

Hue와 Color를 활용하면 다음 사진처럼 단풍잎의 색상을 완전한 붉은색으로 만들 수 있고 노란색으로
도 변경할 수 있습니다. 각 색상의 슬라이더 바를 움직여서 색의 변화를 직접 눈으로 확인하고 조정하면
됩니다.

기본 활용 방법

다음 사진에서 석양 부분의 색만 좀 더 강하게 보정하려면 어떤 색을 조정해야 할까요? 사진의 석양 부분을 보면, 색상이 'Orange' 아니면 'Yellow'인 것을 알 수 있습니다. Orange의 슬라이더 바를 붉은 쪽으로 옮겨줍니다. 석양의 붉은색이 더 도드라진 것을 확인할 수 있습니다.

① Saturation(채도) : 채도는 앞서 Tone에서 배운 내용과 동일하지만 여기서는 컬러별로 채도를 조정할 수 있습니다. Blue의 슬라이더 바를 최대치로 조정하면 하늘의 푸른색이 증가합니다.

② Luminance(광도) : 컬러에 빛을 추가합니다. 예를 들어, 우리가 태양을 볼 때 태양이 있는 방향을 바라보면 너무 밝기 때문에 하늘이 하얗게 보입니다. 반대로 태양의 반대 방향을 바라보면 태양이 떠 있는 방향에 비해 상대적으로 어둡기 때문에 파란 하늘을 볼 수 있습니다. 마찬가지로, 다음 사진에서 컬러의 광도 값을 크게 올리면 사진은 하얗게 나오고 반대로 광도 값을 내리면 어두운 하늘이 나오게 됩니다.

Black & White

컬러의 대비를 이용한 흑백 보정을 조정합니다. 실행 시 자동으로 기본 값을 적용하는데, 자동으로 조정된 값이 꽤 근사한 보정치를 보여주긴 하지만 완벽하지 않기 때문에 각 컬러의 슬라이드 바를 조정하여 세밀하게 보정할 필요가 있습니다. 라이트룸CC 7.3 버전 사용자의 경우에는 흑백 보정하는 인터페이스가 일부 변경되었습니다. Black&White 전용 패널에서 수치 값을 조정하여 원하는 흑백 사진으로의 변환이 가능하게 되었습니다.

17 | 명암별 색 조정(Split Toning)

철저하게 컬러 톤을 만들기 위한 도구로,
명부(Highlight)와 암부(Shadow) 영역이
나뉘어져 있기 때문에 간단하게 컬러를 조합
하여 만들 수 있는 장점이 있습니다.

다음 사진에서 Highlights 영역만 조정하면 밝은 영역을 기준으로 컬러토닝되기 때문에 적정 노출보다
약간 밝은 얼굴도 붉게 표현됩니다. Shadows 영역만 조정하면 어두운 영역을 기준으로 컬러토닝되기 때문
에 동일한 값이 적용되었어도 얼굴에 컬러가 심하게 드러나지 않는 것을 알 수 있습니다.

이렇게 명부와 암부의 조합으로 빈티지한
컬러 톤을 재현할 수도 있습니다. 이때 라이
트룸에서는 명부, 암부, 미드 톤 중 어느 한
부분만 정확하게 보정할 수는 없는 점을 기
억해야 합니다.

18 | 세부(Detail)

Sharpening

선명도를 끌어올려주는 도구로, 샤픈에 관련된 기능이 있습니다.

① Amount : 샤픈이 적용되는 양을 조정합니다.

② Radius : 샤픈이 적용되는 픽셀의 반경을 조
정합니다. 기본 값은 1.0으로, 1 픽셀 이상의
선명도를 적용합니다. Radius는 기본 값을 사
용하는 것이 좋습니다.

③ Detail : 가장자리의 선명도를 조정합니다. 예를 들어, 다음 사진에서 Detail 값이 작을 때는 벽돌의
경계 부분만 샤픈이 적용되지만 값을 '50'으로 설정하면 벽돌 내부의 작은 가장자리도 선명하게 표현되
는 것을 알 수 있습니다.

④ Masking : 샤픈을 과하게 적용하면 이미지가 부자연스러워지는데, 이때 Masking 값을 증가하면 자
연스럽게 샤픈이 적용됩니다.

Noise Reduction

샤픈을 추가하거나 어두운 장소에서 ISO 감도를 높여 촬영하면 노이즈가 생깁니다. Noise Reduction
은 발생한 노이즈를 제거하는 기능입니다.

① Luminance : 빛의 양으로 인해 발생된 노이즈를 제거합니다. 어두운 장소에서 촬영할 때 발생하는
노이즈 제거에 유용합니다. 과도하게 설정하면 디테일이 뭉개질 수 있으므로 주의해야 합니다.

② Detail : Luminance로 인해 손상된 디테일을 복원합니다. 세밀한 디테일보다는 큰 경계부의 라인을
살려주는 역할을 합니다.

③ Contrast : 대비를 활용하여 선명도를 올려줍니다. 과도하게 설정하면 노이즈가 남게 됩니다.

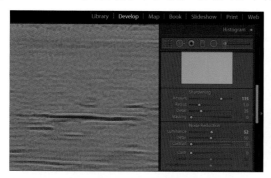 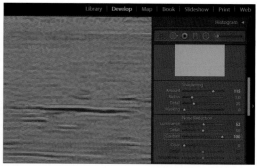

④ Color : 컬러로 인해 발생된 노이즈를 제거합니다. 감도를 올린 상태에서 안 좋은 빛이 간섭하면 컬러 노이즈가 더 심하게 발생하는데, 대표적으로 한밤중에 가로등 밑에서 고감도로 촬영한 사진이 여기에 해당합니다. 다음 사진에서 Color 값을 올리면 컬러 노이즈가 제거되면서 벽돌 본연의 색이 나타나는 것을 확인할 수 있습니다.

⑤ Detail : 컬러 노이즈 제거로 인한 디테일 손상을 복원합니다. 기본 값인 '50'에서 수치가 조금만 높아져도 노이즈가 바로 생기기 때문에 최대한 절제하여 사용해야 합니다.

 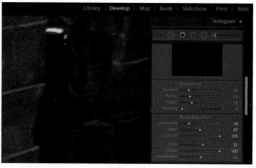

⑥ Smooth : 자연스러운 노이즈 제거 효과를 적용하는 동시에 미세하게 남아있는 노이즈를 없앱니다. 원본의 디테일 손상이 거의 없기 때문에 Smooth를 크게 설정해서 남아있는 컬러 노이즈를 제거하는 것이 좋습니다.

19 | Effects(효과)

비네팅과 노이즈 증가, 디헤이즈 기능을 활용할 수 있습니다.

Post-Crop Vignetting

비네팅 효과를 설정하고 적용하는 도구입
니다.

① Amount : 비네팅의 양을 설정합니다. 값이 작을수록 비네팅이 어둡게 적용되고, 값이 클수록 밝은
비네팅이 적용됩니다.

② Midpoint : 중간점으로 적용되는 범위를 지정합니다. 값이 작을수록 중심을 기준으로 비네팅 범위가
커지고, 값이 클수록 비네팅 범위가 작아집니다.

③ Roundness : 굴곡 정도를 실정합니다. 값이 작을수록 비네팅이 사각형으로 표현되고, 값이 클수록 원형을 이루게 됩니다.

④ Feather : 부드러움의 경계를 설정합니다. 값이 작을수록 경계부가 또렷해지고, 값이 클수록 경계부가 부드러워지는 동시에 그러데이션 효과가 적용됩니다.

Grain(그레인)

일반적으로 노이즈는 제거의 대상이지만, 노이즈를 추가했을 때 더 괜찮은 사진이 될 수도 있습니다. Grain은 노이즈를 추가할 때 사용하는 도구입니다.

① Amount : 노이즈의 양을 설정합니다. 값이 커질수록 많은 양의 노이즈가 추가됩니다.

② Size : 노이즈 입자의 크기를 설정합니다. 값이 커질수록 입자의 크기가 더 커집니다.

③ Roughness : 노이즈의 거친 정도를 설정합니다. 값이 커질수록 거친 정도가 심해집니다.

디헤이즈(Dehaze)

사진을 촬영할 때 미세먼지나 안개, 해무와 같은 것들이 있으면 선명한 사진을 얻기 힘듭니다. 다음 사진은 대기에 해무가 있고 반 역광 상태에서 아래쪽의 연기까지 간섭받고 있는 상황에 촬영한 것입니다. Dehaze를 활용하면 이렇게 흐릿한 사진을 선명하게 만들 수 있으며, 슬라이드 바를 조정하여 쉽게 적용할 수 있습니다.

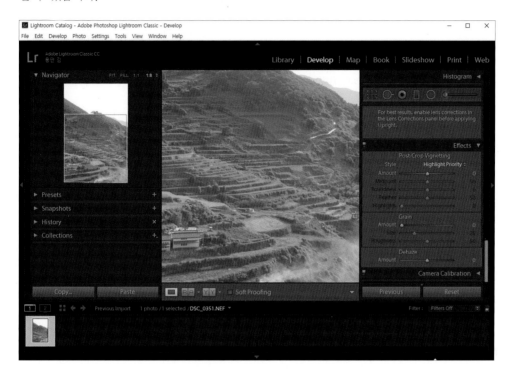

Dehaze 값을 증가하면 흐릿한 사진이 많이 선명해진 것을 알 수 있습니다. Dehaze는 누구나 손쉽게 선명한 사진을 만들 수 있는 장점이 있지만, 이 기능에만 의존하면 다양한 상황에 따른 톤의 깊이와 분포를 조절할 수 없게 됩니다.

▲ Dehaze 적용

▲ Dehaze 미적용, Tone 보정

Section

04

내게 맞는 라이트룸
환경 설정하기

모든 프로그램은 환경 설정에서 시작한다고 말할 수 있습니다. 그럼에도 불구하고 환경 설정을 파트 마지막 섹션에 둔 이유는 툴과 인터페이스에 대한 이해가 없으면 맹목적으로 따라하는데 그치기 때문입니다. 자신의 보정 작업에 맞는 라이트룸 환경 설정 방법에 대해 알아보겠습니다.

1 | 일반 환경 설정

라이트룸의 환경 설정은 기본 값으로 사용해도 원하는 결과물을 만드는데 지장이 없을 정도로 잘 설정되어 있습니다. 하지만 편의성과 활용적인 측면에서 개인차가 있기 때문에 성향에 포인트를 맞춰 환경 설정하는 방법을 알아보도록 하겠습니다.

먼저, [Edit]-Preferences를 클릭하여 Preferences창을 표시합니다.

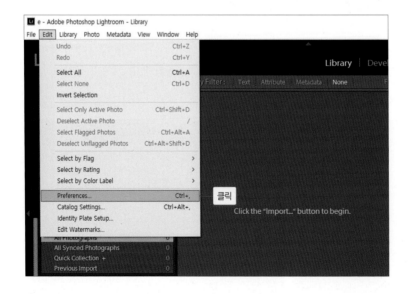

General

일반 설정을 할 수 있는 탭으로, 사용자 편의에 초점을 맞춘 옵션으로 구성되어 있습니다. General 탭의 옵션을 다음 이미지와 동일하게 설정해둔 상태에서 필요에 따라 추가하거나 제외하면 됩니다. 각각의 옵션을 하나하나 살펴보겠습니다.

❶ Language : 프로그램 언어를 설정할 수 있습니다. 사용하기 쉬운 언어를 선택해도 되지만 강좌의 대부분이 영문 버전으로 진행되기 때문에 라이트룸을 배우는 단계라면 영어로 설정해 두는 것이 좋습니다. 라이트룸을 재실행하면 변경된 언어가 적용됩니다.

❷ Show splash screen during startup : 라이트룸 실행 시 라이트룸 프로그램 정보 보기 여부를 선택합니다.

▲ 프로그램 정보 보기 활성화

▲ 프로그램 정보 보기 비활성화

❸ Automatically check for updates : 자동으로 라이트룸의 현재 버전을 체크하여 업데이트 시기를 알려줍니다. 라이트룸 오류로 인해 장기간 알려주지 않을 경우, 언어 변경한 다음 재실행하면 됩니다. 업데이트를 알리는 메시지 창에서 'Don't show again'을 체크하면 다음부터 해당 창을 보여주지 않습니다.

❹ **When starting up use this catalog** : 라이트룸 실행 시 기본으로 실행될 카탈로그를 지정할 수 있습니다.

ⓐ **Load most recent catalog** : 라이트룸 종료 시점을 기준으로 마지막으로 사용한 카탈로그를 불러옵니다. 기본으로 설정된 옵션으로, 시기별(년도)로 카탈로그를 만들었을 경우 사용하면 좋습니다.

ⓑ **Prompt me when starting Lightroom** : 라이트룸 실행 시 카탈로그를 직접 선택할 수 있도록 창을 띄웁니다. 주제별로 카탈로그를 만들었을 경우 사용하면 좋습니다.

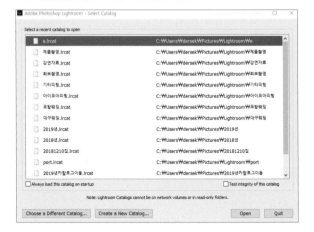

❺ **Show import dialog when a memory card is detected** : 이동식 디스크를 컴퓨터에 연결하면 자동으로 라이트룸에서 가져오기 대화상자가 열립니다.

❻ **Select the "Current/Previous Import"collection during import** : 사진을 Import했을 때 현재 작업 중인 라이브러리 화면의 유지 여부를 묻습니다. 라이트룸은 Import를 하면 Previous Import에도 자동으로 저장됩니다. 이 옵션이 체크된 상태에서 Import할 경우, 자동으로 Previous Import로 이동하여 최근에 불러온 작업을 바로 이어서 할 수 있도록 화면이 전환됩니다. 체크 해제하면 Import를 해도 Previous Import로 이동하지 않고 기존에 작업했던 화면에 머무릅니다. 일반적으로 불러온 후 바로 작업하는 경우가 대부분이므로 이 옵션은 체크해 둡니다.

▲ 체크 시 Import한 이미지 화면을 바로 보여준다.　　　▲ 체크 해제 시 Import를 해도 기존 작업 화면에 머무른다.

❼ **Ignore camera-generated folder names when naming folders** : 기본적으로 카메라는 하나의 폴더를 활용합니다. 카메라가 폴더를 생성하는 경우는 두 가지인데, 하나의 폴더에서 사진이 999장이 넘었을 때와 카메라 옵션에서 수동으로 폴더를 만들 때입니다. 이런 경우, 추가로 폴더를 생성하여 저장하는데 이 옵션을 체크하면 하나의 폴더로 가져옵니다.

❽ **Treat JPEG files next to raw as separate photos** : 라이트룸은 JPEG 파일로 촬영할 때도 사진을 불러올 수 있습니다. 하지만 카메라 세팅에서 RAW 파일과 JPEG 파일을 동시에 저장하는 방식으로 촬영할 경우에는 RAW 파일만 불러오게 됩니다. 이때 JPEG 파일도 같이 불러오도록 하는 옵션입니다.

❾ **When finished importing photos play** : 작업 완료 시 알람음이 작동하는 옵션으로, 일반적으로는 활용할 일이 없지만 업무적으로 바쁠 경우에는 Import를 실행해 놓고 다른 PC에서 기타 작업 및 업무를 볼 때 유용하게 활용할 수 있습니다.

❿ **When tether transfer finishes play** : 업데이트나 경고 메시지가 표시되었을 때 'Don't Show Again'에 체크하면 이후로는 메시지가 표시되지 않습니다. 실수로 체크했을 경우 'Reset all warning dialogs'를 클릭하면 다시 메시지가 표시됩니다.

⓫ **When finished exporting photos play** : 내보내기 완료 시 알람 여부를 설정할 수 있습니다.

⓬ **Go to Catalog Settings** : 카탈로그 환경 설정 영역으로 이동합니다.

Presets

Presets는 프로그램 초기화와 관련된 기능들로 구성되어 있습니다.

❶ **Make defaults specific to camera serial number** : 촬영자가 Develop 모듈에서 노출과 관련된 영역을 설정한 후 카메라 기본 값으로 지정한 경우, [Reset] 버튼을 클릭하면 지정한 값이 적용됩니다. 촬영 환경이 균일한 장소(예 : 스튜디오)에서 유용하게 사용할 수 있을 것 같지만, 라이트룸에는 사용자 프리셋이라는 강력한 기능이 있는데다 동일한 장소에서 촬영하더라도 라이팅의 방향에 따라 노출 편차가 발생하기 때문에 사용하지 않는 옵션입니다.

❷ **Make defaults specific to camera ISO setting** : ISO 감도에 따라 사진을 분류한 후 [Reset] 버튼을 클릭하여 노이즈를 제거합니다. 여러 장의 사진의 ISO 감도 값이 동일하더라도 명부, 암부, 미드톤 컬러에 따라 노이즈의 표현이 다르게 나타나므로 이 옵션 역시 사용하지 않습니다.

❸ **Store Presets with catalog** : Adobe에서는 이 옵션을 사용자 프리셋 값을 현재 활성화된 카탈로그에 저장하는 옵션이라고 설명하고 있지만, 실제로는 '저장'보다는 '귀속'이라는 단어가 적절합니다. 이 옵션을 체크한 후 프리셋을 생성하면 다른 카탈로그에서는 사용이 불가능하고 해당 카탈로그에서만 사용할 수 있기 때문입니다. 개인용 PC보다는 한 대의 PC로 여러 명이 작업하는 상황에서 사용합니다.

❹ **Lightroom Defaults** : 해당 영역을 클릭하면 이전에 지정해 둔 다양한 값과 설정들을 라이트룸 기본 세팅 값으로 만들어 줍니다.

외부 편집(External Editing)

외부 연결과 관련된 옵션들로, 라이트룸은 기본적으로 포토샵과 연결되어 있습니다.

❶ **File Format** : 'TIFF'와 'PSD' 중 하나를 선택할 수 있습니다. 'PSD'는 포토샵 전용 포맷으로, 레이어의 계층화 작업에 최적화된 포맷입니다. 하지만 다른 프로그램과의 호환성이 좋지 못하고 압축률이 떨어지기 때문에 'TIFF'를 선택하면 됩니다.

❷ **Color Space, Bit Depth, Resolution** : 사용 중인 모니터가 광색역을 지원한다면 'AdobeRGB'를 선택하고, 일반 모니터라면 'sRGB'를 선택합니다. 비트 심도는 최대인 '16Bit', 해상력은 기본 값인 '240'에 둡니다.

❸ **Preset** : 추가로 외부 편집에 사용될 프로그램을 선택할 수 있습니다. 포토샵이 아닌 다른 프로그램을 선택해도 되고 포토샵을 다른 세팅으로 생성하여 사용해도 됩니다.

❹ **Stack with Original** : 포토샵 같은 외부 프로그램으로 파일을 보낸 후 저장하면 라이트룸 라이브러리에도 추가로 생성됩니다. 이 옵션을 체크할 경우 하나의 스택으로 묶습니다. 체크 해제하면 스택으로 묶지 않고 Quick Collection에 분류됩니다.

❺ **Edit Externally File Namaing** : 외부 편집 시 파일 이름의 형식을 지정할 수 있습니다. 일반적으로 Filename-Sequence(파일 이름-순서)가 무난하며 많이 활용됩니다.

외부 편집 프로그램으로 파일을 보내고 나서 저장할 때 원본과 편집본을 구분할 필요가 있습니다. 기본 설정은 '편집'이라는 글자가 파일명 뒤에 붙습니다.

File Handling(파일 처리)

파일 처리 영역은 환경 설정의 마지막 단계로, 'Camera Raw Cache Settings'만 확인하면 됩니다.

Tip 주기적으로 [Purge Cache] 버튼을 클릭하여 Cache를 정리하면 쾌적한 편집 환경을 유지할 수 있습니다.

❶ **Location** : 캐시가 저장되는 경로를 표시합니다. [Choose] 버튼을 클릭하면 해당 폴더로 이동할 수 있습니다.

❷ **Maximum Size** : 사용자가 직접 Cache 메모리의 크기를 지정할 수 있습니다. 기본 설정은 1GB이며, Adobe에서 권장하는 크기는 20GB입니다. 일단 20GB로 설정하고 사진의 양이 늘어난다면 여기에 비례하여 용량을 조금씩 늘려주는 것이 좋습니다.

2 | 카탈로그 환경 설정(Catalog Settings)

General

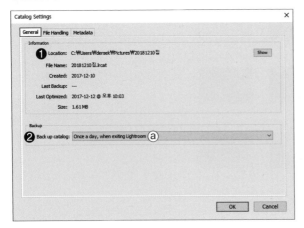

❶ **Information** : 카탈로그 정보를 표시합니다.

❷ **Back up catalog** : 카탈로그 자동 백업 기간을 설정합니다. 사용 중인 컴퓨터에 문제가 생길 경우 라이트룸과 라이트룸 안에 저장된 카탈로그를 잃어버릴 수도 있습니다. 이것을 대비하기 위한 기능이 백업(Backup)입니다. 백업 옵션에서 가장 많이 사용하는 두 가지만 알아보도록 하겠습니다.

ⓐ **Once a day, when exiting Lightroom** : 하루에 한 번, 종료할 때마다 백업 여부를 묻는 옵션입니다. 매일 작업하는 분들에게 좋습니다.

ⓑ **Every time Lightroom exits** : 라이트룸을 종료할 때마다 백업 여부를 묻는 옵션입니다. 권장하는 옵션으로, 백업 여부를 물을 뿐이지 백업하는 것은 아니기 때문에 백업할 필요성을 못 느낀다면 라이트룸 종료 시 표시되는 Back Up Catalog 창에서 [Skip This Time] 버튼을 클릭하면 됩니다.

그럼 백업은 어디에, 어떻게 할까요? 먼저 백업 파일이 저장될 장소에 대해 알아보도록 하겠습니다. 추천하고 싶지 않은 저장 공간이 두 곳 있는데 첫 번째는 기본적으로 라이트룸이 설정한 폴더(내 PC-사진-Backup)이고, 두 번째는 C 드라이브가 아닌 파티션으로 나눈 드라이브입니다. 추천하지 않는 이유가 있는데요. 첫 번째의 경우에는 OS(윈도우 또는 Mac)에 문제가 생기면 카탈로그 백업본까지 유실될 가능성이 높고, 두 번째의 경우에는 OS에 문제가 생겼을 때는 괜찮지만 컴퓨터 자체에 문제가 생길 경우 유실될 가능성이 높기 때문입니다. 가장 좋은 저장 장소는 외장형 하드디스크입니다. OS나 컴퓨터에 문제가 생겨도 카탈로그는 다른 곳에 안전하게 저장되어 있기 때문입니다.

카탈로그 안전하게 백업하기

라이트룸을 종료할 때마다 백업 여부를 묻도록 설정해둔 상태로 종료하면 Back up Catalog 창이 표시됩니다. 여기에서 카탈로그 백업과 관련된 옵션을 설정할 수 있고, 백업을 수행할 수도 있습니다.

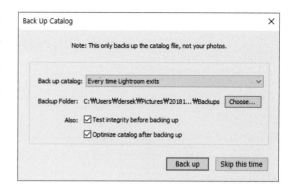

백업 파일이 저장될 폴더를 지정합니다. 필자의 경우는 외장형 하드디스크를 선택한 후 추가적으로 폴더를 생성하여 저장하고 있습니다. [폴더 선택] 버튼을 클릭합니다.

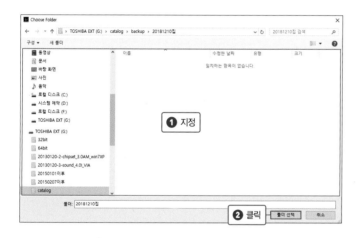

카탈로그 백업 옵션에는 백업하기 전에 파일의 결함 여부를 테스트하는 옵션과 백업 후 카탈로그 최적화를 실행하는 옵션이 있습니다. 결함 여부를 테스트하지 않은 채 백업하면 오류로 손상된 파일을 백업할 수도 있습니다. 물론, 극히 드문 경우이지만 만일을 대비해서 체크하는 것이 좋습니다. 'Backup'을 클릭하면 백업 진행 창이 표시됩니다. 백업하지 않으려면 [Skip this time] 버튼을 클릭합니다.

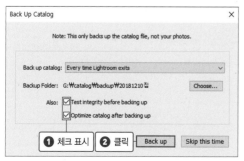

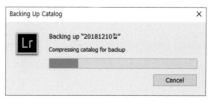

File Handling

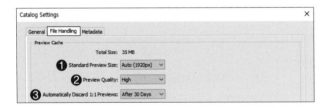

❶ **Standard Preview Size** : 기본 프리뷰(미리보기) 크기를 설정합니다. 'Auto'로 설정하면 라이트룸에서 사용자의 모니터 해상력에 맞춰 자동으로 설정합니다.

❷ **Preview Quality** : 미리 보기 품질을 설정합니다. 가장 높은 값인 'High'가 좋지만 낮은 사양의 컴퓨터라면 'Medium'으로 설정해도 괜찮습니다. 라이트룸에서 지정한 기본 값은 'Medium'입니다.

❸ **Automatically Discard 1:1 Previews** : 1:1 프리뷰의 저장 기간을 설정합니다. 작업 속도에 따라 달라지며, 필자의 경우 한 달 안에 해당 작업이 완료되어 클라이언트에게 전달되기 때문에 30일 이후 삭제를 선택합니다.

Metadata

Metadata는 기본 값으로 활용하되, 'Automatically write changes into XMP' 옵션 하나만 추가하면 됩니다.

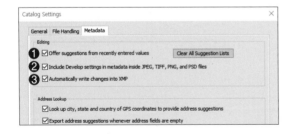

❶ **Offer suggestions from recently entered values** : 이전에 작성한 이력이 있는 단어의 자동 완성 옵션입니다. 예를 들어, '라이트룸'이라는 단어를 작성한 이력이 있다면 '라이'까지만 입력해도 자동으로 '라이트룸'이라는 단어가 완성됩니다. [Clear All Suggestion Lists] 버튼을 클릭하면 이전에 작성한 이력이 모두 지워집니다.

❷ **Include Develop settiings on metadata inside JPEG, PNG, and PSD files** : Develop 모듈에서 설정된 메타데이터를 JPEG, TIFF, PNG, PSD 파일에 포함할 것인지 묻습니다.

❸ **Automatically write changes into XMP** : 변경된 메타데이터 값을 XMP에 자동으로 저장합니다. 이 옵션을 체크한 후 라이트룸에서 보정하면 해당 이미지를 포토샵에서 바로 열어도 보정 값이 적용됩니다. 포토샵까지 염두하고 활용하는 분들에게는 유용한 옵션입니다.

> **Tip** 라이트룸에서 RAW 파일을 보정하면 XMP 파일이 1차적으로 생성되고 여기에 수정 값들이 저장됩니다. 'Edit in'을 통해 포토샵에서 편집할 때는 라이트룸에서 수정된 값이 넘어가서 그대로 적용됩니다. XMP 파일을 가지고 있는 사진(라이트룸에서 보정된 사진)을 라이트룸을 거치지 않고 포토샵으로 바로 불러올 경우, 보정된 값을 불러오지 못하고 원본 그대로의 이미지를 불러오게 됩니다.

3 | 라이트룸으로 사진 내보내기

사진 편집이 완료되었다면 사진을 업로드하거나 사용하기 위해 내보내기(Export)를 해야 합니다. 내보내기 기능과 활용에 대해 알아보겠습니다.

사진 내보내기

메뉴에서 [File]－Export를 클릭하거나 사진을 마우스 오른쪽 버튼으로 클릭한 후 [Export]－Export를 실행합니다.

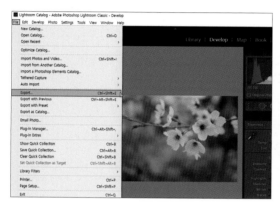 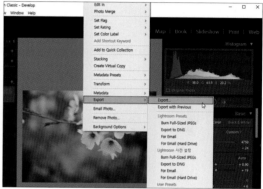

❶ **Export Location** : 파일을 내보낼 위치를 지정합니다. 특별히 다른 옵션을 적용할 필요는 없지만 중요한 것 몇 가지만 알아보겠습니다. Export To에서 'Specific folder(특정 폴더)'를 선택합니다.

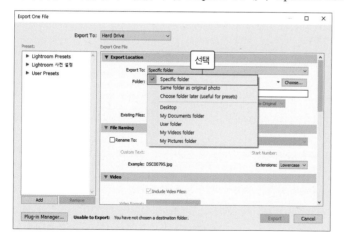

Folder에서 [Choose] 버튼을 클릭하면 저장할 폴더를 지정할 수 있습니다. 폴더로 이동한 후 [폴더 선택] 버튼을 클릭합니다. 지정한 폴더에 사진을 저장합니다.

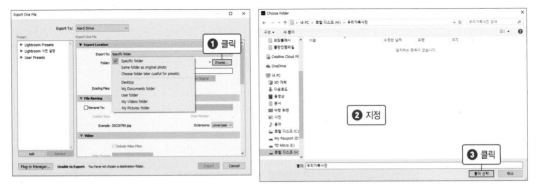

❷ **File Naming** : 파일 이름을 지정합니다. 'Rename to'를 체크한 후 원하는 형식을 지정하면 됩니다.

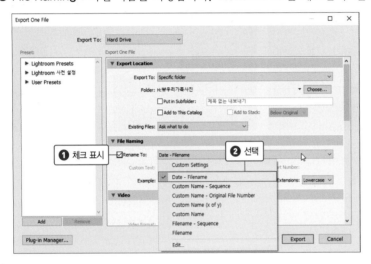

Tip Export to 옵션

ⓐ Put in Subfolder : 지정한 폴더에 추가로 하위 폴더를 만든 후 해당 폴더 안에 사진을 넣을 것 인지 묻는 옵션입니다.

ⓑ Add to This Catalog : 내보내기한 사진을 카 탈로그에 추가할 것인지 묻는 옵션입니다.

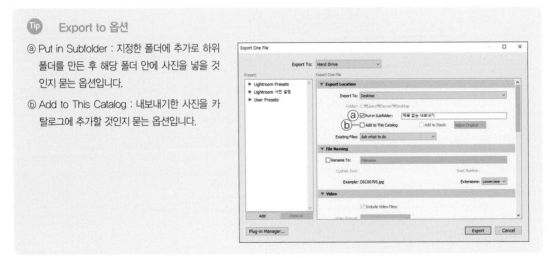

파일 이름의 형식을 지정하면 'Example'에서 예시를 보여줍니다. 날짜 입력, 번호 입력 등을 통해 다양한 형식으로 이름을 지정할 수 있습니다.

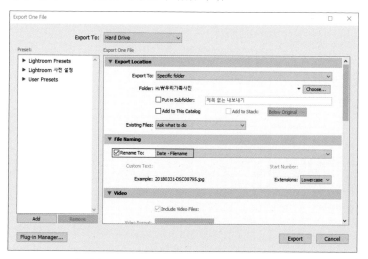

▲ Date-Filename을 선택하면 하단 Example에서 예시를 보여준다.

> **Tip** File Naming 기능을 업무상 또는 기록의 의미로 활용하는 분들이 많지만 필자의 경우 라이트룸에서 폴더 관리와 파일 관리는 하지 않습니다. 첫 번째 이유는 라이트룸에서 보정이 끝나지 않고 포토샵으로 연계되는 부분이 많기 때문이고, 두 번째 이유는 PC에서 폴더 이름을 날짜와 장소, 인물이면 이름을 정확하게 기재하기 때문에 굳이 파일 이름까지 관리할 필요성을 느끼지 못하기 때문입니다.

❸ File Settings

ⓐ **Image Format** : 파일 형식을 지정합니다. 웹 게시용이나 SNS 게시용처럼 일반적인 상황에서는 'JPEG'가 많이 사용됩니다.

ⓑ **Quality** : 이미지 품질을 설정합니다. 용량의 부담이 있더라도 되도록 '80'이상을 추천합니다.

ⓒ **Color space** : 현재 편집한 색과 동일한 컬러로 웹에 게시하려면 'sRGB'를 선택하는 것이 좋습니다.

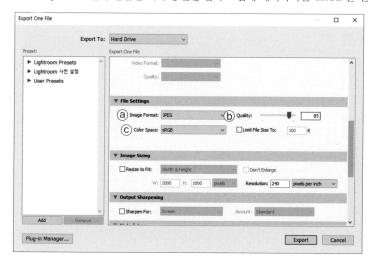

❹ **Image Sizing** : 이미지 크기를 설정합니다. 상황에 따라 다르겠지만 반드시 풀사이즈로 게시할 필요는 없기 때문에 크기를 줄여서 올리는 것이 좋습니다. 'Resize to Fit'를 체크한 후 'Long Edge(긴 가장자리 기준)'를 선택합니다.

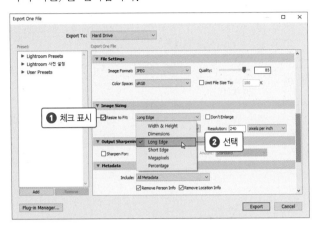

Pixels와 Resolution을 설정합니다. 필자의 경우 기본으로 사용하는 것은 900Pixel(포털사이트 블로그 최대 이미지)에 Resolution 240입니다. 이렇게 설정한 후 기본 값으로 사용하는 것이 좋습니다. 디지털 사진은 픽셀로 구성되어있는데 이 비율을 사용자 마음대로 바꾸면 상하좌우 어느 한쪽이 늘어나거나 줄어드는 현상이 발생하기 때문입니다.

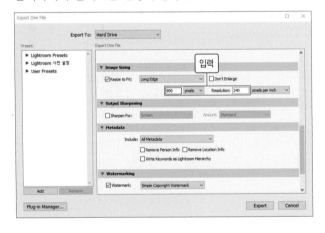

Tip 리사이즈하는 방식은 어떻게 하든 상관없습니다. 하지만 반드시 비율을 지키는 것이 좋습니다. 예를 들어, 라이트룸에서 4:3 원본 사진을 1:1로 크롭했다면 내보내기도 1:1 비율로 설정해야 합니다. 만약 4:3으로 설정하면 사진이 좌우로 늘어날 것입니다. 최종 완성본에 맞는 비율을 그대로 가져가는 것은 어떤 프로그램을 사용하든지 지켜야 합니다.

❺ **Metadata** : 촬영 정보를 내보낸 사진에 포함시킬 것인지 선택할 수 있습니다. 필자의 경우 Include에서 'Copyright Only'와 'All Metadata'를 사용합니다. 'Copyright Only'는 일반적으로 웹에 게시할 때 사용하고, 'All Metadata'는 강연이나 공모전 출품 같은 목적에 활용합니다.

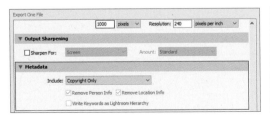
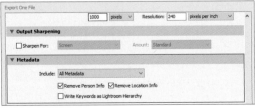

❻ **Watermarking** : 사진에 워터마크를 삽입합니다. 'Watermark'를 체크한 후 'Edit Watermarks'를 선택하면 워터마크 편집 창이 활성화됩니다. 사진에 저작권을 표기하거나 문구를 입력할 때 사용하면 좋습니다.

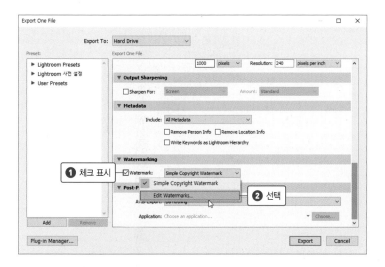

❼ **Post-Processing** : 사진을 내보내기한 후 처리될 동작을 설정합니다. 사진을 보내고 나서 포토샵으로 열거나 폴더를 여는 기능을 설정할 수 있습니다. 필자의 경우 기본적으로 'Do nothing(아무것도 하지 않음)'으로 지정합니다.

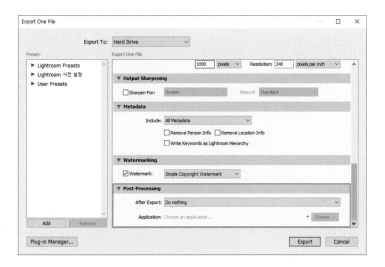

풍경 사진을 위한 촬영과 라이트룸 보정

Part 3부터는 본격적으로 라이트룸을 이용한 보정 작업을 시작합니다. 이 파트에서는 풍경 사진을 중점으로 다루며, 보정에 들어가기 전에 먼저 촬영 방법을 설명한 후 촬영된 사진에 맞춰 그대로 보정 작업으로 이어지는 방식으로 진행합니다.

Section

01

풍경사진
잘 찍는 노하우

흔히 아름다운 경치 또는 환상적인 노을과 같은 자연적인 풍경을 촬영한 사진을 풍경사진이라 말하고, 관광지나 길거리 모습과 같은 사진은 스냅사진으로 분류합니다. 넓은 의미의 풍경사진은 자연 풍경뿐만 아니라 인공적인 풍경까지 포함한 것으로, 이미지를 단순히 카메라로 캡처하듯이 촬영한 사진도 풍경사진이며, 촬영자의 자의적인 해석이 들어간 사진도 풍경사진이라 할 수 있습니다.

1 | 쨍한 풍경사진을 얻기 위한 5가지 조건

선명한 사진을 가리켜 '쨍한 사진'이라 말합니다. 사진에 입문하는 단계에서 가장 촬영하고 싶어 하는 동시에 가장 어려워하는 사진이죠. 하지만 몇 가지 원칙만 지키면 그렇게 어렵지 않은 것을 알 수 있습니다.

사진은 빛으로 그리는 그림

좋은 빛은 후보정이 필요 없을 정도의 좋은 결과물을 끌어냅니다. 반대로 빛이 안 좋으면 후보정 자체가 불가능한 경우도 있습니다. 이처럼 사진에서 빛이 차지하는 비중은 절대적입니다.

여기서 '좋은 빛'은 대기의 환경을 말합니다. 바다에서 나타나는 해무, 대기 중에 떠 있는 미세먼지, 컨트라스가 강한 오후, 역광과 같은 환경들이 선명한 사진 촬영을 방해하는 요소입니다. 좋은 빛과 나쁜 빛을 구별하는 방법은 어렵지 않습니다. 촬영하려는 풍경이 선명하게 보인다면 그게 바로 좋은 빛입니다. 하지만 무작정 출사지에 가면 좋지 못한 빛을 마주하게 될지도 모릅니다. 그렇기 때문에 사전 정보를 어느 정도 알아본 후에 가는 것이 좋습니다.

화이트홀 : 사진을 너무 밝게 촬영할 때 일어나는 현상으로, 복원 불가능한 디테일 손상이 발생한다.

▲ 좋지 않은 빛의 예 : 역광으로 인하여 하늘이 하얗게 표현되어 복구가 불가능한 화이트홀이 생겼다.

▲ 좋은 빛의 예 : 대기 중에 헤이즈가 없으며 태양을 등진 상태에서 피사체와 하늘의 노출이 크지 않다.

날씨를 미리 확인하세요

사진 촬영이 목적이라면 맑음, 흐림, 비, 미세먼지 농도와 같은 기본적인 일기예보 외에 한 가지 더 확인해야 할 것이 있습니다. 바로 '시정'입니다. 시정은 사람의 눈으로 볼 수 있는 최대 거리를 일컫는 말입니다.

일반적으로 시정이 18 이상이면 대기 상태가 좋은 것을 의미하며, 선명한 사진을 촬영하기에 적합합니다. 일기예보가 100% 정확하지는 않지만, 이런 정보를 알고 출사지에 가면 촬영을 망칠 확률이 줄어들 것입니다.

▲ 기상청 사이트에 들어간 다음 상단의 '날씨'에서 '관측자료'를 클릭하면 시정을 확인할 수 있다.

렌즈의 최대 해상력과 심도 중 무엇이 우선일까?

렌즈는 조리개 값에 따라 해상력이 달라지며, 대부분의 렌즈는 F/5.6 부근에서 최대 해상력을 보여줍니다. 그런데 각종 매체의 강좌에서 풍경사진을 촬영할 때 조리개 값을 F/8에서 F/11로 설정하라고 말합니다. 왜 그럴까요? 그 이유는 바로 '심도'에 있습니다. 조리개를 조이면 초점이 맞는 범위가 넓어지는 반면, 조리개를 개방하면 초점이 맞는 범위가 좁아집니다. 그렇기 때문에 렌즈의 최대 해상력을 의식하여 촬영하면 주변부가 흐릿한 사진이 나옵니다. 선명한 풍경사진을 원한다면 해상력보다는 심도를 우선해야 합니다.

풍경사진의 필수 아이템, 삼각대와 릴리즈

사진을 촬영할 때 흔들리면 디테일이 무너지고 컬러의 발색이 안 좋아지게 됩니다. 선명한 풍경사진을 촬영하기 위해서는 삼각대와 릴리즈를 사용하는 습관을 들이는 것이 좋습니다. 좋은 렌즈와 카메라를 사용하고 뛰어난 후보정 실력을 지니고 있어도 원본 사진 자체가 흔들렸다면 살릴 방법이 없기 때문입니다.

❶ 삼각대의 구성과 역할

삼각대는 촬영자의 실력으로 대체할 수 없는 유일한 장비입니다. 만약 삼각대를 사용하고 배운 대로 야경사진을 촬영했는데 사진이 흔들렸다면 사용한 삼각대가 DSLR 카메라와 렌즈의 하중을 버티지 못하는 것을 의미합니다.

일반적으로 삼각대는 볼헤드, 삼각대, 플레이트로 나눌 수 있습니다. 볼헤드는 카메라의 각도와 방향을 조정, 고정하는 역할을 하고, 삼각대는 카메라의 높낮이를 조정, 고정하는 역할을 합니다. 플레이트는 카메라와 삼각대를 연결하는 데 사용합니다.

볼헤드

삼각대

플레이트

❷ 릴리즈의 역할

릴리즈는 카메라와 연결하는 유선 리모컨이라 생각하면 됩니다. 카메라의 셔터를 직접 손으로 누르면 사진이 흔들릴 수 있는데, 이때 발생하는 흔들림을 방지하는 역할을 합니다. 릴리즈는 삼각대나 기타 장비에 고정하여 촬영할 때 사용하는 것으로, 카메라를 손으로 들고 촬영할 때는 사용하지 않습니다.

▲ 릴리즈

풍경사진을 위한 후보정

예전과 달리 카메라 성능이 좋아지고 후보정 프로그램의 기능 또한 좋아지면서 지금은 촬영자 입맛대로 보정할 수 있는 수준까지 도달했습니다. 보정으로 사진에서 부족한 부분을 채우거나 기존의 효과를 극대화할 수 있기 때문에 좀 더 보기 좋은 사진을 위한다면 보정 공부는 필수입니다. 그렇지만 보정으로 모든 것을 해결할 수 있는 것은 아니기 때문에 원본 사진 자체를 잘 촬영한 후에 보정해야 원하는 이미지를 얻을 수 있습니다.

2 | 선명한 풍경사진 촬영을 위한 방법

초점을 맞춘 지점을 기준으로 선명해지는 범위를 '과초점 거리'라 말합니다. 과초점 거리를 계산하는 공식과 계산한 과초점 거리를 알려 주는 스마트폰 어플도 있지만, 실제 촬영에서 과초점 거리를 계산하여 적용하는 것은 불가능에 가깝습니다. 그렇다면 어디에 초점을 맞춰야 할까요? 해답은 DSLR 뷰파인더 상에 보이는 격자 그리드에 나와 있습니다. 격자 그리드를 참고하여 초점을 맞추는 방법은 다음과 같습니다.

① 카메라를 삼각대에 장착하고 뷰파인더 프레임을 기준으로 ⅓지점에(붉은색 사선) 반셔터를 눌러 AF를 잡습니다.
② 반셔터를 누른 상태에서 원하는 구도와 구성을 위해 뷰파인더를 확인하면서 구도를 변경합니다.
③ 삼각대의 볼헤드를 잠궈 고정한 다음 카메라 렌즈의 포커스 모드를 AF에서 MF로 전환합니다. 전환을

마치면 반셔터에서 손을 뗍니다. 이렇게 하면 실수로 반셔터를 누르더라도 최초 설정한 초점 지점에서 벗어나지 않고 고정이 됩니다.

④ 미러쇼크를 방지하기 위해 카메라의 촬영 모드를 미러업(미러락업)으로 변경합니다.

> **Tip** 미러리스 카메라는 미러가 없기 때문에 미러업 기능이 없습니다. 미러리스 카메라로 촬영할 경우, 릴리즈 사용 또는 셀프타이머 모드로 촬영하면 됩니다.

⑤ 릴리즈 버튼을 한 번 누른 다음 손을 뗍니다. 1~2초(미러진동이 사라지는 시간) 후 한 번 더 눌러 촬영을 마무리합니다.

3 | 쨍한 사진은 기본!

선명한 사진이 전부는 아니지만 모든 사진의 기본이 될 만큼 중요합니다. 선명하고 쨍한 사진을 얻으려면 여러 매체에서 정보를 찾고, 촬영 연습에도 많은 시간을 할애해야 합니다. 이렇게 노력하면 어떤 촬영을 하든 항상 선명한 사진을 얻을 수 있을 것입니다. 초급 단계에서는 추상적인 것으로 접근하기보다는 선명한 사진을 촬영하도록 노력하는 것이 우선입니다.

02 다크시네마 톤으로 사진 촬영과 보정하기

입문자들의 대부분이 맑은 날에만 사진 촬영을 하려는 경향이 있습니다. 흐린 날에 촬영하면 파란 하늘과 밝은 풍경을 보긴 힘들지만 흐린 날만의 매력이 담긴 사진을 촬영할 수 있습니다. 이번 섹션에서는 어두운 느낌의 다크시네마 톤 컬러 구현을 위한 촬영과 보정에 대해 알아보도록 하겠습니다.

1 | 시네마 톤 컬러란?

시네마 톤 컬러는 사실적인 색감에 비해 다소 무겁지만 분위기 있는 컬러를 말하는 것으로, 밝은 느낌의 피사체보다 어두우면서 차분한 느낌의 피사체가 어울립니다. 촬영 장소는 무거운 주제가 드러나기 쉬운 장소가 좋은데 공장, 골목, 오래된 건물과 같은 장소가 여기에 해당됩니다. 다만 이런 장소들은 공간이 협소한 경우가 많기 때문에 삼각대 사용에 많은 제약이 있습니다. 그러므로 카메라를 손으로 들고 촬영할 때는 반드시 사진이 흔들리지 않는 셔터스피드 확보에 신경을 쓰는 것이 좋습니다.

2 | 다크시네마 톤 구현에 적합한 날씨

다크시네마 톤의 효과를 드러내기 위해서는 빛의 확산이 잘 일어나는 흐린 날에 촬영하는 것이 가장 이상적입니다. 화창한 날씨에는 컨트라스가 강하여 그림자가 생기고, 반사광으로 인해 무거운 느낌을 살리기 힘들기 때문입니다.

▲ 화창한 날 촬영한 사진. 컨트라스로 인해 그림자가 짙게 생겨 강한 느낌이 든다.

▲ 흐린 날 촬영한 사진. 그림자가 없으며 컬러에 무게감이 느껴진다.

Tip 확산광이란?

확산광은 일정 방향으로 진행하는 빛이 특정 대상을 통과할 때 난반사가 일어나면서 여러 방향으로 진행하는 빛을 말합니다. 구름이 있는 흐린 날에 잘 발생하며, 부드러운 빛이 떨어지기 때문에 차분하고 무거운 느낌의 풍경 또는 인물사진 촬영 시 좋은 결과물을 얻을 수 있습니다.

 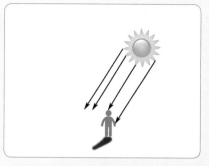

▲ 확산광 : 빛의 확산으로 인해 모든 방향으로 고르고 부드러운 빛이 들어온다.

▲ 직사광 : 피사체에 직접적으로 조광하여 컨트라스트 (대비)가 강한 빛이 발생하며, 그림자가 짙게 발생한다.

3 | 적정 노출의 기준

전체적인 노출은 어둡게 설정한 후 촬영하는 것이 좋습니다. 적정 노출로 촬영해도 RAW 파일의 보정 관용도 범위 내에서 충분히 구현이 가능하지만, 최대한 완성도 있는 원본 사진을 촬영하는 것이 중요하기 때문에 노출을 살짝 내려서 촬영한다면 더욱 수준 높은 결과물을 얻을 수 있습니다.

상황에 맞는 조리개 값의 활용

조리개를 조이면 그만큼 선명해지는 범위가 넓어지며, 피사체의 질감을 잘 표현할 수 있습니다.

◀ F/8.0으로 촬영한 사진

아웃포커싱이 DSLR 카메라의 가장 큰 장점인 것은 사실입니다. 배경을 정리해 주고 주제를 잘 표현해 주기 때문입니다. 하지만 아웃포커싱으로만 촬영하면 사진이 전반적으로 단조로워지고 프레임을 구성하는 훈련을 할 수 없기 때문에 아웃포커싱으로만 촬영하기보다는 상황에 맞는 조리개 값을 사용하는 것이 좋습니다.

▲ 아웃포커싱은 배경을 정리하고 주제를 드러내는 촬영에 유리하다.   ▲ 아웃포커싱은 무거운 느낌을 표현하기 힘든 경우가 많다.

무엇보다도 다크시네마 톤을 구현하는 데 있어 아웃포커싱으로 촬영하게 되면 컬러 톤 효과를 극대화하기 힘든 부분이 있습니다. 무거운 느낌보다는 차분한 느낌이 들기 때문인데요. 이것은 어떤 느낌으로 촬영할 것인가에 따라 촬영 방법과 컬러 톤이 달라지는 것을 보여주는 예로 볼 수 있습니다.

4 | 메시지 전달에 적합한 프레임 설정하기

메시지 전달에 가장 효과적인 프레임 구성은 보여주려는 부분은 강조하고, 불필요한 부분은 제거하는 것입니다. 그래서 사진을 '빼기와 더하기의 예술'이라고 부르기도 합니다. 전체를 보여주는 것보다는 촬영자가 전달하려는 부분만 촬영하는 것이 설득력 있는 사진을 얻을 수 있는 지름길입니다.

실습 다크시네마 톤으로 분위기 있는 사진 만들기

원본 사진을 살펴보면 왼쪽의 나무가 프레임에 들어온 것을 알 수 있습니다. 여기서 선택할 수 있는 방법은 두 가지로, 나무를 풍경으로 인정하는 것과 나무를 아예 지우는 것입니다. 사실 이 정도로 간섭이 있으면 라이트룸만으로는 보정이 불가능하며, 포토샵을 활용하더라도 상당한 노력과 세밀함이 요구됩니다. 이 사진을 촬영할 당시 나무를 풍경의 일부로 두는 것으로 결정하였습니다. 나무를 풍경으로 인정하면 조리개 값을 재조정해야 합니다.

◉ **원본사진** … 예제사진→시네마톤→시네마톤.NEF 　◉ **완성사진** … 완성사진→시네마톤(완성).JPG

◯ 나무를 풍경으로 인정하면 조리개를 더 조여야 합니다. 나무가 바로 앞에 있을 정도로 가까운 위치에 있기 때문이죠. 그래서 'F/11'로 설정하여 촬영하였습니다. 건물의 경우에는 거리가 멀고 평면에 가깝기 때문에 조리개 값은 F/5.6 정도로 충분합니다. 셔터스피드는 1/5초로, 삼각대에 올려놓고 촬영한 사진입니다.

◯ 초점은 공장 건물에 맞추었으며, 노출은 스팟 측광으로 건물에 측광하여 적정 노출보다 조금 어둡게 촬영하였습니다. 하늘이 너무 밝기 때문에 하늘만 노출을 낮출 필요가 있습니다.

Before

◯ 원본 사진은 수평이 맞지 않아 불안정해 보입니다. 보정에서 잘려나가는 부분이 발생하더라도 수평을 맞출 필요가 있습니다.

◯ 모든 보정이 마무리되면 최종적으로 비네팅을 적용하여 분위기 있는 이미지 연출을 합니다.

After

수평 맞추기 Lr

01 Library 모듈에서 [Import] 버튼을 클릭한 다음 '예제사진→시네마톤' 폴더를 선택하고 [Import] 버튼을 클릭합니다. (5쪽 참조)
'시네마톤.NEF' 파일을 선택하고 Develop 모듈로 이동합니다. 기본적으로 수평이 맞지 않았으므로 수평부터 맞추겠습니다. Crop Overlay(단축키 R)를 선택합니다.

02 Straighten Tool을 선택하면 커서가 자 모양으로 바뀝니다(단축키 Ctrl).

03 건물의 울타리를 기준으로 수평을 수정하겠습니다. 울타리를 따라 드래그하여 선을 긋고 [Done] 버튼을 클릭합니다. Enter 키를 두 번 누릅니다.

노출 맞추기 Lr

01 전체적으로 어둡고 무거운 느낌의 보정이 들어가기 때문에 암부 영역의 디테일이 손상될 가능성이 있습니다. 디테일이 손상되는 부분을 확인하면서 작업하기 위해 히스토그램에서 'Show Shadow Clipping'을 켭니다.

02 전체적인 밝기를 조금 줄이기 위해 Exposure 값을 '−0.94'로 설정한 후 하늘의 밝기가 밝으므로 Highlights 값을 '−7'로 설정합니다.

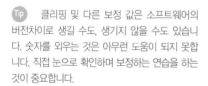 클리핑 및 다른 보정 값은 소프트웨어의 버전차이로 생길 수도, 생기지 않을 수도 있습니다. 숫자를 외우는 것은 아무런 도움이 되지 못합니다. 직접 눈으로 확인하며 보정하는 연습을 하는 것이 중요합니다.

> **Tip** Highlights 값을 줄이는 목적은 하늘의 노출을 줄이기 위함이지만 너무 많이 줄이면 건물 전구의 발색도 떨어지게 됩니다. 전구의 발색이 떨어지는 느낌이 들지 않을 정도로만 Highlights 값을 조절합니다.

▲ Highlights 값이 크면 불빛의 색이 또렷해진다.

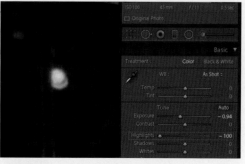

▲ Highlights 값이 작으면 불빛의 색이 줄어든다.

03 밝은 영역과 어두운 영역의 노출 차를 이용하여 보다 선명한 이미지로 만들겠습니다. 가장 어두운 영역인 Blacks 값을 '-32'로 설정하면 쉐도우 클리핑(파란색 표시 부분)이 발생합니다.

04 쉐도우 클리핑을 최소화 할 수 있는 값을 적용할 필요가 있습니다. 다시 Blacks 값을 '-19'로 설정합니다.

Tip Whites 영역도 보정에 많이 활용하는 편이지만 이번 사진의 경우에는 사용에서 제외하였습니다. Whites는 극명부에 속하는 톤으로, +값 적용 시 밝은 곳의 컬러 발색이 좋아지게 됩니다. 이 사진은 전체적으로 어둡게 촬영되었기 때문에 Whites 영역의 범위는 하늘에 한정되어 있는 상태입니다. 즉, 하늘이 밝아지면 안 되기 때문에 사용하지 않은 것입니다.

05 미드 톤보다 어두운 영역인 Shadows 값을 '+19'로 설정하여 건물의 밝기를 조금 밝게 설정합니다.

비네팅 적용하기 Lr

01 여전히 하늘이 밝은 느낌이 나기 때문에 하늘의 노출을 낮추겠습니다. 두 가지 방법이 있는데 Graduated Filter(단축키 M)를 이용하여 노출을 낮추는 방법과 Radial Filter(단축키 Shift + M)를 이용하는 방법이 있습니다. 예제에서는 Radial Filter를 사용할 것입니다.

Radial Filter를 선택합니다. Radial Filter 전용 편집 창이 활성화된 것을 확인할 수 있습니다.

Tip Radial Filter를 적용하면 하늘의 노출을 낮추고 비네팅 효과도 동시에 들어가기 때문에 최소한의 보정이 가능한 장점이 있습니다. 비네팅 효과를 염두에 두지 않는 보정이라면 Graduated Filter를 활용합니다.

02 사진의 중앙을 클릭하고 외곽으로 드래그합니다. 단순하게 드래그하면 자유 원형으로 선택이 가능하고 Shift 키를 누른 상태로 드래그하면 원형을 유지한 채 선택이 가능합니다. 또한 가운데 포인트를 클릭할 경우 수정과 원의 이동이 가능합니다. 건물의 밝기에 최대한 영향이 없도록 가운데 포인트를 이동합니다.

03 Exposure 값을 '-1.50'으로 설정합니다. 하늘의 밝기가 어두워지고 비네팅이 적용된 것을 확인할 수 있습니다.

클리핑(밝기에 의한 디테일 손상)이 발생한다고 해서 무조건 잘못된 사진은 아닙니다. 이번 예제처럼 다크시네마 톤을 구현하기 위해 의도된 보정에서는 제대로 보정을 하고 있는 것이니까요.

04 비네팅의 경계를 부드럽게 하기 위해 슬라이더 바를 내려 Feather 값을 '80'으로 설정한 다음 [Done] 버튼을 클릭합니다.

Tip Feather 값을 크게 설정할수록 비네팅 경계선이 자연스러워집니다.

05 사진의 전체적인 디테일을 살리도록 하겠습니다. 슬라이더 바를 내려 Detail 패널을 선택합니다. Sharpening에서 Amount 값을 '73', Detail 값을 '28'로 설정합니다.

06 최종 완성본을 확인합니다. Presence 영역의 경우 흐린 날에 촬영하여 전제적인 컬러가 저채도로 잘 표현되었고, 채도는 역시 조정할 필요가 없을 것 같아 제외하였습니다. 보정을 할 때는 사진을 꼼꼼하게 분석하는 것이 중요합니다.

Section 03 일몰·일출 사진 촬영과 보정하기

태양이 떠오르고 지는 감동을 카메라에 담기 위해 많은 취미 사진가 분들은 산과 바다에서 사진을 촬영합니다. 있는 그대로의 모습을 사실적으로 담아 오는 것도 나쁘지는 않지만 보정을 할 줄 안다면 현장에서 느꼈던 풍경의 아름다움을 더욱 돋보이게 할 수 있습니다. 이번 섹션에서는 일몰, 일출 사진 촬영과 보정하는 방법에 대해 알아보도록 하겠습니다.

1 | 일몰과 일출 촬영법

일몰 · 일출처럼 노출 차가 큰 사진을 촬영할 때, 어느 정도 경험이 있는 분들의 사진과 입문자분들의 사진에서 볼 수 있는 가장 큰 차이는 '암부(어두운 영역)의 디테일을 얼마나 자연스럽게 잘 살리는가'입니다.

다음 두 장의 사진에서 왼쪽 사진이 현실에 더 가깝다고 생각할 수 있지만, 왼쪽 사진은 카메라가 보는 현실적인 모습이라 할 수 있습니다. 즉, 오른쪽 사진이 현실에 더 가까운 모습이라 할 수 있는데, 우리의 눈은 여러 단계의 밝기 차를 동시에 구분할 수 있기 때문입니다. 물론, 왼쪽 사진이 잘못되었다고 말하는 것은 아닙니다. 실루엣 처리를 통해 차분한 느낌을 표현하는 데는 더 유리하기 때문입니다. 결과적으로 우리는 암부의 디테일을 살려 현실적인 사진을 촬영하기 위해 노력해야 합니다.

▲ 암부의 디테일이 손상된 사진

▲ 암부의 디테일이 살아있는 사진

2 | 노출 차를 줄이는 방법

❶ ND 그러데이션 필터의 사용

사진을 촬영하는 단계에서 암부와 명부의 노출 차를 맞춰놓고 시작하면 보정에서 손 댈 부분이 그만큼 줄어들게 됩니다. 보정이 줄어든다는 것은 보정 시발생하는 데이터의 손실을 최소화할 수 있음을 의미하고, 이것은 결과물의 해상력과 표현력을 안정적으로 가져갈 수 있는 것으로도 해석할 수 있습니다. 이러한 사진을 얻기 위해 필요한 액세서리가 바로 'ND 그러데이션 필터'입니다.

▲ ND 그러데이션 필터

ND 그러데이션 필터는 절반은 투명하고 절반은 검은색에 가깝게 코팅되어 있습니다. 이것을 렌즈 앞에 장착하고 밝기가 밝은 하늘은 어두운 부분, 상대적으로 어두운 지면은 투명한 부분으로 조절하여 사용하면 촬영할 당시에 명부와 암부의 노출 차를 줄인 사진을 얻을 수 있습니다. ND 그러데이션 필터를 사용하면 그 어떤 방법보다 원본에서 가장 우수한 결과물을 얻을 수 있기 때문에 풍경사진 전문 프로 작가는 물론이고, 아마추어 작가들 역시 많이 사용하고 있습니다.

▲ 어두운 방향이 하늘 방향(명부)을 향하게 장착하여 노출 차를 줄여준다.

▲ ND 그러데이션 필터를 장착한 모습

검증된 ND 그러데이션 필터는 고가의 금액대를 형성하고 있고, 필터 이외에 부가적인 장치(어댑터 링, 홀더)같은 것을 추가적으로 가지고 다녀야 하기 때문에 휴대성이 떨어지는 단점이 있지만 풍경사진으로 전시회 또는 대형 인화를 고려하는 분들에게는 적극적으로 추천할 만한 액세서리입니다. ND 그러데이션 필터의 종류는 원형 필터와 사각 필터가 있는데, 원형 필터의 경우에는 휴대성과 금액적인 부분에서는 부담이 없지만 명부와 암부의 경계를 정확하게 설정하지 못하는 단점이 있습니다. 그러므로 될 수 있으면 사각 필터를 권장합니다.

❷ 감각적으로 노출 차를 줄이는 촬영

노출 차가 큰 사진에서 명부와 암부의 노출을 둘 다 살리는 것은 ND 그러데이션 필터 같은 부가적인 액세서리 없이는 불가능합니다. 여기서 설명하는 방법은 촬영자의 감각으로 적정선에서 타협하여 최종으로 명부와 암부의 밝기를 보정하는 방식인데, 별도의 액세서리 없이 카메라와 렌즈만 있으면 촬영이 가능하지만, 보정에서 오는 이미지 손상이 크기 때문에 결과물적으로 봤을 때는 좋지 못한 사진을 얻을 수 있습니다. 하지만 그렇다고 해서 전혀 사용할 수 없는 사진이라는 것은 아닙니다.

단순히 웹에 게시하거나 SNS에 게시하는 용도라면 보정만으로도 티가 나지 않고 꽤 볼만한 사진을 얻을 수 있습니다. 이 방법은 앞서 언급한 대로 결과물의 품질이 세 방법 중 가장 좋지 못하며, 촬영자의 경험과 보정 능력에 따라 결과물의 차이가 극명하게 드러나는 단점이 있습니다.

❸ HDR 촬영과 병합

노출 차를 줄여주는 마지막 방법으로, 여러 장의 사진을 병합하여 노출 차가 적은 이미지를 얻는 방법입니다. 촬영 방법이 ND 그러데이션 필터를 사용하는 것보다 간단하고, 보정 방법도 몇 번 클릭만 하면 끝나기 때문에 쉽게 좋은 결과물을 얻을 수 있습니다.

ND 그러데이션 필터를 사용하지 않고 보정으로 명부와 암부의 노출 차를 줄인 사진 ▼

3 | 노출 차를 줄여 일몰 · 일출 사진 촬영법

노출의 기준

아무런 액세서리를 사용하지 않거나 HDR 기법을 사용하지 않는다면 촬영자의 감각과 경험으로 촬영할 필요가 있습니다. 일반적으로 낮 시간대의 파란 하늘을 표현하는 사진에서는 조금 밝게 촬영하여 밝은 부분은 보정에서 줄이고, 어두운 부분은 밝게 만들면 됩니다. 하지만 일몰이나 일출처럼 극단적으로 노출 차가 클 경우 조금만 밝게 촬영해도 하늘의 색상이 손상될 확률이 높습니다. 일몰 · 일출사진은 하늘의 색상이 절대적이라고 봐도 과언이 아니기 때문에 하늘의 색상과 디테일을 살리기 위해 노출을 하늘에만 집중하는 방식으로 촬영하는 것이 좋고, 그 다음에 부족한 암부 영역을 최대한 살릴 수 있을 정도로 살려야합니다. 즉, 하늘은 적정 노출로 촬영하는 것이 유리합니다.

초점의 기준

하늘이 중요하다고 해서 하늘에 초점을 맞출 필요는 없습니다. 광각렌즈를 사용할 경우 조리개 값 F/8.0 이상에서는 어느 곳에 초점은 맞추더라도 선명한 사진이 나오지만, 프레임 상에서 1/3 영역 부근에 초점을 맞추는 것이 안정적이라 볼 수 있습니다. 다음 사진은 20mm 렌즈로 촬영한 사진인데, 실제로 촬영할 때 광각뿐만 아니라 망원렌즈로 촬영하는 경우도 생각보다 많습니다. 이런 경우 조리개를 많이 조여주기 힘든 경우도 있기 때문에 되도록 1/3 지점에 초점을 맞추는 습관을 갖는 것이 좋습니다.

초점 위치

▲ 초점이 맞은 위치

모든 암부 영역을 살릴 필요는 없다

반드시 명부와 암부 둘 다 살려야 하는 것은 아닙니다. 촬영자가 어떻게 표현하느냐에 따라 달라질 수 있는 부분으로, 암부의 밝기를 완전히 어둡게 하여 디테일을 손상시키더라도 실루엣의 느낌이 좋다면 그대로 촬영을 진행합니다. 만약 그게 아니라면 명부와 암부를 동시에 살리는 방법으로 촬영과 보정을 하면 됩니다. 사진에 적정 기준점이라는 것이 존재하긴 하지만, 정답은 없습니다. 단, 실루엣으로 표현한다면 반드시 그만한 이유가 있어야 합니다.

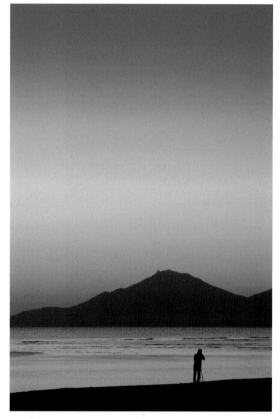

▲ 실루엣으로 표현된 사진

4 | HDR 촬영 기법과 병합

HDR(High Dynamic Range)이란?

HDR은 디지털이 가지고 있는 음영 표현의 한계를 우리 눈과 유사하게 세분화한 이미지 또는 영상으로 만들기 위한 촬영 기법입니다. 노출 차가 적은 상황에서 촬영하여 오른쪽과 같이 과장되면서 창의적인 사진을 연출할 때도 활용할 수 있습니다.

▲ HDR 촬영과 보정으로 완성된 이미지

HDR 촬영 기법

일단 세 장 이상의 사진이 필요한데, 가장 어두운 영역이 적정 노출로 표현된 사진과 중간 영역의 밝기가 적정 노출로 적용된 사진, 마지막으로 가장 밝은 영역이 적정 노출로 표현된 사진이 필요합니다. 하나의 구도와 구성에서 변화가 생기면 병합시 문제가 되기 때문에 반드시 삼각대를 활용하여 구도와 구성을 고정해 놓고 동일한 장면을 세 장 이상 촬영해야 합니다. 다음과 같이 동일한 구도로 세 장의 사진을 촬영한 후 이것을 병합하면 됩니다.

1 지면의 밝기 기준으로 적정 노출
2 하늘의 밝기 기준으로 적정 노출
3 하늘과 지면 모두 노출 부족

일몰·일출 광경이 흐릿하다면?

촬영장에 도착했는데 기상청의 일기예보와는 전혀 다른 광경이라면 실망할 수밖에 없습니다. 이런 상황에도 촬영한 후 사진을 보정하려 한다면 이미지 손상이 심해지기 때문에 HDR 촬영으로 병합한 다음 보정을 진행하는 것이 좋습니다.

▲ 구름과 미세먼지, 운무가 많아 하늘이 뿌옇게 보이는 상황

실습 HDR 병합으로 디테일한 하늘 사진 만들기

　지면을 기준으로 적정 노출로 촬영한 사진, 하늘을 기준으로 적정 노출로 촬영한 사진, 전체적으로 어둡게 촬영한 사진 이렇게 세 장의 사진을 촬영합니다. 전체적으로 어두운 사진은 필요 없을 수도 있지만, 일몰·일출 같은 경우에는 하늘이 부분적으로 하얗게 손상되는 경우(화이트홀)가 발생할 수 있기 때문에 이것을 방지함과 동시에 하늘의 디테일을 살리기 위해 촬영합니다. 이 세 장의 이미지를 병합하여 노출 차가 작은 이미지를 만들어 보겠습니다.

◉ **원본사진** … 예제사진→HDR→HDR01~03.ARW　　◉ **완성사진** … 완성사진→HDR(완성).JPG

Before

After

◉ HDR 촬영은 단순히 노출 차를 줄여주는 역할을 하기도 하지만 원래는 창의적인 표현을 위해 만들어진 기법입니다. 여러 장의 사진을 병합하여 만들기 때문에 동일한 구도와 구성을 필요로 합니다.

HDR 병합과 보정하기 Lr

01 'HDR01'부터 'HDR03'까지 파일을 불러온 후 Develop 모듈로 이동합니다. Ctrl 키를 누른 상태에서 각각 클릭합니다.

02 선택한 사진을 마우스 오른쪽 버튼으로 클릭한 다음 [PhotoMerge]–HDR을 실행합니다(단축키 Ctrl + H).

03 병합 과정이 끝나면 라이트룸에서 미리 보기 이미지를 보여줍니다. HDR Options에서 'Auto Align'과 'Auto Settings'에 체크하고 Deghost Amount는 'None'을 선택한 후 [Merge] 버튼을 클릭합니다.

04 HDR.dng 파일이 생성됩니다. 명부
와 암부의 디테일이 살아있으며, 모든 보
정 값의 데이터가 자동으로 들어가 있는
것을 확인할 수 있습니다.

05 최종 HDR 병합본을 확인합니다. 이
상태에서 추가 작업을 통해 흐릿한 풍경을
선명하게 보정할 수 있습니다.

Tip   HDR 옵션(HDR Options)

ⓐ Auto Align : 세 장의 사진이 정확히 일치할 때 완성도 있는 이미지가 나오는데, 그렇지 못할 경우 'Auto Align' 옵션에 체크하는
것으로 어느 정도 해결할 수 있습니다. 'Auto Align'은 자동 정렬 보정 옵션으로, 카메라를 손으로 들고 촬영한 사진에서 구도와
화각의 차이가 있을 경우 라이트룸에서 자동으로 일치시킵니다. 100% 완벽하게 일치시키지는 못하기 때문에 HDR 촬영할 때는
삼각대를 활용하는 것이 좋고, 삼각대를 사용해서 촬영했더라도 흔들린 경우를 방지하기 위해 이 옵션은 체크해 두는 것이 좋습
니다.

ⓑ Auto Settings : HDR 효과를 라이트룸에서 자동으로 보정합니다.

ⓒ Deghost Amount : 여러 장의 사진을 'Auto Align' 옵션을 이용해 강제로 병합하는 과정에서 사진의 경계선이 드러날 수 있습
니다. 또한 장노출에서 배의 움직임이 블러로 보이거나 꽃이 바람에 날리는 등 피사체가 움직이는 상황에서 불필요한 부분이 미
리 보기 이미지에서 나타날 수 있습니다. 'Deghost Amount'는 이런 문제를 해결해 주는 옵션으로, HDR 병합 미리 보기를 확인
한 후 문제가 보인다면 Low, Medium, High 중 가장 자연스러운 단계를 선택하면 됩니다.

실습 환상적인 일출 · 일몰 사진 만들기

일출 · 일몰사진에서 가장 큰 비중을 차지하는 부분은 하늘입니다. 그런데 많은 취미 사진가 분들이 하늘만 보정하고 바다는 제외하는 경우가 많습니다. 여기서 바다를 보정하지 않으면 하늘과 바다의 컬러 톤 차이가 너무 커져서 사진에서 이질감이 느껴질 수 있습니다. 또한 하늘에서 부분적으로 나타나 있는 주황색을 강조하기 위해서라도 바다 역시 보정해 주어야 합니다.

● **원본사진** ··· 예제사진→일몰사진→일몰사진.NEF　　● **완성사진** ··· 완성사진→일몰사진(완성).JPG

Before

● 하늘에 매직아워 시간대에 볼 수 있는 파란 색과 노을의 붉은색이 같이 표현되어 있습니다. 하늘의 경우 억지로 붉게 혹은 노랗게 만들기보다는 사진에 나타난 색을 극대화 할 수 있는 방법을 찾는 것이 좋습니다.

● 암부의 디테일을 이질감 없이 살려줄 수 있다면 더욱 멋들어진 결과물을 얻을 수 있습니다. 바다의 경우 바위의 밝기가 너무 어두우므로 디테일을 볼 수 있도록 밝게 표현합니다.

● ND 필터가 없는 상태에서 장노출 병합을 염두에 두고 촬영한 사진을 합성하여 파도의 움직임을 최대한 부드럽게 만듭니다.

After

전체적인 이미지 컬러 톤 조정하기 Lr

01 '일몰사진01~04.NEF' 파일을 모두 불러온 뒤 '일몰사진01.NEF'를 선택합니다. Graduated Filter (단축키 M)를 선택합니다. Mask 편집 창으로 전환되면 화면의 값이 전부 '0'인지 확인합니다. 만약 다른 숫자가 입력되어 있다면 '0'으로 설정합니다.

02 'Show Selected Mask Overlay(단축키 O)'에 체크합니다. 'Show Selected Mask Overlay'를 체크하면 사용자가 선택한 범위와 효과의 강도를 붉은색으로 표시해 줍니다. 예제에서는 범위를 선택하지 않은 상태이기 때문에 체크를 해도 아무런 표시가 나타나지 않습니다.

03 보정을 적용할 영역을 지정하겠습니다. 수평선 지점까지 Shift 키를 누른 상태에서 위에서 아래로 드래그합니다. 붉은색으로 표시되는 화면을 보면서 범위와 농도를 조절합니다. 붉은색이 짙어지면 농도가 짙게 적용되고, 반대로 옅어지면 농도가 옅게 적용됩니다.

▲ 'Show Selected Mask Overlay'를 체크한 상태

▲ 'Show Selected Mask Overlay'를 체크 해제한 상태

Tip Shift 키를 누른 상태에서 드래그하면 각도의 틀어짐 없이 일직선으로 내려옵니다.

04 하늘 영역을 보정하겠습니다. 먼저 'Show Selected Mask Overlay'를 체크 해제합니다. 하늘의 파란색을 강조하기 위해 Temp(색온도) 값을 슬라이드 바를 움직이거나 입력 값을 활용하여 '-100'으로 설정합니다. Temp 값을 조정하였는데 노을의 주황색이 사라진다면 노을의 주황색에 최대한 간섭하지 않는 범위까지만 Graduated Filter 범위를 다시 지정합니다.

> **Tip** 'Show Selected Mask Overlay'에 체크되어 있을 경우 붉은 화면 때문에 보정을 해도 색상이 변하는 것을 확인할 수가 없습니다. 컬러 작업에 들어가기 전에는 이 옵션을 반드시 해제해야 합니다.

05 원하는 범위까지 파란색으로 표현되면 [Done] 버튼을 클릭합니다.

06 바다 영역을 보정하겠습니다. Graduated Filter(단축키 M)를 클릭하고 모든 값이 '0'인지 확인합니다. 만약 숫자가 입력되어 있다면 전부 '0'으로 변경합니다. 'Show Selected Mask Overlay'를 체크하여 선택한 범위가 표시되도록 합니다.

07 바다 영역의 컬러 톤을 조정하기 위해 수평선 지점까지 Shift 키를 누른 상태에서 아래에서 위로 드래그합니다.

08 'Show Selected Mask Overlay'를 체크 해제하고 노란색을 강조하기 위해 Temp 값을 '50'으로 설정합니다.
[Done] 버튼을 눌러 컬러 맵핑 작업을 마무리합니다.

Tip   채도와 광도, 색조, 색 온도를 활용하여 사진에 직접적인 컬러 변화를 주는 방법도 있지만, 보정 범위가 넓지 않기 때문에 심하게 보정할 경우 컬러에 손실이 발생할 수 있습니다. 그러므로 좀 더 폭넓은 보정 범위를 갖는 그러데이션 컬러 맵핑 기법을 선행한 다음에 부족한 부분을 채우는 것이 데이터 손실을 줄이는 동시에 원하는 컬러를 쉽게 얻는 방법입니다.

부분적인 컬러 작업하기 Lr

01 부족한 컬러를 채도와 광도를 이용하여 채우도록 하겠습니다.
부분적인 채도 조정을 위해 HSL 패널을 선택합니다.

02 Saturation를 클릭합니다. 이미지에서 비중이 많은 컬러 위주로 보정하는 것이 좋습니다. 전체적인 노을 컬러를 수정하기 위해 Orange와 yellow 값을 '35'로 설정합니다.

> **Tip** 한번에 과하게 보정하는 것보다는 값을 조금씩 조정하는 것이 좋으며, 원하는 컬러가 나왔다면 멈춥니다.

03 Blue 값을 '45'로 설정합니다. Blue 컬러가 많이 들어간 이유는 매직아워의 하늘을 더 강조하기 위함이지만, 이 수치가 반드시 정답일 수는 없습니다. 원하는 컬러로 바꾸어서 활용할 수 있는 부분이기 때문에 강조하고 싶은 컬러의 채도를 조정하면 됩니다.

암부 영역의 디테일 살리기 Lr

01 바위의 노출을 높여 디테일을 살리도록 하겠습니다. Adjustment Brush(단축키 K)를 선택합니다. 브러시를 선택하면 마우스 커서가 '+' 모양으로 바뀝니다. Adjustment Brush 전용 편집 창에서 모든 값이 '0'인지 확인합니다.

Tip 'Show Selected Mask Overlay'에 체크가 되어 있다면 반드시 해제합니다. Graduated Filter와는 달리 세밀한 영역을 다루는 만큼, 눈으로 보면서 계속 반복 작업을 해야 하기 때문입니다.

02 바위의 경계선이 화면에서 벗어나지 않도록 확대하여 작업하는 것이 좋습니다. Navigator에서 '1:1'을 선택합니다. 피사체 크기에 따라 확대 비율이 달라질 수 있으므로 보정하려는 사진에 가장 이상적인 비율을 선택하여 작업합니다.

Tip 더 확대하여 작업할 수도 있지만, 바위만 보고 작업하면 작업이 끝나고 전체적인 분위기와 다른 사진이 나올 수 있습니다. 디테일을 살리는 것도 좋지만 전체적인 이미지와 이질감이 들지 않게 보정하는 것이 중요합니다.

03 밝기를 끌어올려 바위의 디테일을 살리기 위해 Exposure 값을 '0.5'로 설정합니다.

04 브러시 크기를 '5.0'로 설정하여 바위의 가운데 부분을 문지른 다음, 브러시 크기를 줄여 외곽선을 문지릅니다. 문지른 부분에 경계선이 생기면 안 되므로 Feather 값을 '100', Exposure 값을 크게 설정하지 않았기 때문에 Flow 값을 '100', Density 값을 '100'으로 설정합니다.

> **Tip** 피사체 크기에 따라 마우스 휠로 브러시 크기를 변경하면서 작업하면 편리합니다.

05 바위의 경계선을 넘어가지 않도록 브러시로 조심스럽게 문지릅니다. 만약 실수로 넘어간다면 Alt 키를 누른 채 드래그하거나 Erase를 클릭한 다음 실수한 부분을 문지르면 원래대로 복구됩니다.

▲ 브러시 사용에 실수한 예 : 의도와 다르게 바닷물의 노출이 올라가 버렸다.

▲ Erase를 누르거나 Alt 키를 누르면 마우스 커서가 '－' 모양으로 바뀐다.

06 최대한 이질감 없이 작업합니다. 밝게 만들기 위해 무조건 밝게 보정할 경우 비현실적인 사진이 나오기 때문에 주변 환경을 고려하여 가장 현실적인 밝기까지만 살려주는 것이 좋습니다. 이질감 없이 밝기를 올렸다면 [Done] 버튼을 클릭합니다.

> **Tip** 밝은 영역만 하얗게 디테일이 날아가는 것은 아닙니다. 암부 영역 역시 너무 어둡게 촬영하면 디테일이 손상되며, 심할 경우 복구하지 못할 수 있습니다.

이미지 동기화하기

01 보정된 사진을 선택합니다. 장노출로 합성할 구도와 구성이 같은 사진을 Shift 키 또는 Ctrl 키를 누른 상태에서 선택합니다.

Tip 여러 장의 사진을 합성하기에 앞서, 같은 노출, 같은 구도의 사진을 동일한 보정이 적용되도록 동기화하는 작업이 필요합니다.

02 선택한 사진에 최종 보정본과 동일한 보정을 적용하기 위해 [Sync] 버튼을 클릭합니다. Synchronize Settings 창이 열리면 보정된 이미지와 100% 동일한 보정이 들어가야 하므로 세팅 창 하단에 [Chech All] 버튼을 클릭한 다음 [Synchronize] 버튼을 클릭합니다.

Tip 여기서 같은 색상으로 동기화하지 않으면 포토샵에서 병합 후 작업 과정에서 컬러가 변경되는 문제가 발생하게 됩니다. 이런 문제점을 방지하기 위해 같은 컬러로 만드는 작업을 합니다.

03 보정이 적용된 이미지를 포토샵에서 병합하기 위해 마우스 오른쪽 버튼을 클릭하고 [Edit in]−Open as Layer in Photoshop을 실행합니다. 이제 포토샵에서 이미지를 병합하도록 하겠습니다.

장노출 이미지 병합하기 Ps

01 포토샵에서 사진이 레이어 형식으로 열리는 것을 확인합니다.

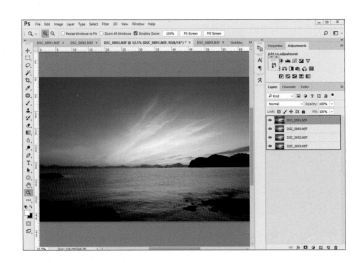

02 첫번째 레이어를 클릭한 다음 Shift 키를 누르고 마지막 레이어를 클릭해 모든 레이어를 선택합니다.

03 모두 선택된 상태에서 파일명 부분에 커서를 위치시킨 후 마우스 오른쪽 버튼을 클릭하고 포토샵의 모든 기능을 자유롭게 활용하기 위해 'Convert to Smart Object(고급 개체로 변환)'을 실행합니다.

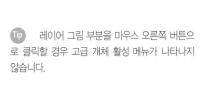 레이어 그림 부분을 마우스 오른쪽 버튼으로 클릭할 경우 고급 개체 활성 메뉴가 나타나지 않습니다.

04 변환 과정이 끝나면 각각의 레이어들이 하나의 고급 개체로 변환됩니다.

05 메뉴에서 [Layer]-Smart Object-Stack Mode-Mean을 클릭합니다. 장노출 합성이 자동으로 진행됩니다.

Tip 메뉴가 활성화되지 않을 경우 고급 개체로 변형된 레이어를 선택하고 다시 시도합니다.

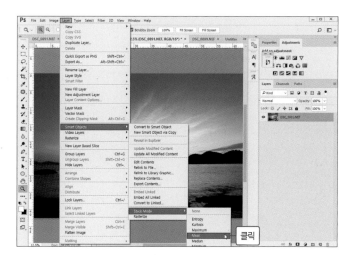

06 색공간을 지정하기 위해 메뉴에서 [Edit]-Convert to ProFile를 클릭합니다(단축키 Alt + E + V).

07 출력물 기준에 맞춰 색공간을 지정합니다. 예제에서는 일반적인 모니터와 웹 기준인 'sRGB IEC61966-2.1'으로 지정하고 [OK] 버튼을 클릭합니다.

Tip 색공간을 맞추지 않고 웹에 게시할 경우 물 빠진 듯한 저채도 사진으로 표현됩니다. 그러므로 반드시 최종 단계에서는 색공간을 맞추는 습관을 들이도록 합니다.

08 최종 완성본을 확인합니다. Stack Mode 기능은 라이트룸에서는 지원하지 않기 때문에 포토샵으로 작업할 수밖에 없습니다. 두 사진이 동일한 노출일 경우 이 기능을 이용하여 합성하면 ND 필터 없이 장노출을 표현할 수 있습니다.

Section 04

싱그러운 녹음이 느껴지는
숲속 사진 촬영과 보정하기

어두운 곳과 밝은 곳의 차이를 활용한 사진 촬영에서 가장 중요한 것은 측광을 어디에 하는 냐입니다. 이번 섹션에서는 대비가 분명한 풍경에서 측광을 활용하는 방법과 시원하고 선명함이 느껴지는 보정 방법에 대해 알아보도록 하겠습니다.

1 │ **숲속 촬영을 위한 조건**

여름은 사진 촬영하기에 좋지 않은 계절입니다. 무더운 날씨 탓에 체력 소모가 심하고 수증기가 많아 맑은 하늘을 보기 힘들기 때문입니다. 하지만 녹음이 느껴지는 숲속 사진을 얻는 데 있어서는 여름만큼 좋은 날씨도 없습니다. 햇볕이 강하기 때문에 피사체의 대비가 강하고 녹색의 피사체를 가장 많이 볼 수 있는 계절이기 때문이죠. 하지만 바람이 많이 부는 날에는 적정 셔터스피드를 설정했더라도 모션블러(피사체가 흔들리는 경우)가 생길 수 있기 때문에 상황에 따라 빠른 셔터스피드를 설정해야 합니다.

▲ 경산 반곡지

▲ 동네 개천

나무와 풀잎에서 볼 수 있는 녹색은 우리에게 심신의 안정을 주고 편안함을 느끼게 합니다. 나무나 풀잎은 놀이터 아파트 단지 내 화단 같은 곳에서도 촬영할 수 있기 때문에 굳이 멀리 나가지 않아도 되며, 이런 촬영 방식은 프레임의 구성과 빛을 이해하는 연습을 하는 데 도움을 줍니다.

2 | 적정 노출의 기준

숲속에서 촬영할 경우 배경과 피사체의 노출 차가 큰 상황이 많습니다. 즉, 배경과 피사체 중 하나는 제대로 표현하기 힘든데, 이것을 극복하기 위해 다중노출 촬영 방식으로 합성을 할 수 있습니다.

스팟 측광 모드로 설정한 후 하늘에 반셔터를 눌러 적정 노출로 맞추고 촬영하면 하늘을 제외한 나머지 부분이 어둡게 나옵니다. 반대로 프레임 전체에서 어두운 편에 속하는 나뭇가지에 적정 노출을 맞추고 촬영하면 사진이 밝게 나옵니다. 이는 노출 차가 큰 상황에서 나타나는 당연한 현상이며, 보정을 하더라도 노출 편차가 너무 크기 때문에 이미지 품질이 떨어지게 됩니다.

▲ 하늘 적정 노출

▲ 나뭇가지 적정 노출

그러므로 프레임에서 비중이 작은 하늘을 포기하더라도 나뭇잎에 적정 노출을 맞추고 촬영하는 것이 좋습니다. '그럼 간단하게 내가 촬영하려는 피사체를 적정 노출로 맞춰주면 되는 것이 아닌가?'라고 생각할 수 있지만 그렇지 않습니다.

오른쪽 사진은 배경이 흐려지는 부분인 물에 반영된 잎사귀에 적정 노출을 맞추고 촬영한 것으로, 이 사진에서 보여주려는 것은 뒤쪽에 있는 물에 잠긴 나무기둥입니다. 만약 잎사귀가 아닌 나무기둥에 노출을 맞췄다면 사진은 전체적으로 밝게 나왔을 것입니다.

▲ 나뭇잎 적정 노출

▲ 물에 반영된 배경에 적정 노출을 맞춘 사진

3 | 애매모호한 사진보다 확실한 사진 촬영하기

오른쪽 사진처럼 촬영하면 밋밋하고 평범한 느낌을 주는데, 촬영자가 정확하게 무엇을 표현하려고 한 것인지 보는 이들이 알기 힘들기 때문입니다. 이렇게 애매모호한 사진에서 벗어나려면 어떻게 해야 할까요?

피사체의 형태 관찰하기

피사체 형태를 관찰하는 것은 풍경사진 및 파인아트 사진작가들이 활용하는 기법입니다. 물론, 여기에 의미를 부여하기 위해서는 다양한 관점에서 생각하는 연습을 해야 하고 인문학 공부가 어느 정도 동반되어야 합니다. 사진을 배우는 단계에서 이런 부분을 미리 연습하면 평범한 사진에서 벗어날 수 있고, 피사체를 다양한 관점에서 볼 수 있습니다.

다양한 시점에서 촬영하기

다음 사진은 잔디밭에서 촬영한 것으로, 50mm 렌즈가 장착된 DSLR 카메라를 잔디밭에 밀어 넣은 다음 뷰파인더를 보지 않고 촬영하였습니다. 사실 이런 느낌이 나올 것이란 예상을 하고 촬영했지만 한 번에 성공한 사진은 아닙니다. 사람의 눈에 익숙하지 않은 장면을 묘사하기 위해 고민한다면 생각지도 못한 사진을 얻을 수 있습니다.

4 | 전체를 보여주는 깊은 심도의 숲속 사진

대각선 구도는 몰입감과 원근감을 더하는 효과가 있는데, 카메라를 프레임 정중앙에 위치시키고 광각 계열의 렌즈를 사용하면 효과를 극대화할 수 있습니다. 이때 조리개를 조여야 하기 때문에 셔터스피드가 나오지 않아 사진이 흔들릴 수 있으므로 주의해야 합니다. 삼각대가 있으면 쉽게 해결될 문제이지만, 없는 경우에는 ISO 감도 값을 올려 일정 수준 이상의 셔터스피드를 확보하는 것이 중요합니다.

▲ F/8, ISO100, 1/50sec(대각선 구도)　　　　　　　　　　▲ 초점이 맞은 위치

5 | 녹음을 표현하기 위한 촬영법

다음 사진의 구도는 안정감이라는 측면에서 봤을 때 조금 위험한 구도라 할 수 있습니다. 만약 보조 피사체에서 어느 한쪽이 누락되었다면 사진을 촬영하지 않았을 것입니다. 노출을 이용하여 녹음을 표현하면서 촬영하였으며, 카메라 세팅은 M모드, 스팟 측광, RAW 파일입니다.

▲ 200mm, F/2.8, ISO100, 1/320sec　　　　　　　　　　▲ 초점이 맞은 위치

① 노출 : 잎사귀의 밝은 부
   분이 손상되는 것을 막기
   위해 전체적으로 살짝 어
   둡게 촬영하였습니다.

② 구성과 구도 : 나무줄기
   하나가 물에 잠긴 것을 발
   견하였습니다. 잠겨있는
   나무 줄기를 기준으로 나
   머지 보조 피사체(잎사귀,
   나무줄기)를 양옆으로 배
   치하였습니다.

▲ 블라인드 영역 : 보조 피사체

Tip   항상 정면과 하늘만 보려하지 마세요. 가끔씩 지면
을 바라보면서 걷다보면 대비되는 피사체를 발견할 수 있을
것입니다.

실습 싱그러운 숲속 사진 만들기

싱그러운 숲속을 표현하기 위해서는 최대한 피사체의 디테일을 유지하면서 대비를 극대화하는 것이 핵심입니다. 또한 녹색의 선명도를 끌어올려 여름에 촬영한 느낌을 그대로 표현하는 것도 중요합니다.

◉ **원본사진** … 예제사진→녹음풍경→녹음풍경.NEF　　◉ **완성사진** … 완성사진→녹음풍경(완성).JPG

Before : F/2.8, ISO100, F/2.8, 1/320sec

구도와 구성은 괜찮지만 주변부의 나뭇가지들이 약간 흐립니다. 이것은 심도에서 세팅이 잘못된 것인데, 이를 해결하기 위해 샤픈을 적용합니다.

디테일한 부분의 손상을 막기 위해 약간 어둡게 촬영된 사진입니다. 전체적으로 밝게 조정합니다.

녹색의 컬러는 채도를 조절하지 않고 밝기를 조절하여 컬러를 살리는 작업을 합니다.

After

노출 조정하기 Lr

01 '녹음풍경.NEF' 파일을 선택하고 Develop 모듈로 이동합니다.

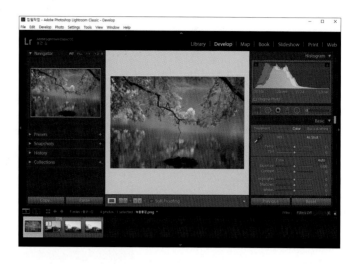

> **Tip** 심도 확보에 실패할 경우 보정으로 어느 정도까지는 보완이 가능하지만 완벽할 수는 없습니다. 사진 촬영 후 원하는 범위까지 정확히 초점이 맞춰졌는지 LCD 창으로 확인하는 것이 중요합니다.

02 잎사귀의 밝기가 너무 밝아 노출을 조금만 올려도 디테일이 손상될 가능성이 있습니다. Basic 패널에서 Whites(가장 밝은 영역) 값을 '−75'로 설정합니다.

03 디테일 손상을 최소화하기 위해 어둡게 촬영한 사진이므로 어두운 영역을 보강하겠습니다. Shadow(어두운 영역) 값을 '+50'으로 설정합니다.

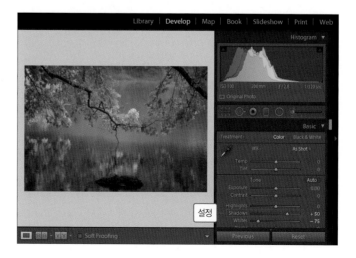

04 히스토그램을 확인하면 여전히 톤의 분포가 어두운 쪽으로 치우쳐 있는 것을 알 수 있습니다.

조금 더 밝게 할 필요가 있지만, Shadows 는 더 이상 올리면 안 됩니다. Shadows 를 심하게 올릴 경우 대비가 급격하게 떨어져 선명한 느낌이 반감되기 때문입니다.

05 여기서 Blacks를 올릴 것인지 전체적인 노출을 올릴 것인지 결정해야 합니다. Blacks를 올릴 경우 밝기가 어느 정도 보강되겠지만, 가장 어두운 영역을 기준으로 노출이 올라가기 때문에 예제와 같이 어두운 사진에서는 적절하지 않습니다.

전체적인 노출을 Exposure로 조정하기 위해 Exposure 값을 '0.7'로 설정합니다.

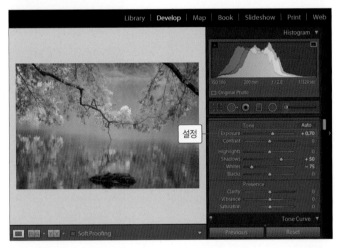

06 기본적인 밝기는 어느 정도 조정이 되었으므로 대비를 적용하여 녹색의 진득함과 선명도를 올리도록 하겠습니다. Contrast 값을 '50'으로 설정합니다.

07 Blacks를 약간 추가하여 선명도를 더하도록 하겠습니다. Blacks 값을 '-20'으로 설정합니다.

Tip Blacks는 대비를 담당하는 영역으로, 수치가 올라갈수록 사진의 선명도는 떨어집니다.

이미지 디테일 살리기 Lr

01 Detail 패널로 이동하여 Sharpening 기능으로 디테일을 끌어올림과 동시에 Noise Reduction으로 노이즈를 제거하겠습니다.
Sharpening에서 Amount 값을 '79', Radius 값을 '1.0', Detail 값을 '53'으로 설정합니다. 디테일이 살아나긴 했지만 동시에 노이즈도 발생한 것을 알 수 있습니다.

02 노이즈를 제거하기 위해 Noise Reduction으로 이동합니다. Luminance 값을 '33'으로 설정하여 노이즈를 제거합니다.

03 질감과 세부 묘사를 살리기 위해
Detail 값을 '100'으로 설정합니다.

04 최종 완성본을 확인합니다.

Tip 　사진 촬영에 있어 여름은 좋은 계절이 아니라고 언급하였지만 이것은 어디까지나 대기의 환경과 야외 인물사진에 국한되는 부분일 뿐, 사진 전 영역에 걸쳐 좋지 못한 것은 아닙니다. 무더운 여름과 상반되는 녹색과 그림자를 이용한 시원한 느낌의 사진 촬영 같이 특정 영역에서 벗어나 다양하게 시도해 보세요.

Section **05**

화사한 컬러 보정을 위한
벽화마을 촬영과 보정하기

벽화마을 촬영 시 벽화의 모습만 촬영하는 경우를 많이 봅니다. 벽화의 형태뿐만 아니라 벽화마을의 특성을 보여줄 수 있는 촬영을 하는 것이 좋습니다. 이번 섹션에서는 벽화마을에서 촬영할 때 실수할 수 있는 부분들과 장비의 활용 방법, 그리고 따뜻함이 느껴지는 보정 방법에 대해 알아보도록 하겠습니다.

1 | 화사하고 따뜻한 느낌 표현하기

다음 사진에 적용된 컬러 톤 보정은 여행 관련 유명 블로거들이 즐겨 쓰는 보정 기법입니다. 사실적인 색감과는 거리가 있는 컬러 톤으로, 채도와 밝기를 같이 적용하여 올리는 방식으로 보정하기 때문에 따뜻한 주제에 어울립니다. 보정 시 채도만 올리면 컬러가 진득해지고, 밝기를 같이 올리면 화사한 느낌이 표현되는 것을 알 수 있습니다.

▲ 채도만 올린 사진

▲ 채도와 밝기를 같이 올린 사진

2 | 벽화마을의 특성

어떤 렌즈를 사용할까?

일반적으로 벽화마을은 골목이 상당히 좁습니다. 그렇기 때문에 초점 거리가 긴 렌즈(70~200mm)

175

하나만 가져가면 촬영할 수 있는 사진이 한정적일 수밖에 없습니다. 하나의 렌즈만 가져가야 하는 상황이라면 표준 줌렌즈가 무난하며, 단초점렌즈일 경우 50mm 이내의 렌즈가 좋습니다.

▲ 좁은 벽화마을의 골목　　▲ 50mm 렌즈로 촬영한 사진 : 반대편 벽에 붙어서 촬영해도 이 정도밖에 나오지 않는다.

사진 공부에 최적화된 벽화마을

　벽화마을의 특징 중 하나는 A컷이 나오기가 힘들다는 것입니다. 그렇기 때문에 사진의 결과물만 놓고 판단하면 촬영에 적합한 장소는 아니라고 볼 수 있습니다. 그렇지만 좁은 공간과 굽어진 골목길에서 구도 연습을 할 수 있고, 다양한 그림과 피사체들을 이용해 구성 연습을 할 수도 있습니다. 이렇듯, 사진 공부의 관점에서 본다면 벽화마을은 촬영 연습하기에 좋은 장소입니다.

벽화 촬영 후 왜곡 확인하기

벽화 촬영 후 확인해야 할 부분이 있는데 바로 '왜곡'입니다. 여기서 왜곡은 렌즈 자체에서 오는 왜곡이 아니라 촬영자 스스로 만든 왜곡을 말합니다. 사진의 완성도를 떨어뜨리는 요소 중 하나가 촬영자의 잘못된 위치 선정인데, 이것은 촬영 후 사진을 꼼꼼하게 확인하지 않을 경우에 발생합니다.

다음 사진에서 나타난 왜곡은 렌즈의 짧은 초점 거리(광각~표준)에서 오는 주변부 왜곡으로, 촬영자의 위치가 잘못되어 발생하는 대표적인 왜곡입니다. 왜곡을 방지하기 위해서는 촬영자가 촬영하고자 하는 피사체의 정중앙에서 촬영해야 합니다.

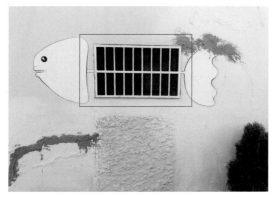 

▲ 잘못된 위치 선정의 예 : 사진 중앙을 기준으로 오른쪽이 휘어져 나가 있다(창문 부문 참조). ▲ 피사체의 정중앙에 위치한 사진

3 | 프레임 구성에 따라 달라지는 사진의 용도

벽화마을의 주된 피사체는 벽화입니다. 벽화를 촬영하는데 있어 프레임을 어떻게 구성하느냐에 따라 사진의 용도는 달라집니다. 벽화를 배경과 함께 구성하여 촬영하면 벽화 자체에 대한 몰입도는 떨어집니다. 하지만 해당 장소의 정보 제공 측면에서는 좋은 구성이므로, 여행지 리뷰 사진 촬영에서 활용하면 좋습니다.

◀ 벽화를 배경과 함께 구성한 사진

벽화만 구성하여 촬영하면 벽화 자체에 대한 몰입도를 올려줍니다. 주변 사물을 포함할 수 없는 단점이 있지만, 벽화를 감상할 수 있는 효과가 있습니다. 이런 촬영 방식은 촬영자가 벽화에서 원하는 그림을 선별하여 구성할 수 있기 때문에 주관적인 해석을 넣을 수도 있습니다. 이때, 반드시 벽화 전체를 보여줄 필요는 없습니다. 촬영자가 전달하려는 부분만 구성하는 것이 메시지 전달에 더욱 효과적이기 때문입니다.

▲ 벽화만 구성한 사진

▲ 벽화와 주변 사물을 함께 구성한 사진

4 │ 노출 값의 기준

화사한 컬러 톤을 구현할 때는 사진에서 암부 영역만 올려 보정할 계획이기 때문에 최대한 적정 노출로 촬영하는 것이 좋습니다. 밝게 촬영해도 무관하지만, 명부와 암부를 별도로 보정해야 하기 때문에 사진에 가해지는 손상이 커지게 됩니다. 그러므로 최소한의 보정으로 활용할 수 있도록 적정 노출로 촬영하는 것이 좋습니다.

◀ 밝게 촬영하면 보정 작업이 힘든 경우가 발생한다.

5 | 정감 가는 풍경 담기

벽화마을의 주요 소재인 벽화에 고정하여 촬영하다 보면 벽화마을의 진짜 모습을 보지 못할 수도 있습니다. 작품을 남긴다는 관점에서 접근하기보다는 '얼마나 이곳을 제대로 느끼고, 보고 왔는가'에 초점을 두고 촬영하는 것이 좋습니다.

일출이나 일몰 같은 사진은 30분 정도의 골든타임이라는 것이 있습니다. 이 시간대를 놓치면 최상의 결과물을 얻기 힘들기 때문에 최대한 집중하고 바쁘게 촬영할 수밖에 없습니다. 하지만 벽화마을은 골든타임 개념이 없기 때문에 천천히 걸으면서 주변을 감상하며 촬영하면 기억에 오래 남는 출사가 될 것입니다.

6 | 벽화마을 실전 촬영 노하우

다음 사진에 사용한 렌즈는 135mm 렌즈로, 광각계열의 렌즈보다 원근의 효과가 많이 떨어집니다. 그렇기 때문에 피사체를 프레임 가운데 두거나 너무 크게 촬영하면 밋밋한 사진이 나올 확률이 높습니다.

▲ F2.2, ISO 400, 1/1250sec, 135mm, 자전거를 주 피사체로 설정

망원에서 오는 압축을 어느 정도 유지하는 동시에 배경, 피사체, 촬영자가 삼각형이 모양을 이루는 위치에서 촬영하면 원근감을 표현할 수 있습니다. 단, 이런 촬영 방식은 배경과 피사체의 거리가 어느 정도 떨어져 있어야 하는 전제 조건이 붙습니다. 렌즈가 가지고 있는 특성의 한계를 무너뜨리고 다른 효과를 내는 것은 촬영자의 몫입니다. 그렇기 때문에 사진을 배우는 단계에서는 다양한 방향으로 촬영하며 스스로 경험을 정리해 나가는 것이 중요합니다.

실습 정감 가는 화사한 컬러 톤의 사진 만들기

프레임의 구성과 구도 모두 안정감 있게 촬영된 사진입니다. 노출 값 역시 적정 노출로, 어느 한 부분도 데이터 손상 없이 풍부한 계조와 컬러를 보여주고 있습니다. 언뜻 보면 원본 그대로 사용해도 무방한 사진입니다. 여기에 부분적으로 컬러 톤을 조정하여 좀 더 화사한 사진으로 보정하겠습니다.

◉ **원본사진** … 예제사진→벽화마을→벽화마을.NEF　　◉ **완성사진** … 완성사진→벽화마을(완성).JPG

Before : F2.2, ISO 400, 1/1250sec, 135mm

○ 결과물은 나쁘지 않지만 원하는 컬러 톤은 아닙니다. 컬러를 살펴보면 파란색 영역은 어느 정도 화사하게 표현이 잘 되어 있지만 식물과 꽃, 출입문에 표현된 녹색과 노란색 톤은 칙칙한 색으로 표현되었습니다.

○ 전체적으로 채도를 올리는 것이 아닌, 부족한 부분이 무엇인지 우선적으로 파악한 다음 채도를 조절하여 화사한 사진으로 보정합니다.

After

화사한 컬러 톤으로 보정하기 🅻ᵣ

01 '벽화마을.NEF' 파일을 선택하고 Develop 모듈로 이동합니다. 컬러는 대비가 커지면 무겁게 표현되고, 대비가 작아지면 화사하면서 가볍게 표현됩니다. 화사한 사진으로 보정하는 것이 목적이므로 대비를 줄이는 작업이 필요합니다.

Tone 패널에서 미드톤 영역과 가까운 암부 영역인 Shadows 값을 '75'로 설정하여 이미지 전체의 대비를 줄입니다.

02 화분의 식물을 화사하게 보정하기 위해 HSL 패널에서 Luminance를 클릭합니다.

03 녹색 영역의 컬러 톤에 변화를 주기 위해 Green 값을 '40'으로 설정합니다.

04 Saturation으로 이동해서 Green 값을 '70'으로 설정합니다. 녹색 컬러 톤이 한층 화사해진 것을 확인할 수 있습니다.

05 녹색과 함께 부족하다고 판단된 노란색 영역의 컬러 톤을 보정하기 위해 Luminance에서 Yellow 값을 '15'로 설정합니다.

06 Saturation으로 이동해서 Yellow 값을 '50'으로 설정합니다.

07 파란색은 충분히 화사하므로 Saturation 값만 올리면 될 것 같습니다. Saturation 값을 '22'로 설정하여 컬러 톤을 완성합니다.

08 Detail 패널을 선택하고 Sharpening 에서 Amount 값을 '30', Radius 값을 '1.0', Detail 값을 '20'으로 설정합니다.

09 최종 완성본을 확인합니다.

Section 06
컬러와 디테일이 살아있는 **야경사진** 촬영과 보정하기

필자는 초보 시절에 야경사진을 많이 찍곤 했는데, 좋은 결과물을 얻기 위해 신경을 쓰고 촬영해도 쨍한 사진은 남의 이야기였습니다. 선명하고 쨍한 야경사진을 얻기 위해서는 무엇보다 시간과 장소가 가장 중요합니다. 보정은 그 다음입니다.

1 | 매직아워란?

매직아워는 일출 전 30분, 일몰 후 30분 정도만 볼 수 있는 환상적인 빛이 나타나는 시간대를 말합니다. 매직아워 시간대의 하늘은 파란색을 띠며 일몰과 일출의 흔적이 있어 부분적으로 노랑과 붉은색이 동반되기도 하는데, 이때는 빛이 가장 안정적이므로 촬영하고자 하는 피사체들의 디테일이 선명하게 표현됩니다. 사전적인 용어에서는 빛의 양이 충분하여 촬영하기 수월하다고 명시되어 있지만, 실제로는 그렇게 빛이 많은 편이 아니기 때문에 되도록이면 삼각대를 사용하는 것이 좋습니다.

일몰 직전에 촬영한 매직아워의 광경 ▼

2 | 야경사진의 종류

야경사진의 촬영은 크게 깊은 심도의 촬영과 얕은 심도의 촬영으로 나눌 수 있습니다. 깊은 심도의 야경 촬영은 우리가 눈으로 보지 못하는 광경을 이미지로 구현할 수 있는 특징이 있습니다. 눈으로 보지 못하는 광경을 이미지화하면 다소 현실과는 거리가 멀고, 촬영자의 감성을 넣기 힘들기 때문에 기술적인 면이 강조되는 촬영방식입니다. 반대로 얕은 심도의 촬영은 퇴근길에 느껴지는 도심의 감성과 거리의 흔적을 느낄 수 있을 정도로 현실적이며, 기술적인 부분보다는 감성적인 부분이 강조되는 촬영 방식입니다.

▲ 깊은 심도의 야경사진

▲ 얕은 심도의 야경사진

▲ 얕은 심도의 야경사진

▲ 보케사진

3 | 얕은 심도의 야경사진 촬영

얕은 심도의 야경사진은 카메라를 손으로 들고 촬영할 수 있을 정도로 빠른 셔터스피드를 활용하여 촬영하는 것을 말합니다. 주변 빛의 양이 적기 때문에 높은 ISO 감도를 활용해야 하며, 이로 인해 노이즈가 발생하는 경우가 많지만 현실적이면서 감성적인 사진을 얻을 수 있는 것이 특징입니다.

렌즈의 선택

일반적인 줌렌즈들은 F/2.8이 최대 개방값으로, 어두운 장소에서 촬영 시 다소 아쉬운 조리개 개방 값을 가지고 있습니다. 그러므로 줌렌즈보다는 상대적으로 개방 값이 큰 단렌즈를 활용하면 깨끗한 사진을 얻을 수 있습니다.

보케사진

'보케(Bokeh)'는 초점이 맞지 않는 영역을 일컫는 말로, 프레임 전 영역에 걸쳐 초점이 맞지 않게 촬영한 것입니다. 야간에 불빛들을 보케로 활용하여 촬영하면 감성적인 이미지를 얻을 수 있습니다.

프레임의 모든 영역을 초점이 맞지 않게 하는 방법은 간단합니다. 먼저, 인공 빛(가로등, 전등)을 찾습니다. 카메라나 렌즈의 초점 모드를 MF로 설정한 후 초점 링을 돌립니다. 돌리다 보면 빛이 원 모양으로 형성되는 것이 보이는데, 가장 예쁜 원이 나왔을 때 멈춘 다음 셔터를 누르면 됩니다.

초점 링   줌 링

자동 초점/수동 초점
전환 버튼

4 | 깊은 심도의 야경사진 촬영

삼각대 사용은 선택이 아닌 필수

야경사진이란 말 그대로 밤에 촬영하는 것으로, 빛의 양이 적으며 장노출 사진 촬영을 해야 하는 경우가 대부분이기 때문에 반드시 삼각대를 사용해야 합니다. 삼각대를 사용하지 않으면 촬영 후 문제가 발생할 수 있습니다.

조리개 값에 따라 달라지는 빛의 모양

야경사진에서 조리개를 조이면 여러 가지 장점이 있습니다. 대표적인 장점으로는 빛 갈라짐의 독특한 모양으로, 사람의 눈으로 보기 힘든 빛 갈라짐을 보여줍니다. 빛 갈라짐 효과는 조리개를 조일수록 효과가 커지며, 렌즈마다 모양과 개수가 다릅니다.

▲ 조리개 값을 '16'으로 촬영한 이미지 : 빛 갈라짐이 발생한다.

▲ 조리개 값을 '1.8'로 촬영한 이미지 : 빛 갈라짐이 발생하지 않는다.

셔터스피드 값으로 만드는 빛의 궤적

조리개를 조이면 느린 셔터스피드를 활용할 수 있게 되는데, 이것은 빛의 궤적을 만들기 위한 필수 조건이기도 합니다.

▲ 1/125초로 촬영 : 달리는 차가 정지된 것처럼 표현된다.

▲ 30초로 촬영 : 도로 위 차량들의 움직임이 빛의 궤적으로 표현된다.

광각렌즈와 망원렌즈의 활용

야경사진 촬영에서 광각렌즈와 망원렌즈를 동시에 운용하면 보다 다양한 사진을 얻을 수 있습니다. 망원렌즈를 활용하면 왜곡이 없기 때문에 사실적인 건축물의 형태를 묘사할 수 있습니다. 또한 프레임에서 주 피사체를 보여주는데 적합하며, 원하는 부분만 선택해서 보여줄 수 있는 장점이 있습니다. 이런 장점 덕분에 야경 촬영에서 망원렌즈의 활용도는 상당히 높습니다.

광각렌즈를 활용하면 왜곡이 발생하지만 극단적인 원근의 효과로 인해 시원하면서 탁 트인 느낌의 야경 사진을 얻을 수 있습니다. 또한 우리 눈으로 보는 원근감과 차이가 크기 때문에 기본만 지켜도 일정 수준 이상의 환상적인 야경사진을 얻을 수 있는 장점이 있습니다. 하지만 프레임 내 피사체 선별이 불가능하므로 잘못하면 불필요한 부분까지 사진에 나타날 수 있어, 이를 적절히 응용하는 것이 필요합니다.

▲ 85mm 렌즈로 촬영한 사진

▲ 20mm 렌즈로 촬영한 사진

5 | 야경사진 촬영 시 주의할 점

야경사진의 최대 적, 플레어와 고스트

낮에 태양을 정면으로 촬영하면 빛이 퍼지는 사진을 얻게 되는데, 이런 현상을 '플레어'와 '고스트'라 부릅니다. 플레어와 고스트는 일반적으로 역광 상황에서 많이 발생됩니다. 대낮처럼 눈부심이 덜할 뿐, 밤에도 거의 대부분의 상황이 역광에 노출되어 있는 만큼 야경사진을 촬영할 때는 플레어와 고스트가 발생하지 않도록 주의해야 합니다.

▲ 밤에는 눈부심이 없을 뿐, 역광에 노출된 경우가 많다.

플레어와 고스트는 불필요한 빛이 렌즈에 들어와서 의도치 않은 빛 번짐 및 다른 형태의 상을 만들어 내는 현상입니다. 이것은 렌즈의 고유 특성으로, 현존하는 기술로는 없애는 것이 불가능합니다. 그러므로 이런 현상을 최소화하여 촬영하는 방법을 알고 적용하는 것이 중요합니다. 고스트와 플레어를 줄이기 위한 대표적인 방법으로는 렌즈 앞에 어떤 필터도 사용하지 않는 방법과 후드를 사용하는 방법이 있습니다.

▲ 가로등의 강한 광을 견디지 못하고 플레어가 발생한 사진

▲ 신호등 파란불의 상이 뒤집힌 고스트가 발생한 사진

필터를 장착하지 않고 촬영하면 렌즈에 들어온 불필요한 잡광이 CCD(이미지 센서)까지 도달하지 않고 렌즈 표면에서 난반사가 일어납니다. 이렇게 난반사된 빛이 외부로 빠져나가게 되면 깔끔한 이미지를 얻을 수 있습니다.

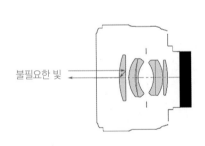

불필요한 빛 →

▲ 정상적으로 불필요한 빛이 빠져나가는 경우

▲ 필터 미장착 후 촬영 : 플레어와 고스트가 최소화되었다.

렌즈 보호용 필터를 장착하면 난반사된 빛이 빠져나가지 못하고 다시 CCD로 들어와서 또 다른 상을 만들거나 빛 번짐이 발생합니다. 이는 해상력 저하를 일으킬 수 있고, 결과물의 완성도 측면에서도 문제가 발생할 수 있기 때문에 야경사진 촬영 시에는 필터를 제거하고 촬영하는 것이 좋습니다. 필터를 제거했다면 한 가지 더 해야 할 것이 있습니다. 바로 후드를 장착하는 것입니다.

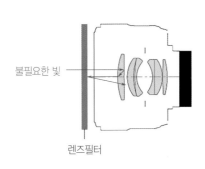

▲ 불필요한 빛이 렌즈 필터에 반사되어 다시 들어오는 경우   ▲ 필터 장착 후 촬영 : 불필요한 플레어가 발생하였다.

후드는 야경 촬영에만 사용하는 것이 아닙니다. 주광에도 야외에서 촬영한다면 되도록 후드를 사용하는 것이 좋은데, 불필요한 빛을 사전에 차단하여 깔끔한 이미지를 얻는데 도움을 주기 때문입니다. 단, 후드를 검은색이 아닌 다른 색으로 도색할 경우 또 다른 반사를 발생시킬 수 있기 때문에 후드만큼은 원래의 상태 그대로 사용하는 것이 좋습니다.

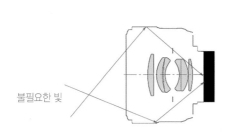

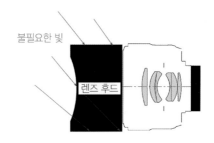

▲ 후드 미착용 : 불필요한 빛을 차단하지 못하여 렌즈 경통 내부에서 반사가 일어난다.   ▲ 후드 착용 : 후드에서 불필요한 빛을 차단 및 흡수한다.

Tip 야경사진은 장노출을 활용하는 촬영이 많아 반드시 확대하여 흔들림이 발생했는지 확인해야 합니다. LCD 화면은 작기 때문에 미세한 흔들림까지 촬영자가 파악하기는 힘듭니다.

6 │ 매직아워 보정을 위한 실전 촬영

매직아워는 기본적으로 청명하고 맑은 하늘에서 나타납니다. 다음 사진의 촬영 당일, 대기의 환경은 미세먼지로 인해 시정(가시거리)이 짧고, 많은 구름으로 인해 하늘의 컬러가 전혀 표현되지 않았습니다. 해가 질 경우에는 더 심각해지는데, 빛과 건물들의 노출 차가 밤에 촬영한 것처럼 크기 때문입니다. 촬영 환경이 나쁘면 누가 촬영하든 좋은 결과물을 얻기 힘듭니다. 하지만 이런 결과물이더라도 보정으로 살려낼 수 있습니다.

노출과 초점 잡기

전체를 보여주기 위한 야경이지만 그래도 사진의 주인공은 있어야 합니다. 가장 메인이 되는 건축물을 찾은 후 해당 지점에 초점을 맞춥니다. 노출의 경우 너무 밝게 촬영하면 건물에서 나오는 불빛에서 빛 번짐이 발생하여 건물 경계선 안으로 빛이 침범할 수 있습니다. 그러므로 메인 건축물을 기준으로 적정 노출 또는 약간 어둡게 촬영합니다. 이런 촬영 방식은 빛이 좋지 못한 경우에 활용되며, 매직아워 타임처럼 좋고 고른 빛이 있다면 훨씬 더 좋은 결과물을 얻을 수 있습니다.

▲ 카메라 세팅 : M모드, 스팟 측광, RAW 파일, 50mm, F/13, ISO 80, ▲ 초점 맞은 위치
30sec

복합적 구도의 이해

다음은 삼각형 구도와 수평 구도가 활용된 사진입니다. 이 두 가지 구도의 조합으로 인해 사진을 보는 이들에게 편안한 느낌을 주는 동시에 복잡한 야경사진에서 촬영자가 가장 보여주고 싶은 것이 무엇인지 알 수 있습니다. 특정 구도로만 촬영하기 보다는 다양한 시각을 가지고 촬영하는 습관을 갖는 것도 중요합니다.

▲ 복합적 구도의 예

실습 매직아워 연출을 위한 사진 만들기

좋지 않은 촬영 환경에서 촬영된 사진으로, 지금껏 배운 보정과는 차이가 있는 것을 알 수 있습니다. 원하는 느낌을 구현하기 위해 부족한 부분만 약간씩 조정했던 기존의 보정과 달리, 이번 보정은 사진을 완전히 변경하는 보정 기법입니다.

◉ **원본사진** … 예제사진→야경사진→야경사진.NEF   ◉ **완성사진** … 완성사진→야경사진(완성).JPG

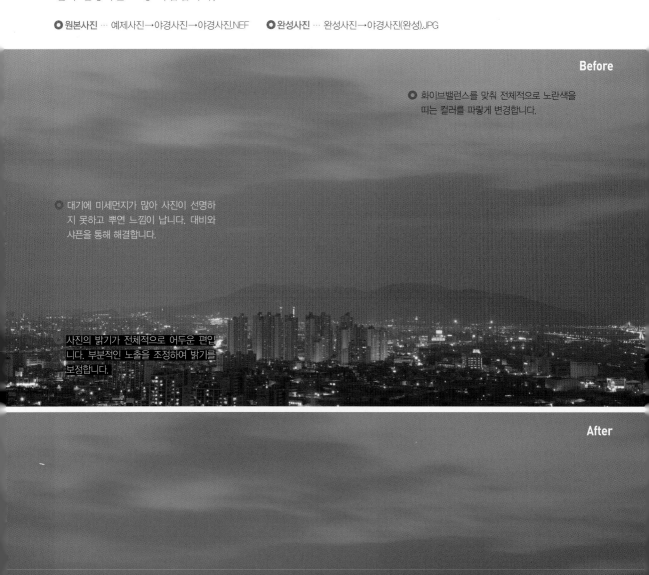

Before

◉ 화이트밸런스를 맞춰 전체적으로 노란색을 띠는 컬러를 파랗게 변경합니다.

◉ 대기에 미세먼지가 많아 사진이 선명하지 못하고 뿌연 느낌이 납니다. 대비와 샤픈을 통해 해결합니다.

사진의 밝기가 전체적으로 어두운 편입니다. 부분적인 노출을 조정하여 밝기를 보정합니다.

After

화이트밸런스 맞추기 Lr

01 '야경사진.NEF' 파일을 열고 Develop 모듈로 이동합니다.

02 화이트밸런스를 맞추어 사진의 전체적인 컬러 톤을 차갑게 만들도록 하겠습니다. White Balance Selector(단축키 W)를 선택하고 아파트에서 흰색으로 보여야 할 부분을 클릭합니다.

03 화이트밸런스가 조정되면서 사진의 전체적인 컬러가 파란색으로 표현되었습니다.

Tip 만약 원본 파일이 파란색으로 잘 표현되었다면 굳이 화이트밸런스를 맞출 필요 없습니다. 예제처럼 노란색을 많이 띠는 사진일 때만 화이트밸런스를 맞추면 됩니다.

부분적인 컬러 보정하기 Lr

01 하늘을 좀 더 파랗게 만드는 작업을 하 겠습니다. Graduated Filter(단축키 M)를 선택하면 전용 편집 창으로 바뀝니다. 모 든 값이 '0'인지 확인하고 만약 다른 값이 입력되어 있다면 모두 '0'으로 입력합니다.

02 Graduated Filter의 적용 범위를 확인하기 위해 'Show Selected Mask Overlay'를 체크합니다.

03 사진에서 가장 윗부분을 클릭하고 건 물의 시작 지점까지 아래로 드래그합니다. 가상의 붉은색으로 Graduated Filter가 적용되는 범위를 확인할 수 있습니다.

04 'Show Selected Mask Overlay' 를 체크 해제하고 Temp 값을 '-70'으로 설정합니다.

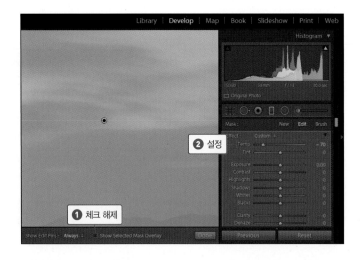

05 하늘을 무게감이 있는 컬러로 표현하기 위해 Blacks 값을 '-50'으로 설정합니다. [Done] 버튼 또는 Enter 키를 누릅니다.

06 건물들의 밝기를 보정하도록 하겠습니다. Graduated Filter(단축키 M)를 선택한 후 전용 편집 창에서 모든 값이 '0'인지 확인합니다. 만약 다른 값이 입력되어 있다면 모두 '0'으로 바꿔줍니다.

07 Graduated Filter의 적용 범위를 확인하기 위해 'Show Selected Mask Overlay'를 체크합니다.
사진에서 가장 아랫부분을 클릭하고 건물의 끝 지점까지 위로 드래그합니다. 가상의 붉은색으로 Graduated Filter가 적용되는 범위를 확인할 수 있습니다.

08 'Show Selected Mask Overlay'를 체크 해제하고 Exposure 값을 '1'로 설정합니다.

09 Shadows 값을 '50'으로 설정합니다. [Done] 버튼 또는 [Enter] 키를 누릅니다.

Tip Exposure과 Shadows를 별개로 표현하는 것이 매직아워 이미지 구현의 핵심입니다. 메인 건축물인 아파트는 밝은 반면, 그 아래 다른 건물들은 상대적으로 어둡습니다. 밝기가 어느 한쪽으로 심하게 치우치지 않는 것이 매직아워의 특징이기 때문에 별개로 설정합니다.

이미지 디테일 살리기 Lr

01 건물의 디테일을 높이도록 하겠습니다. 하늘을 제외한 나머지 부분들만 샤픈을 추가하여 선명도를 올릴 것입니다. Adjustment Brush(단축키 K)를 선택하여 Brush 전용 편집 창을 활성화합니다. 모든 값이 '0'인지 확인한 다음 Adjustment Brush의 적용 범위를 확인하기 위해 'Show Selected Mask Overlay'를 체크합니다.

02 건물을 문질러 줍니다. 가상의 붉은색으로 적용되는 범위를 확인할 수 있습니다.

Tip 현재 과하게 보정된 상태이기 때문에 이 상태에서 인화 또는 색 재현력이 낮은 디스플레이로 감상할 경우 컬러의 뒤틀림이 보일 수 있습니다. 이후 부분적으로 보정하는 작업이 필요합니다.

03 'Show Selected Mask Overlay'를 체크 해제하고 Sharpness 값을 '100'으로 설정합니다. [Done] 버튼 또는 Enter 키를 누릅니다.

04 샤픈으로 인해 발생한 노이즈를 제거하겠습니다. 슬라이더 바를 내려 Noise Reduction 패널로 이동합니다.

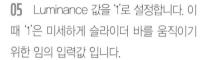 샤픈과 노이즈는 반대 개념입니다. 샤픈이 올라가면 디테일이 올라가지만 노이즈가 발생하고, 반대로 노이즈를 감소시키면 이미지 자체는 깨끗해지지만 선명도가 떨어지게 됩니다. 노이즈를 제거할 때는 최대한 디테일을 유지하면서 조금씩 제거하는 것이 좋습니다.

05 Luminance 값을 '1'로 설정합니다. 이 때 '1'은 미세하게 슬라이더 바를 움직이기 위한 임의 입력값 입니다.

06 최상의 디테일 유지를 위해 Detail 값을 '100'으로 설정합니다.

07 사진을 클릭하여 1:1로 확대한 후
Luminance의 슬라이더 바를 오른쪽으로
조금씩 움직이며 건물의 경계와 하늘에 나
타난 노이즈를 직접 관찰하면서 제거합니
다. 예제에서 한계값은 Luminance '20'입
니다.

08 최종 완성본을 확인합니다.

Tip 이번 예제는 사진에서 빛이 차지하는 비중이 어느 정도인지 단적으로 보여주는 사례라고 볼 수 있습니다. 빛이 좋으면 약간의 보정만으
로 큰 효과를 볼 수 있지만, 빛이 좋지 못하면 과한 보정으로도 생각만큼의 효과를 기대하기 힘듭니다. 불가항력의 조건이 아니라면 좋은 빛이
있을 때 촬영하는 것이 최상의 결과물을 얻을 수 있는 지름길입니다.

Section 07 밤하늘의 **별 사진** 촬영과 보정하기

별 사진 촬영은 점상 촬영과 일주(궤적) 촬영으로 나뉘고, 이 두 가지를 합쳐 고정 촬영이라 합니다. 지구는 자전하기 때문에 별도 시간에 따라 이동하는데, 이것을 무시하고 촬영하는 방법이 바로 고정 촬영입니다. 각각의 촬영 방법을 알아보고 전문 프로그램을 이용해 별 궤적 사진을 합성하는 방법을 알아봅니다.

1 | 별 사진 촬영을 위한 사전 체크

사진 경력이 어느 정도 되는 분일지라도 별 사진 촬영을 많이 접해보지 않았다면 실패할 가능성이 높습니다. 성공적인 별 사진을 촬영하기 위해서는 약간의 지식을 필요로 하는데, 이 지식만으로도 높은 확률로 촬영에 성공할 수 있습니다.

▲ 점상 촬영

▲ 일주 촬영

별은 늘 하늘에 떠 있다

별 사진을 촬영하기 위해서는 일단 하늘에서 별이 보여야 합니다. 별 사진을 촬영할 때 가장 안 좋은 상황은 인공광으로 인해 빛이 하늘까지 간섭할 경우입니다. 이를 '광해'라 부르며, 광해가 심하면 별이 보이지 않습니다.

빛 하나 없는 강원도 산골에서 쏟아지는 별을 볼 수 있는 이유는 광해가 없기 때문입니다. 그러므로 별을 많이 보기 위해서는 인공광이 없는 장소를 선택하는 것이 좋습니다. 대표적인 촬영 장소로는 천문대가 있습니다. 천문대는 별을 관측하는 곳인 만큼, 별이 가장 잘 보이는 곳에 위치하고 있기 때문에 100% 검증된 장소라 볼 수 있습니다. 단, 고도가 높은 곳에 있기 때문에 걸어서 가기 힘든 점이 있으며, 차로 이동해도 밤에 헤드라이트 사용이 금지되기 때문에 해가 지기 전에 미리 도착해서 기다리는 것이 좋습니다. 천문대뿐만 아니라 어느 정도 고도가 있는 지역에서는 별을 볼 수 있습니다. 물론, 지상에서도 육안으로 별이 잘 보인다면 성공적인 촬영이 가능합니다.

▲ 은하수 촬영 : 산 속처럼 광해가 거의 없으면 깔끔한 별 사진 촬영이 가능하다.

▲ 광해로 인해 많은 별들이 가려진 상황

별 사진 촬영의 준비물

어두운 장소에서 촬영하기 때문에 삼각대는 필수입니다. 요즘 나오는 카메라들은 인터벌 기능을 모두 탑재하고 있지만 만약 카메라에 인터벌 기능이 없다면 인터벌 릴리즈를 별도로 구입해야 합니다. 또한 안전을 위해 빛이 강한 손전등이 필요합니다.

촬영 시간 선택하기

별 사진 촬영에 방해가 되는 요소 중 하나는 달입니다. 일반적으로 해가 지면 달이 뜨고, 달이 지면 해가 뜬다고 생각하지만 절대로 그렇지 않습니다. 해가 뜨고 지는 시간과 달이 뜨는 시간은 완전히 다릅니다. 달이 뜨고 지는 시간을 확인하는 방법은 다음과 같습니다.

▲ 무조건 새벽에 간다고 별을 볼 수 있는 것은 아니다.

① 한국천문연구원에서 운영 · 관리하는 천문우주지식정보 (https://astro.kasi.re. kr:444/index)에 접속합니다.

② '생활 속 천문학' 탭 화면에서 '생활천문관 바로가기'를 클릭합니다.

③ '월별 해/달 출몰시각'을 클릭합니다.

④ 지역을 선택하면 해당 지역과 날짜에 따라 달이 뜨는 시간과 지는 시간(월 출몰)을 확인할 수 있습니다.

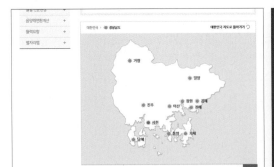

달이 떠 있더라도 촬영이 가능한 상황이 있는 반면에 포기해야 하는 상황도 있습니다. 포기해야 하는 상황 중 하나가 보름달, 그 다음으로 상현달이 뜬 경우입니다. 이런 달이 뜨면 하늘이 너무 밝기 때문에 별이 잘 표현되지 않습니다.

Tip | 달 모양 검색은 스마트폰에서 '오늘의 달 모양'을 검색하면 다양한 어플이 있으니 선택하여 설치한 후 확인하면 됩니다.

오른쪽 표를 보면 달이 3월 9일 오전 11시 22분에 진 후에 3월 10일 새벽 1시 39분에 뜨는 것을 알 수 있습니다. 즉, 3월 10일 새벽 1시 40분 전까지가 촬영하기 좋은 시간이라는 결론이 나옵니다.

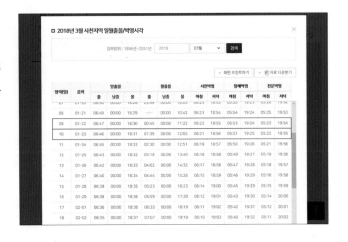

2 | 점상 촬영

점상 촬영은 별이 눈에 보이는 것처럼 점의 형태로 촬영하는 방법을 말합니다. 촬영 시즌이 되면 보이는 은하수나 시골 밤의 풍경 같은 것들이 여기에 해당합니다.

점상 촬영의 핵심

노출 시간을 짧게 설정하면 선명한 사진을 얻을 수 있고, 길게 설정하면 피사체에 궤적이 생깁니다. 여기에 한 가지 더 고려할 것이 있는데, 바로 별은 이동한다는 점입니다. 그렇다면 점상 촬영은 어떻게 해야 할까요? 정지 영상처럼 선명한 사진이 나와야 하기 때문에 셔터스피드를 빠르게 설정해야 하지만, 별밖에 보이지 않는 환경이라 ISO 감도를 아무리 올려도 손으로 들고 촬영할 수 있을 만큼 빠르게 지정할 수 없습니다.

▲ F/1.4, ISO 5000, 1/60s로 촬영한 사진임에도 상당히 어둡다. 이런 상황에서 손으로 들고 촬영하는 것은 불가능하다.

그럼 셔터스피드는 어느 정도로 설정해야 할까요? 정답은 '별의 움직이는 속도보다 조금 빠르게' 입니다. 먼저 셔터스피드의 기준을 정해야 하는데, 일반적으로 적위 0의 오리온 자리 부근은 15초, 적위 90의 북극성 부근은 30초로 설정합니다. 여기서 알아두어야 하는 것은 오리온 자리 부근의 15초와 북극성 부근의 30초입니다. 오리온 자리 부근의 별들은 빠르게 움직이기 때문에 촬영 시 셔터스피드를 15초 이내로 설정해야 궤적이 나타나지 않는 점상 촬영이 가능합니다. 반면 북극성 부근의 별들은 오리온 자리의 별들보다 상대적으로 느리게 이동합니다. 그렇기 때문에 셔터스피드를 30초 이내로 설정해야 원하는 사진을 얻을 수 있습니다. 이것은 우리 눈과 유사한 50mm 화각을 기준으로 정한 것이기 때문에 광각이라면 조금 더 느리게 설정해도 무관하며, 망원이라면 조금 더 빠르게 설정해야 합니다.

Tip 북극성 주변을 30초로 촬영할 경우 사진을 확대해서 잘라냈을 때 궤적으로 표현될 수 있기 때문에 일반적으로 점성 상 촬영은 10초~20초 정도로 설정하는 것이 안전합니다.

예전에는 북극성을 찾기 위해 카시오페이아 자리와 큰곰 자리 사이의 밝은 별을 찾으려고 노력했지만 지금은 그런 수고를 할 필요가 없게 되었습니다. 스마트폰의 증강현실 기술 덕분인데요. 덕분에 누구나 쉽게 하늘에서 별자리를 찾는 것이 가능합니다. 스마트폰에서 '별자리 찾기'라고 검색한 후에 어플을 설치합니다. 촬영하고자 하는 방향에서 어떤 별자리가 있는지 알고 싶다면 별자리 찾기 어플을 먼저 실행한 다음 오리온 자리 부근의 별들을 촬영할 때는 셔터스피드를 15초 이내, 북극성 부근의 별들을 촬영할 때는 30초 이내로 설정한 후 촬영합니다. 현재 별자리의 위치가 어디이며, 셔터스피드를 어떻게 설정해야 하는지 모르겠다면 15초로 설정하고 촬영한 후 셔터스피드를 점점 느리게 설정하여 촬영하면서 점 형태로 표현되는지 확인합니다.

어플을 실행하고 하늘에 가져가면 해당 위치에 있는 별자리를 보여준다. ▼

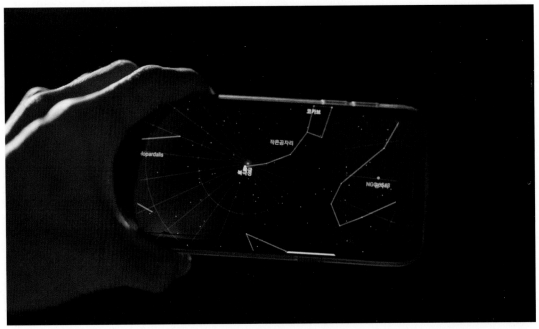

점상 촬영 촬영하기

❶ 촬영 준비

카메라를 삼각대에 올리고 릴리즈를 연결합니다. 렌즈의 필터는 반드시 제거해야 합니다. 후드를 장착한 후 미러업 기능을 켜 줍니다.

> **Tip** 미러리스 카메라는 미러가 없으므로 미러업 기능이 없습니다. 미러리스 카메라로 촬영할 경우 릴리즈로 바로 촬영하면 됩니다.

❷ 구도 잡기

별이 잘 보이는 장소는 도심에서 야경사진을 촬영하는 것과는 비교가 안 될 정도로 어두운 환경이라 뷰파인더뿐만 아니라 우리 눈으로도 잘 보이지 않습니다. 그렇기 때문에 카메라로 확인을 할 수밖에 없습니다. 전자식 뷰파인더를 사용하는 카메라의 경우 노출 값을 조정할 때 밝기가 뷰파인더나 LCD 창에 적용되어 표현되므로 보이는 대로 구도를 잡는 것이 가능하지만, DSLR 카메라에서는 이것이 불가능하므로 DSLR 카메라로 촬영할 경우에는 촬영 모드를 사진 촬영 모드가 아닌 동영상 촬영 모드로 바꾼 후 LCD 화면에서 노출을 맞추고 구도와 구성을 잡으면 됩니다.

❸ 적정 조리개 값 설정

풍경사진이라는 이유로 조리개 값을 8~11로 사용하면 ISO 감도를 크게 올려야 하기 때문에 이미지 손상이 심해집니다(카메라는 암부 영역에서 노이즈가 심하게 발생함). 조리개 값은 2.8~5.6정도가 무난하며, 빛 한줄기 없는 산 속에서는 조리개 값을 2.0으로 사용할 수 있고 빛이 조금이나마 있는 장소에서는 F/2.8에서 F/5.6까지 선택적으로 사용합니다.

❹ 초점 맞추기

빛이 거의 없는 환경이기 때문에 자동으로 초점을 맞추는 것은 어렵습니다. 하지만 다양한 도구들을 활용하면 쉽게 초점을 맞출 수 있습니다. 여기서 다양한 도구란 손전등이나 자동차의 헤드라이트가 될 수도 있으며, 초강력 랜턴이 될 수도 있습니다. 이것들을 활용하여 특정 지점에 빛을 비춘 후 그 지점에 초점을 맞춥니다. 만약 빛이 조금이나마 있는 지역이라면 그 지역에 초점을 맞추면 됩니다. 초점을 맞췄다면 반 셔터를 누른 상태에서 반드시 수동 초점 모드(MF)로 전환합니다.

3 | 궤적 촬영

궤적 촬영의 준비물

점상 촬영과 동일하게 삼각대와 손전등이 필요합니다. 하지만 한 가지 다른 점이 있는데요. 일반 릴리즈가 아닌, 인터벌 기능을 지원하는 릴리즈가 필요합니다. 인터벌 기능은 셔터스피드, 일정 시간, 촬영 컷 수,

촬영 간격을 설정하여 동일한 값으로 자동 촬영하는 기능입니다. 짧게는 한 시간 반, 길게는 네 시간 가까이 촬영하는 궤적 촬영에서 인터벌 기능을 가진 릴리즈는 필수입니다. 만약 카메라가 인터벌 기능을 자체적으로 지원한다면 인터벌 릴리즈는 없어도 상관없습니다. 설정 방법은 카메라 매뉴얼 또는 인터벌 릴리즈 사용설명서를 참고합니다.

궤적 촬영하기

❶ 셔터스피드 설정

일주 촬영은 궤적을 활용한 촬영입니다. 카메라 촬영 기능에서 Bulb 기능을 활용하면 셔터스피드를 거의 무한대로 지정하여 긴 시간 동안 촬영할 수 있습니다. 하지만 너무 길게 촬영할 경우 센서가 과열되어 고장이 날 수 있고, 열화로 인해 이미지가 손상될 수도 있습니다. 그러므로 여기서는 오랜 시간동안 셔터막을 열어두기 위함이 아닌, 인터벌 기능을 사용하기 위해 Bulb로 설정합니다.

❷ 카메라 세팅과 구도

조리개 값은 F/2.8~F5.6, 초점은 손전등 또는 밝은 부분에 초점을 맞춥니다. 즉, 점상 촬영과 동일하게 설정하면 됩니다. 구도 역시 촬영 모드를 동영상 모드로 전환한 후 잡아줍니다. 문제는 셔터스피드인데, Bulb 기능을 켜 놓은 상태이므로 카메라에서 일반적으로 셔터스피드를 조정할 때처럼 변경하는 것은 불가능합니다. Bulb라는 것 자체가 이미 셔터스피드의 의미를 내포하고 있기 때문입니다. 그러므로 카메라에 내장된 인터벌 기능이나 인터벌 릴리즈로 셔터스피드를 설정해야 합니다.

❸ 인터벌 기능 세팅

카메라의 바디를 Bulb로 설정하면 인터벌 기능을 사용할 수 있습니다. 인터벌 릴리즈 또는 카메라 자체 지원 인터벌 기능에서 셔터스피드는 30초~60초 이내로 설정하는 것이 좋습니다. 참고로 필자는 되도록 30초를 넘기지 않는 편이지만, 빛 한 줄기 없는 산 속에서는 45초~1분으로 설정합니다. 셔터스피드를 설정한 후 적정 노출인지 확인하기 위해 한 장 촬영해 봅니다. 노출이 맞지 않다면 카메라에서 ISO 감도 값을 조정하여 적정 노출로 맞춥니다. 인터벌 릴리즈에서 촬영 컷 수를 설정할 수 있는데 별 궤적에서 필요한 촬영 컷 수는 최소 300장 이상이며, 이 이하로 내려갈 경우 궤적 표현이 미흡할 수 있습니다.

❹ 어떤 파일 포멧을 사용하나?

산 속 또는 빛이 없는 장소로 이동하여 2~4시간 가까이 촬영하기 때문에 별 궤적 촬영은 상당한 노력을 요구합니다. 그 노력이 아까워서 RAW로 촬영하는 분도 있고, 촬영할 사진의 양이 많고 용량이 크기 때문에 JPG로 촬영하는 것이 좋다고 하는 분도 있습니다. 필자는 RAW 파일로 촬영하는 편인데, 라이트룸에서 한 장만 제대로 보정한 후 [Sync] 버튼 한 번이면 최적의 결과물로 별 궤적을 합성할 수 있기 때문입니다.

❺ 별 궤적 촬영은 결국 기다림과의 싸움

여러 시간에 걸쳐 진행되는 별 궤적 촬영은 인내와의 싸움입니다. 얼마나 오래 기다릴 수 있느냐에 따라 결과물이 판가름이 나기 때문입니다. 이때 중요한 것은 30분 간격으로 사진을 확인해야 하는 것입니다. 렌즈에 김이나 이슬이 맺힌 것은 아닌지, 오작동으로 촬영이 정지된 것은 아닌지 확인하기 위해 반드시 중간 중간 점검하는 것이 좋습니다. 모든 조건이 완벽하더라도 이 부분에서 실수하면 별 궤적 촬영은 실패로 돌아가기 때문입니다.

Tip 은하수 촬영은 4월에서 9월 사이가 적기입니다. 은하수를 촬영할 때는 별자리 앱으로 전갈자리를 찾은 다음 카메라 방향이 그쪽으로 향하게 하면 됩니다.

Tip **별 궤적 촬영 요약**

① 삼각대에 카메라를 올리고 인터벌 릴리즈를 연결한다.

② 촬영 모드를 동영상 촬영 모드로 전환한 후 조리개, 셔터스피드, ISO 감도 값을 이용하여 최대한 피사체를 구분할 수 있도록 밝게 설정한다.

③ LCD 창을 보며 구도와 구성을 잡고 밝은 부분에 초점을 맞춘다. 밝은 부분이 없다면 손전등 또는 헤드라이트를 이용한다.

④ 초점을 고정하기 위해 렌즈의 초점 모드를 MF(수동)로 전환한다.

⑤ 셔터스피드를 30초로 설정하고 조리개를 F/2.8~F/5.6 범위에서 원하는 값에 맞춘다. 먼저 한 장만 촬영한 후 부족한 노출은 ISO 감도 값으로 조절한다.

⑥ 노출을 맞춘 후 카메라의 셔터스피드를 기존 30초에서 Bulb로 전환한다. Bulb로 전환하는 이유는 인터벌 릴리즈 기능을 사용하기 위함이다.

⑦ 인터벌 릴리즈의 셔터스피드를 30초, 촬영 간격은 1초, 컷 수는 300장으로 설정한다.

⑧ 시작 버튼을 누르는 순간 자동으로 촬영된다. 이때 30분 간격으로 정상적으로 촬영이 진행되고 있는지 확인해야 한다.

별 궤적을 촬영할 때는 노이즈 리덕션과 손 떨림 보정 기능을 반드시 꺼 둔다.

실습 별 궤적 합성 사진 만들기

별 궤적 합성은 무료로 제공되는 별 궤적 전문 프로그램 'Startrails'를 사용합니다. RAW 파일로 촬영하고 수백 장의 사진을 합성하기 위해서는 일정 수준 이상의 컴퓨터 성능을 필요로 합니다. 만약 컴퓨터 사양이 낮다면 파일 포맷을 JPEG로 설정하고 촬영하는 것을 권장합니다.

◉ **원본사진** … 예제사진→별궤적사진→별궤적사진01~08.NEF　　◉ **완성사진** … 완성사진→별궤적사진(완성).JPG

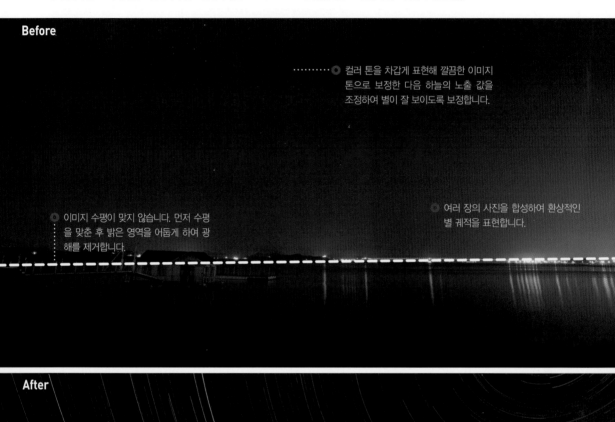

Before

컬러 톤을 차갑게 표현해 깔끔한 이미지 톤으로 보정한 다음 하늘의 노출 값을 조정하여 별이 잘 보이도록 보정합니다.

이미지 수평이 맞지 않습니다. 먼저 수평을 맞춘 후 밝은 영역을 어둡게 하여 광해를 제거합니다.

여러 장의 사진을 합성하여 환상적인 별 궤적을 표현합니다.

After

수평 맞추기

01 '별궤적사진01.NEF' 파일에서 '08. NEF' 파일까지 불러온 후 Develop 모듈로 이동합니다. 하단 필름스트랩에 있는 '별궤적사진01'을 클릭합니다.

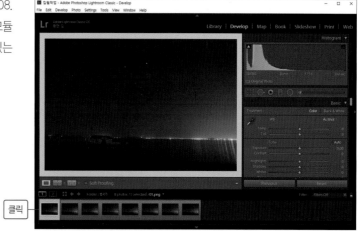

02 Crop Overlay(단축키 R)를 활용하여 사진의 수평을 맞추도록 하겠습니다. Ctrl 키를 누르면 마우스 커서가 자 모양으로 바뀝니다.

03 바다 수평선을 따라 드래그한 다음 Enter 키를 누르거나 [Done] 버튼을 클릭합니다.

컬러 톤 작업 후 광해 제거하기 _{Lr}

01 컬러 톤 작업을 하겠습니다. 기존의
검은색이 아닌 짙은 파란색으로 표현해 주
면 이미지 전체가 깨끗해 보이는 효과가
있습니다. Temp 값을 '2600'으로 설정합
니다.

02 광해를 제거하겠습니다. 밝은 영역을
어둡게 보정하면 광해가 제거되는 효과를
얻을 수 있습니다. Highlights 값과 Whites
값을 모두 '−100'으로 설정합니다.

03 Highlights 값과 Whites 값을 내렸
기 때문에 부족해진 대비를 Contrast를
이용하여 올립니다. Contrast 값을 '+20'
으로 설정합니다.

밝기 보정하기

01 지면의 밝기가 어두우므로 약간만 밝게 보정해 보겠습니다. Graduated Filter(단축키 M)를 선택합니다.

02 Shift 키를 누른 상태에서 아래쪽에서 위쪽으로 수평선을 넘어선 위치까지 드래그합니다.

03 Exposure 값을 '2.5'로 설정한 후 [Done] 버튼을 클릭합니다.

04 노출을 이용해 보이지 않았던 별을 보이도록 하겠습니다. Graduated Filter (단축키 M)를 선택하고 위에서 아래로 수평선까지 드래그합니다.

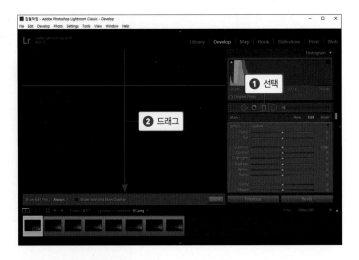

05 Exposure 값을 '2.35'로 설정합니다. 밝기가 올라갔기 때문에 숨어있던 별이 드러납니다. 입력을 마친 후 [Done] 버튼을 클릭합니다.

06 바다 위에 있는 집이 잘 보이도록 밝기를 조정하겠습니다. Adjustment Brush (단축키 K)를 선택하고 앞으로 선택할 영역을 확인하기 위해 'Show Selected Mask Overlay'를 체크합니다.

07 사진을 확대한 후 마우스 커서로 집을 꼼꼼하게 드래그합니다. 경계에 딱 맞춰서 칠하는 것이 힘들다면 약간 부족하게 칠하는 것도 괜찮습니다.

08 보정 결과를 확인하기 위해 'Show Selected Mask Overlay'를 체크 해제합니다.

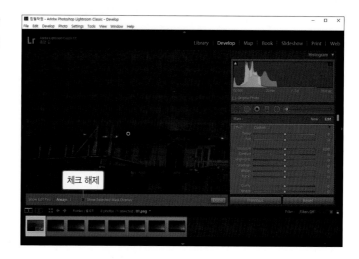

09 Exposure 값을 '1.00'으로 설정한 후 [Done] 버튼을 클릭합니다.

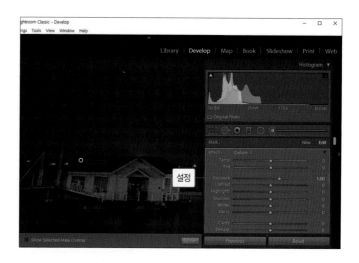

보정 일괄적용 후 내보내기 Lr

01 보정된 사진을 기준으로 동일한 보정 값을 적용하겠습니다. 보정된 사진을 클릭한 다음 Shift 키를 누른 상태에서 마지막에 있는 사진을 클릭하여 모든 사진을 선택하고 [Sync] 버튼을 클릭합니다.

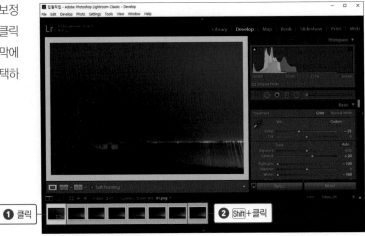

02 Synchronize Settings 창에서 [Check All] 버튼을 클릭한 후 [Synchronize] 버튼를 클릭합니다.

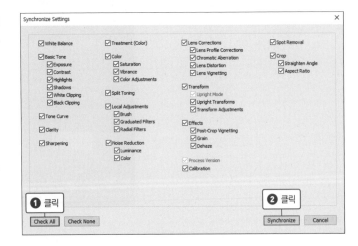

03 선택한 사진에 보정 값이 일괄 적용됩니다.

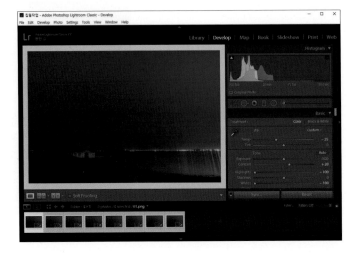

04 보정이 완료되었다면 별 궤적 합성 작업을 해야 합니다. 먼저 사진을 내보내겠습니다. 합성하려는 모든 사진을 선택한 후 마우스 오른쪽 버튼을 클릭하여 [Export]-Export…를 실행합니다.

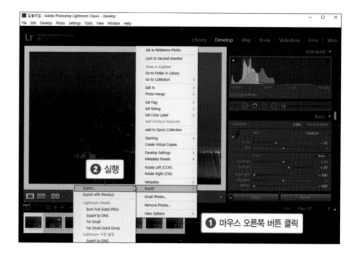

05 File Settings에서 Image Format을 'JPEG', Color Space를 'sRGB'로 지정하고 Quality 값을 '100'으로 설정한 후 [Export] 버튼을 클릭합니다.

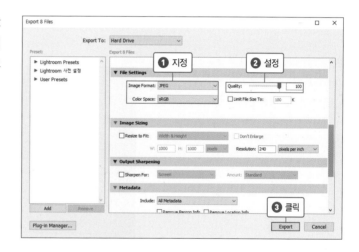

> **Tip** 라이트룸에서 내보낸 사진이 저장되는 기본 위치는 [내 PC]-사진-제목 없는 내보내기 폴더입니다. 이 위치를 기본으로 사용하기보다는 특정 폴더를 만들어서 저장하는 것이 좋습니다.

▲ 내보내기 진행 과정

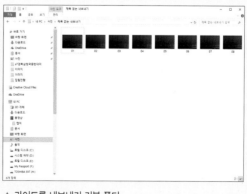

▲ 라이트룸 내보내기 기본 폴더

사진 합성하기 Lr

01 사진들을 하나로 합쳐 별 궤적으로 완성하겠습니다. 'http://www.startrails. de/html/software. html'에 접속합니다.

02 아래쪽으로 스크롤을 내려 'Startrails. zip' 파일을 다운로드 받은 후 압축을 풀어 줍니다.

03 'Startrails' 파일을 마우스 오른쪽 버튼으로 클릭하고 관리자 권한으로 실행합니다.

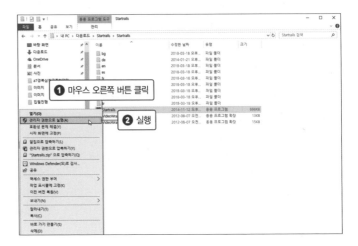

04 언어를 'English'로 지정하고 [OK] 버튼을 클릭하면 프로그램이 실행됩니다. [Flie]-Open Images를 클릭합니다.

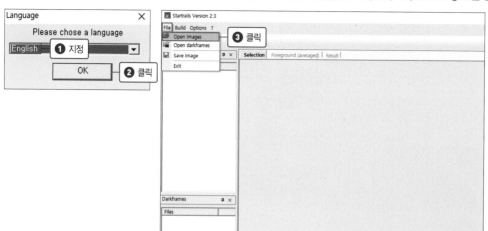

05 Select images 창이 열립니다. 내보내기에서 저장한 폴더로 들어간 후 사진을 모두 선택하고 [열기] 버튼을 클릭합니다.

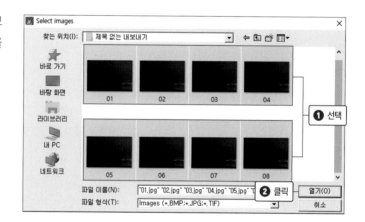

06 메뉴에서 [Build]-Startrails를 클릭합니다.

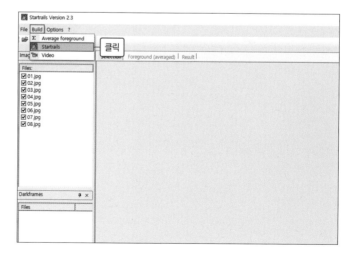

07 Blendmode에서 Lighten–Screen
–Blend를 선택하고 [OK] 버튼을 클릭합
니다.

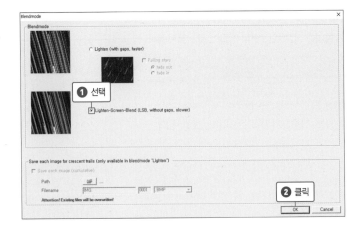

08 JPEG–compres–sion 창이 열리면 최고화질 이미지로 합성하기
위해 값을 '100'으로 설정한 후 [OK] 버튼을 클릭합니다.

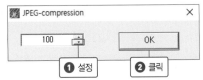

Tip JPEG–Compression 값이 작을수록 용량이 줄어드는 대신에 화질이 떨어집니다.

09 하단에 진행 상태 바가 끝까지 도달
하면 별 궤적 합성이 완료됩니다.

10 합성이 완료되면 Save 아이콘을 클릭합니다. 폴더와 파일 이름, 파일 형식을 지정한 후 [저장(S)] 버튼을 클릭하여 마무리합니다. 해당 섹션은 이미지가 300장 가까이 들어가는 만큼 용량의 제한으로 모든 파일을 제공하지 못하였습니다. 그렇기 때문에 최종 완성본의 결과물처럼 궤적이 표현되지 않습니다.

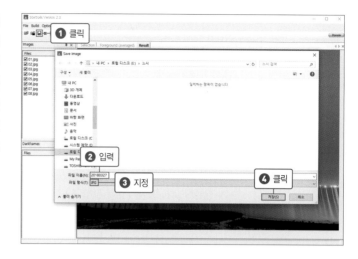

11 최종 완성본을 확인합니다.

Section

바다의 감성을 촬영하기

대부분의 섹션이 보정에 중점을 두었다면 이번 섹션은 촬영 중심으로 구성하였습니다. 기존에 촬영하였던 방식에서 탈피하여 나만의 사진을 얻고, 촬영지의 감성을 온전히 카메라에 담아 사진의 완성도를 높이는 방법을 살펴보겠습니다.

1 | CPL 필터를 활용한 하늘과 바다 촬영 기법

RAW라는 강력한 파일 포맷을 사용하면 원하는 대로 보정이 가능하지만 CPL 필터를 사용하면 원본 그 자체로 컬러가 살아있는 사진을 촬영하는 것이 가능합니다. CPL 필터를 활용하여 촬영하고 보정하는 방법에 대해 알아보겠습니다.

CPL 필터를 사용한 사진 ▼

CPL 필터란?

먼저 CPL 필터가 무엇인지 간략하게 알아보고 넘어가겠습니다. CPL 필터는 원형 편광 필터의 약자로, 사방으로 진동하는 빛 중에서 단일 방향의 빛만 통과하게 하여 선명한 색상과 형태를 보여주는 렌즈 액세서리입니다.

▲ CPL 필터 사용 전/후 : CPL 필터를 사용하면 유리창 안에 있는 피사체를 깔끔하게 촬영할 수 있다.

빛은 거울처럼 절대적 평면이 아닌 이상 대부분의 상황에서 난반사가 일어나는데, 이 난반사 때문에 특정 피사체의 정확한 색상과 형태를 제대로 보지 못하게 됩니다. 즉, 난반사를 제거하여 깔끔한 이미지를 얻는 것이 CPL 필터를 사용하는 이유입니다.

CPL 필터의 구조

CPL 필터는 이중 구조로 설계되어 있습니다. 렌즈에 장착되는 고정부와 회전부로 이루어져 있는데 회전부를 돌려주면 사방으로 진동하는 빛을 막아주는 원리로, 편광 효과가 작동합니다.

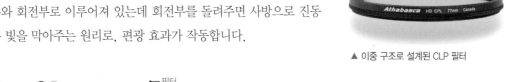

▲ 이중 구조로 설계된 CLP 필터

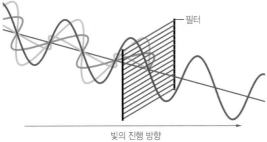

빛의 진행 방향

▲ CPL 필터를 사용하면 일정한 진동을 가진 빛은 통과하고 그렇지 못한 빛은 차단된다.

CPL 필터를 활용한 촬영 방법

① CPL 필터를 렌즈 앞에 장착합니다. 이때 너무 세게 장착하지 않도록 주의합니다.

Tip CPL 필터를 렌즈에 장착한 후에 탈착하지 못하는 경우가 종종 있습니다. 이는 CPL 필터가 이중 구조로 되어 있어 손의 힘을 제대로 전달하지 못하기 때문인데, 풀리지 않을 경우 고무장갑을 끼고 한번에 강하게 힘을 주어 빼면 됩니다.

② CPL 필터를 사용하면 셔터스피드가 급격하게 떨어지므로 이를 보완하기 위해 카메라를 삼각대에 설치합니다.
③ 구도와 구성을 잡은 후 회전부를 조금씩 돌리면서 하늘이 가장 어두워지는 지점에서 멈추고 셔터를 눌러 촬영합니다.

CPL 필터 사용 시 알아야 할 것

CPL 필터를 장착했다면 뷰파인더를 더 세밀하게 볼 필요가 있습니다. CPL 필터가 만능은 아닙니다. 기본적으로 하늘이 파란색으로 보여야 더 파랗게 표현할 수 있기 때문에 역광과 대기 상태가 좋지 못한 상황에서는 그 효과가 미비합니다.

▲ 회전부를 잘못 돌리면 한쪽으로만 노출이 쏠리는 현상이 발생한다.　▲ CPL 필터를 사용한 사진임에도 효과가 거의 없다.

광각렌즈에 CPL 필터를 장착하면 비네팅이 발생할 수 있습니다. 비네팅을 해결하기 위해 CPL 필터 규격 중 Slim형과 Wide형이 있는데, 매체를 통해 비네팅 발생 여부를 확인하고 구입하는 것이 좋습니다.

▲ 광각렌즈에 CPL 필터를 장착하면 모서리 부분에서 비네팅이 발생할 수 있다.

마지막으로 CPL 필터를 사용하면 노출에 대한 기준을 정하기 힘듭니다. LCD 창으로 봐도 주변광에 의해 사진이 밝은지 어두운지 애매한 경우가 많기 때문에 같은 구도이지만 다른 노출 값을 가진 세 장의 사진을 촬영하는 것을 권장합니다.

2 | 바다의 감성, 카메라에 담아오기

산을 오를 때 정상만 보고 빠르게 올라가다 보면 산세의 아름다움을 놓치게 됩니다. 이것은 사진에서도 마찬가지입니다. 실제로 강연장에서 이런 질문을 던진 적이 있습니다. "여러분은 출사지에서 얼마나 오랫동안 사진을 촬영하시나요?" 몇몇 분들이 1시간~2시간 이내라고 대답하였습니다. "그 출사지에 가는 이유가 무엇인가요?"라고 물어보면 학생들의 대답은 비슷합니다. "찍을 거리가 있어서요."

우리는 '찍을 거리'라는 것에 대해 생각해볼 필요가 있습니다. 찍을 거리라는 것은 신이 만든 것도 아니고, 필자처럼 사진을 오래 작업한 사람들이 만든 것도 아닙니다. 여러분 스스로 만든 것이죠. 이 말을 다르게 생각해 보면 주변의 모든 것이 생각하기에 따라 찍을 거리가 될 수 있고, 작품이 될 수도 있다는 것을 의미합니다. 하지만 안타깝게도 대부분의 사진이 출사지에 편중되어 있습니다. 이것은 우리나라뿐만이 아니라 전 세계에서 보이는 공통적인 현상입니다.

'호미곶 출사'로 검색하면 나타나는 이미지들 ▼

어떤 장소는 일출이 유명하고 또 어떤 장소는 일몰이 유명합니다. 그러다 보니 일출과 일몰 사진을 얻은 채 만족하며 돌아오는 경우가 많습니다. 이것이 잘못되었다고 말하는 것은 아닙니다. 촬영하고 싶은 것을 촬영하고 즐길 수만 있다면 취미 생활하는데 충분하기 때문입니다. 지금도 생각의 정리가 필요할 때 출사지에서 풍경사진을 촬영합니다. 하지만 필자의 경우에는 특정 출사지에서 촬영에 다섯 시간 정도를 소요합니다.

국내에서 풍경사진으로 유명한 사진 작가의 경우 물집이 터진 곳에 또다시 물집이 생길 정도로 걸어 다니면서 촬영하는 일이 허다하다고 합니다. 이처럼 고정된 프레임의 캡처가 아니라 눈으로 직접 보고 걸어다니면서 피부로 느낄 수 있어야 합니다. 그러기 위해서는 다른 방향으로 시선을 돌려야 합니다.

다음 **1**번 사진은 바다에서 흔히 볼 수 있는 갈매기를 촬영한 사진입니다. 갈매기가 나는 방향이 카메라 쪽이라도 이미지의 큰 차이는 없을 것입니다. 하지만 갈매기라는 피사체에 감정 이입을 하게 되면 **2**번 사진처럼 달라집니다. 이렇게 사진을 기울이면 움직임이 강조됩니다. 광각렌즈로 촬영하면 원근감이 커지기 때문에 군집의 역동성을 강조하는데 효과적입니다. 삼각대 위에 카메라를 올린 후 구도와 구성을 미리 생각해 놓고 갈매기가 날아올 때까지 기다립니다. 한 번에 성공하지 못했기 때문에 이 사진 한 장을 촬영하는데 꽤 오래 걸렸습니다.

3번 사진을 촬영할 당시, 노을의 차분함과 적막함을 표현하기에 좋은 피사체를 찾기 시작했습니다. 바다에 비친 태양 옆쪽에 갈매기가 있는 것을 보고 조심스레 이동하였습니다. 갈매기가 자리에서 고개를 가만히 유지하고 있는 것이 아니기 때문에 연사 모드로 수십 장을 촬영하였고, 태양 쪽으로 고개를 돌리는 사진을 얻을 수 있었습니다.

▲ 일반적인 갈매기 사진

▲ 20mm 광각렌즈로 기울여서 촬영한 사진 : 역동성과 원근감이 강조된다.

▲ 차분함이 강조된 사진

배에 걸려 있는 작업등입니다. 배가 정박 중이라 불이 들어오지 않았지만 노을이 빛을 대신했기 때문에 더 정감있게 다가옵니다. 이처럼 배경을 고려하는 동시에 세밀한 부분까지 보기 위해 노력하는 것이 중요합니다.

폰트를 넣어 사진을 하나의 테마로 묶어 블로그에 포스팅하기도 합니다. 이때는 감각적으로 느낄 수 있는 부분까지 고려해야 합니다.

3 | 부드러운 바다사진 보정을 위한 촬영

노출을 줄이는 ND 필터

ND 필터는 일반적으로 많이 사용하는 렌즈 보호용 필터와 달리 겉면이 검은색으로 코팅되어 있습니다. 이 필터를 사용하면 검은색 코팅 막으로 인해 들어오는 빛의 양이 줄어들게 되고, 적정 노출을 맞추기 위해 셔터스피드를 길게 설정하여 촬영해야 합니다. ND 필터를 사용하면 햇볕이 강한 대낮에도 부드러운 사진을 얻을 수 있습니다.

▲ ND 필터

▲ F/11, ISO 100, 5.0 sec

ND 필터를 활용한 촬영 방법

① ND 필터를 장착하면 해상력이 떨어지므로 먼저 기존의 렌즈 보호용 필터를 제거합니다.

② ND 필터를 장착하면 AF를 잡지 못하고 뷰파인더가 너무 어두워지기 때문에 프레임 구성이 어렵습니다.
   ND 필터를 렌즈에 장착하지 않은 상태에서 구도와 구성, 초점을 맞춥니다.

③ 렌즈의 초점이 변하는 것을 막기 위해 렌즈의 모드를 MF(수동 초점)로 전환합니다.

④ ND 필터를 렌즈에 장착합니다.

⑤ 뷰파인더 내부의 노출 게이지를 보며 적정 노출을 맞춥니다.

삼각대의 중요성

삼각대의 중요성은 몇 번을 강조해도 지나치지 않을 정도로 중요합니다. ND 필터를 사용하는 것 자체가 장노출을 위한 목적이 강하기 때문에 삼각대는 반드시 필요한 장비입니다.

ND 필터 없이 장노출 촬영하기

ND 필터가 있으면 좋지만 실수로 ND 필터를 두고 올 때도 있고, 아직 구입하지 않았을 수도 있습니다. 이럴 때 활용할 수 있는 촬영 방법으로 같은 구도, 동일한 노출로 여러 장의 사진을 촬영한 후 후보정에서 병합하는 방법입니다.

▲ 장노출이 아닌 일반적인 셔터스피드로 촬영한 사진

삼각대가 필요한 이유

장노출로 촬영하지 않고 일반적인 셔터스피드로 촬영한다고 해서 삼각대가 없어도 되는 것은 아닙니다. 삼각대 없이 손으로 들고 열 장 이상의 사진을 동일한 구도로 촬영하는 것은 불가능합니다. 미세하게 구도가 변경될 경우 병합해도 마치 흔들린 것처럼 표현되는 문제가 발생합니다. 그러므로 삼각대의 사용은 필수입니다.

▲ 카메라를 손으로 들고 15장 촬영한 후 병합한 이미지. 피사체가 선명하지 못하다.

장노출 병합을 위한 사진 촬영

동일 구도에서 일정한 간격을 두고 15장 이상 촬영하는 것이 핵심입니다. 단, 파도가 심하게 치는 날에는 이 방법으로는 촬영할 수 없으며, ND 필터를 사용해야 합니다.

① 카메라를 삼각대에 올리고 조리개 값을 8~11 사이에 맞춥니다. 상황에 따라 조리개 값 16을 사용할 수도 있습니다.

② 셔터스피드는 느리게 설정하는 것이 좋습니다. 일몰 · 일출 때는 1초 이상으로, 대낮에는 1/60초 이상으로 설정합니다.

③ 구도와 구성을 설정한 후 간격을 두고 15장 이상 촬영합니다. 인터벌 릴리스나 DSLR 카메라에 인터벌 기능이 있다면 일정 간격으로 자동으로 촬영할 수 있기 때문에 편리합니다. 이 기능이 없다면 감으로 간격을 두고 촬영해도 크게 문제되지 않습니다.

실습 라이트룸과 포토샵을 이용한 장노출 사진 만들기

이 부분은 환상적인 일몰/일출 섹션에서 소개하고 있으므로 컬러 보정 부분은 빼고 흑백 부분에 초점을 맞춰 진행하겠습니다.

● **원본사진** … 예제사진→풍경사진→장노출01~08.PNG   ● **완성사진** … 완성사진→장노출(완성).JPG

Before

● 차분하고 깊은 느낌을 내기 위해 흑백사진으로 전환하는 것이 좋아 보입니다.

● 흑백 전환 후 상황에 따라 색온도를 조정할 수도 있습니다.

● 라이트룸에서 포토샵으로 보낸 후 장노출로 병합하는 과정을 진행합니다.

After

포토샵으로 내보내기

01 풍경사진 폴더 내에 있는 '장노출 01~06.PNG' 사진을 모두 불러온 후 Develop 모듈로 이동합니다. 첫 번째 사진을 클릭하고 Shift 키를 누른 상태에서 마지막 사진을 클릭해 모두 선택합니다.

02 선택한 사진을 마우스 오른쪽 버튼으로 클릭한 다음 Edit In-Open as Layers in Photoshop을 실행합니다.

03 라이트룸은 종료되지 않은 채 포토샵이 자동으로 실행됩니다.

장노출 효과 적용하기 Ps

01 포토샵에서 레이어 방식으로 사진이
모두 열립니다. 첫번째 레이어를 클릭하고
Shift 키를 누른 상태에서 마지막 레이어를
클릭하여 모두 선택합니다.

02 선택한 레이어를 마우스 오른쪽 버
튼으로 클릭한 다음 Convert to Smart
Object를 실행합니다.

03 여러 개의 레이어가 병합되어 하나의
Smart Object가 생성됩니다. 컴퓨터 성능
에 따라 시간이 다소 소요될 수 있습니다.

04 메뉴에서 [Layer]–Smart Objects –Stack Mode–Mean을 클릭합니다.

05 자동으로 장노출 효과가 적용됩니다.

흑백 보정하기 Ps

01 흑백사진으로 변환하겠습니다. 메뉴에서 [Filter]–Camera Raw Filter를 클릭합니다. Camera Raw 전용 편집 창이 활성화됩니다.

02 HSL/Grayscale 패널을 선택하고 'Convert to Grayscale'을 체크합니다.

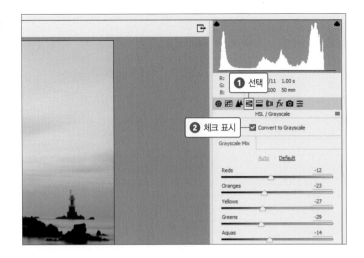

03 Basic 패널로 이동합니다. 바다 쪽의 노출을 올리기 위해 Shadows 값을 '+35' 으로 설정합니다.

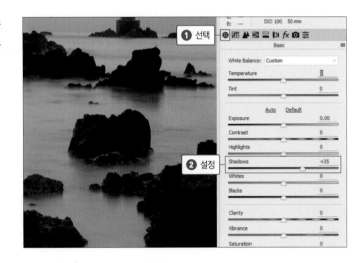

04 차분한 느낌으로 표현하기 위해 Temperature 값을 '-10'으로 설정합니다.

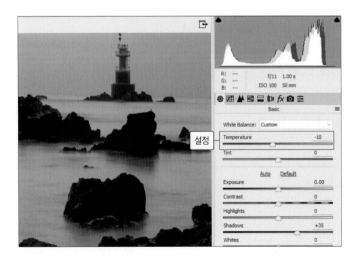

05 전체적인 밝기를 약간 올리겠습니다. Exposure 값을 '+0.35'로 설정합니다.

06 대비를 적용시키기 위해 Contrast를 올리면 바다 쪽의 암부 영역의 디테일이 감소되기 때문에 Clarity 값을 '+35'로 설정합니다. [OK] 버튼을 눌러 보정을 마무리합니다.

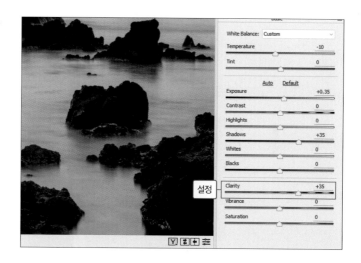

07 Alt+E+V 키를 눌러 Convert to ProFile 창을 엽니다. Destination Space에서 ProFile의 설정을 'sRGB IEC61966-2.1'로 변경한 후 [OK] 버튼을 클릭합니다. Shift+Ctrl+S 키를 눌러 최종 완성본을 저장합니다.

Tip 이 작업은 색공간을 일치화하여 웹에 게시해도 동일한 컬러로 나오게 합니다. 이 작업을 하지 않을 경우 색상이 틀어지는 현상이 발생합니다.

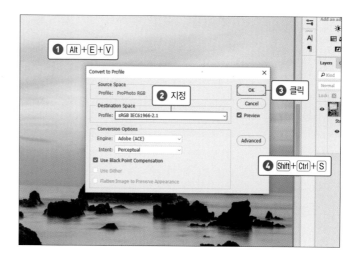

Section 09

경조흑백 보정을 위한 골목 촬영하기

"내 흑백사진은 왜 이렇게 밋밋하지?"라는 생각을 한 번쯤 해본 적이 있을 것입니다. 이번 섹션에서는 짙은 감성이 느껴지는 흑백사진 촬영 방법과 보정을 통해 흑백사진에서 대비가 차지하는 비중이 얼마나 큰지 알아보도록 하겠습니다.

1 | 흑백사진의 종류

흑백사진은 크게 연조흑백과 경조흑백으로 나눌 수 있습니다. 연조흑백은 콘트라스트(대비)가 약한 사진으로, 선명하지는 않지만 자연스러우면서 사실적인 흑백의 이미지를 연출할 수 있는 장점이 있습니다. 반면, 경조흑백은 콘트라스트가 강한 사진으로, 명암의 대비가 분명하기 때문에 질감 표현이 좋으며 선명하고 무거운 느낌을 가지고 있습니다.

▲ 연조흑백

▲ 경조흑백

2 | 컬러로 촬영할 것인가? 흑백모드로 촬영할 것인가?

보정을 염두에 두는 RAW 파일 촬영이라면 당연히 컬러로 촬영할 수밖에 없습니다. 반면, JPG 파일 촬영은 선택적으로 흑백 모드를 사용해서 촬영합니다. 어느 것이 옳다고 할 수는 없으며, 촬영자의 취향에 따라 다르다고 볼 수 있습니다. RAW 파일로 보정을 거치게 되면 완성도 측면에서는 JPG보다 좋지만, 촬영할 당시의 느낌을 눈으로 바로 확인하는 것이 힘든 단점이 있습니다. 그렇기 때문에 촬영지에서 셔터를 누르는 동시에 흑백에서 오는 감성을 온전히 기록하길 원한다면 JPG 촬영이 더 좋습니다. 하지만 완성도 측면에서는 RAW를 따

라오기 힘든 것이 사실입니다. 여기서는 흑백 전용 디지털 카메라들이 보여주는 경조흑백을 제대로 표현하기 위한 촬영 방법과 보정에 대해 알아보겠습니다.

3 | 흑백사진은 품질을 높이기 위한 용도일까?

원본이 좋지 못하면 흑백으로 변환한다 해도 사진의 품질이 크게 나아지지 않으며, 흑백의 느낌도 제대로 전달되지 않습니다. 다음 사진을 보면 어떤 느낌이 드나요? 인물의 움직임을 포착하기 위해 촬영했지만 걸음걸이가 힘이 없고 앵글의 높이도 맞지 않습니다. 즉, 잘 촬영했다고 볼 수 없는 사진입니다. 그렇다면 이것을 경조흑백으로 전환해 보겠습니다.

경조흑백으로 디테일하게 보정을 해도 컬러사진과 별반 차이를 느낄 수 없는 것을 알 수 있습니다. 흑백사진도 컬러사진과 마찬가지로 구도와 구성, 빛과 컬러에 대한 이해가 없으면 좋은 사진이 나오지 않습니다.

시간의 흔적이 남아 있는 피사체

오래된 건물이 많은 골목은 무거운 느낌의 피사체가 많기 때문에 흑백사진을 촬영하기에 이상적인 장소라 볼 수 있습니다. 하지만 피사체가 정돈되지 않은 경우가 많기 때문에 피사체 선별과 프레임 구성에 신경을 많이 써야 합니다. 다소 난이도가 있는 촬영 장소라 볼 수 있지만, 사진을 배우는 분들에게는 사진의 메시지와 주제를 드러내기 위한 방법을 연습하기 좋은 장소입니다.

오른쪽 사진은 초점을 카메라의 중간 지점에 맞추고 촬영하였습니다. 이렇게 접근하여 촬영할 때 가장 조심해야 하는 부분은 심도 확보입니다. 조리개 값을 7.1로 설정하면서 전체적으로 심도가 맞는 사진을 얻을 수 있었습니다. 오래된 골목 사진 촬영의 핵심은 녹의 형태나 페인트가 벗겨진 질감을 살려주는 것인데, 심도만 어느 정도 확보되면 질감 역시 잘 표현이 됩니다. 만약 셔터스피드가 너무 떨어지는 상황이었다면 ISO 감도를 더 올렸을 것입니다.

▲ 50mm, F/7.1, ISO100, 1/100sec.

빛과 그림자가 공존하는 공간

오래된 골목에는 빛과 그림자가 공존하는 공간이 많습니다. 이 부분을 잘 활용하면 중후한 느낌의 흑백사진을 연출할 수 있습니다.

다음 사진은 빛과 그림자를 동시에 표현하는 동시에 공간감을 위해 135mm 망원렌즈로 촬영하였습니다. 최소한 의자와 대문 뒤쪽까지는 초점이 맞아야 한다고 판단했기 때문에 가운데 지점인 의자 끝 부분에 초점을 맞추고 조리개 값 5.0으로 촬영하였습니다. 상황에 맞는 조리개 값의 활용이 사진의 완성도를 올리는 첫 시작입니다.

다음 사진에서 유심히 살펴봐야 하는 부분은 노출입니다. 그림자가 진 어두운 부분과 밝은 부분의 디테일이 날아가서는 안 됩니다. 즉, 밝은 부분과 어두운 부분의 디테일을 모두 살릴 수 있는 최대한의 세팅 값을 찾아야 합니다. 이렇게 노출 차가 클 경우 한 번에 정확한 노출을 잡아내기 힘들기 때문에 동일한 컷을 여러 장 촬영하는 것이 중요합니다.

▲ 135mm, F/5.0, ISO100, 1/400sec.

▲ 밝은 부분의 디테일 손상

▲ 어두운 부분의 디테일 손상

굽어진 골목길

다음 사진은 굽어지는 골목의 끝자락을 표현하기 위해 얕은 심도로 촬영하였습니다. 깊은 심도로 전체를 선명하게 보여주는 촬영도 좋지만, 다음과 같은 환경에서 깊은 심도의 사진을 촬영하려면 삼각대 없이는 불가능합니다. 그렇기 때문에 이도저도 아닌 심도로 촬영하지 않고 얕은 심도로 촬영하였습니다.

얕은 심도로 촬영함으로써 골목의 구석 부분(밝은 부분)으로 시선을 집중시키는 효과를 얻을 수 있었습니다.

135mm, F/2.0, ISO100, 1/800sec. ▶

실습 대비가 있는 중후한 연출을 위한 경조흑백 사진 만들기

흑백보정으로 촬영자가 전하려는 느낌을 온전하게 전달하려면 컬러를 알아야 하고 빛과 그림자를 봐야하며, 원본 자체의 품질도 좋아야 하기 때문입니다. 이번 실습을 통해 앞서 언급한 버려진 사진을 흑백으로 살릴 수 없는 이유에 대해 알 수 있으며, 사진을 보는 눈높이를 올릴 수 있을 것입니다.

◉ **원본사진** … 예제사진→골목사진→골목사진.NEF   ◉ **완성사진** … 완성사진→골목사진(완성).JPG

Before

◉ 원본 사진은 RAW 파일 컬러로 촬영한 것으로, 경조흑백 보정을 진행합니다. 어두운 부분의 디테일 손상을 감안하더라도 대비를 극대화하여 깊이 있는 흑백사진을 만듭니다.

◉ 대비를 극대화하기 위해 밝은 영역까지 과하게 밝게 보정할 경우 사진이 어색하게 표현될 수 있으므로 절제된 보정이 필요합니다.

After

자동 흑백전환하기 [Lr]

01 '골목사진.NEF' 파일을 열어 Develop 모듈로 이동합니다.

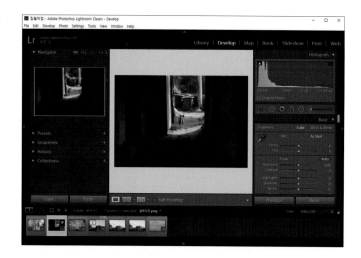

02 슬라이드 바를 내려 HSL/Color/B&W 패널에서 B&W를 클릭하면 자동으로 흑백 전환이 되는 것을 확인할 수 있습니다.

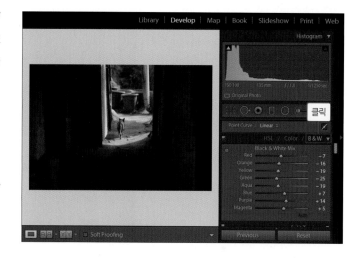

03 이 상태에서 사진의 부족한 부분을 파악해야 합니다. 일반적인 경조흑백 사진으로는 손색없지만 라이카 카메라 느낌의 경조흑백 사진으로는 많이 부족합니다. 일단 다음 단계로 넘어갑니다.

> **Tip** **라이카 경조흑백 사진의 포인트**
> ① 명부와 암부의 대비를 더 지정할 것.
> ② '흑–백–흑–백–흑–백'처럼 반복적인 패턴의 효과를 더할 것.

주 피사체 보정하기 Lr

01 프레임 상단에 있는 화분부터 보정하겠습니다. 화분은 어둡고 화분 아래쪽의 지면은 밝으므로 이 두 가지의 대비를 줄수 있습니다. 컬러 확인을 위해 HSL을 클릭하여 다시 컬러로 돌아옵니다.

02 화분은 'Blue'와 'Red' 컬러가 주를 이루고 있고, 지면은 주로 'Yellow' 컬러를 띠고 있습니다. 이것을 확인한 다음 다시 B&W로 이동합니다. 화분은 어둡고 지면은 밝습니다. 화분을 더 어둡게 하고 지면을 더 밝게 하면 대비가 극명하게 나타날 것입니다.

03 Red 값을 '-100', Blue 값을 '-55'로 설정하여 화분을 어둡게 조정합니다.

04 Yellow 값을 '+9'로 설정하여 지면을 밝게 만듭니다. 지면뿐 아니라 고양이 등 부분까지 밝아지는 것을 확인할 수 있지만, 주 피사체의 위치가 조금 어두운 곳에 위치하고 있기 때문에 밝아지면 더 강조되므로 괜찮습니다.

05 다시 HSL을 클릭하여 컬러로 돌아옵니다. 이제 암부 영역을 확인해야 하는데, 암부 영역은 특별히 컬러를 개입할 필요 없이 대비로 어둡게 만들 수 있습니다. 확인 후 다시 B&W를 클릭하여 흑백으로 이동합니다.

Tip HSL을 클릭 후 아무것도 하지 않고 다시 B&W로 이동한 이유는 컬러가 개입해야 할지 아니면 대비로 보정이 가능할지 알 수 없기 때문에 일단 HSL로 들어가 컬러사진을 확인하는 작업을 한 것입니다.

06 슬라이더 바를 올려 Tone 패널로 이동합니다.

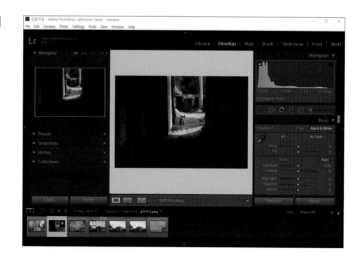

배경 보정하기 Lr

01 주 피사체인 고양이뿐 아니라 배경 역시 가장 밝은 부분과 가장 어두운 부분의 대비가 부족해 보입니다. Tone 패널에서 명암의 대비로 선명한 효과를 적용하겠습니다.
가장 어두운 영역인 Blacks 값을 '-40', 가장 밝은 영역인 White 값을 '+35'로 설정합니다.

선명도 올리기 Lr

01 중간 톤에 근접한 영역 안에서 대비를 주어 선명도를 높이도록 하겠습니다. 이 사진에서 중간 톤 영역은 고양이가 서 있는 위치입니다. Clarity 값을 '+25'로 설정합니다.

Tip 'Clarity'는 중간 톤 영역을 기준으로 대비를 주는 기능을 합니다.

02 고양이만 조금 더 선명하게 만들겠습니다. Adjustments Brush(단축키 K)를 클릭하면 전용 편집 창이 활성화됩니다. 'Show Selected Mask Overlay'를 클릭하여 체크합니다.

03 Navigator에서 '1:2'를 선택하여 확대합니다. Navigator 창에 마우스 커서를 가져간 다음 드래그하면 확대 위치를 변경할 수 있습니다.

04 마우스 휠 스크롤로 브러시 크기를 조정하여 고양이를 세밀하게 문지릅니다. 붉은색으로 선택 영역이 표시됩니다.

Tip 실수로 고양이 바깥 영역을 칠했다면 Erase 클릭한 후 실수한 부분을 드래그하면 지워집니다. Ctrl 키를 누른 상태에서 문질러도 지울 수 있습니다.

05 선택영역을 지정한 후 'Show Se-
lected Mask Overlay'를 체크 해제합니
다. Sharpness 값을 조금씩 올리면서 가
장 적합한 선명도가 되면 멈춥니다. 예제
에서는 '80'이 적정 값으로 판단됩니다. 입
력 후 [Done] 버튼을 클릭하거나 [Enter] 키
를 누릅니다.

06 Navigator에서 'FIT'을 클릭하여 전
체적인 이미지 느낌을 확인하고 마무리합
니다.

07 최종 완성본을 확인합니다.

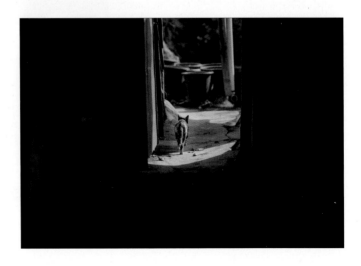

Section

10

파노라마 합성을 위한 스티칭 촬영하기

요즘은 스마트폰에서도 파노라마 사진을 찍을 수 있습니다. 손으로 들고 프레임을 돌리면서 계속 촬영하는 것인데요. 이번 섹션에서는 손쉽게 찍는 방법이 아닌, 완성도 측면에서 접근하여 보다 정교한 방식으로 촬영한 후 합성하는 방법에 대해 알아보도록 하겠습니다.

1 | 파노라마 사진이란?

파노라마 사진은 풍경을 넓고 길게 표현하기 위해 촬영한 사진을 말합니다. 요즘은 DSLR 카메라뿐만 아니라 스마트폰도 자동으로 파노라마 사진을 만들어 주는 기능을 가지고 있습니다. 그렇다면 파노라마 사진은 왜 촬영할까요? 파노라마 사진을 촬영하는 이유를 알면 상황에 따라 파노라마로 촬영해야 할지, 광각으로 촬영해야 할지 판단할 수 있습니다.

일반적으로 광각렌즈로 풍경사진을 촬영하면 시원하면서도 광활한 느낌을 표현하기 수월합니다. 하지만 파노라마 사진은 광각렌즈로 촬영한 사진과 달리 전체적으로 안정되고 정돈된 느낌을 줍니다. 이런 차이가 나는 이유는 왜곡에서 오는 광각렌즈의 특성 때문입니다. 광각렌즈가 아닌 표준렌즈나 망원계열의 렌즈로 촬영하여 병합하면 왜곡 없이 넓은 이미지를 표현할 수 있습니다.

▲ 광각으로 촬영한 사진

▲ 파노라마 합성으로 구현한 사진

또한 파노라마 사진은 화소 수가 크기 때문에 대형 인화 시 디테일을 잘 표현할 수 있습니다.

▲ 50mm 촬영 후 4장 파노라마 병합. 파노라마 사진은 화소 수가 크기 때문에 대형 인화에 강점을 갖는다.

2 | 노달 포인트(Nodal Point)란?

파노라마 사진을 촬영할 때는 카메라를 일정 방향으로 회전하면서 한 장씩 촬영합니다. 이렇게 카메라를 돌릴 때 문제가 발생하는데, 최초 촬영한 지점과 다음 촬영을 위해 회전했을 때의 거리가 달라지기 때문입니다. 이것을 '코사인 오차'라 말합니다. 코사인 오차는 세 가지 조건이 모두 충족될 때 발생합니다. 첫 번째는 광각렌즈의 사용, 두 번째는 낮은 조리개 값으로 진행한 촬영, 마지막으로 세 번째는 피사체와의 가까운 거리입니다. 이 조건들이 모두 충족되면 코사인 오차가 발생하게 됩니다. 코사인 오차가 심할 경우 파노라마 사진 합성 과정에서 합성 불가 오류가 표시되거나 이미지 경계가 맞지 않는 사진으로 합성되기도 합니다.

이 문제를 해결하기 위해 나온 장비가 파노라마 헤드 또는 로테이터입니다. 수십 장의 사진을 붙여 작업하거나 360° 촬영 또는 광각렌즈로 파노라마 촬영할 경우 필수인 장비입니다. 하지만 표준이나 망원렌즈로 파노라마 사진을 촬영한다면 노달 포인트를 민감하게 생각할 필요는 없습니다. 국내 유명 사진 작가들이 70~200 렌즈를 사용하면서 삼각대조차 쓰지 않고 손으로 카메라를 든 채 파노라마 사진을 촬영하는 것이 가능한 이유도 여기에 있습니다.

3 | 파노라마 사진 병합을 위한 스티칭 촬영

① 50mm 이상의 렌즈를 DSLR 카메라에 장착합니다.
삼각대에 카메라를 설치한 후 카메라의 뷰를 세로로
조정합니다. 파노라마 합성의 특성상 위아래 부분에
서 잘려나가는 영역이 많기 때문에 세로로 촬영하면
잘려나가는 부분이 크더라도 어느 정도 이미지 영역
보존이 가능합니다.

▲ 파노라마 사진은 세로 촬영으로 진행하는 것이 좋다.

② 왼쪽 또는 오른쪽 지점을 시작 지점으로 초점을 맞춘
다음 초점 모드를 MF 모드로 전환합니다. 일반적으
로 풍경사진은 조리개를 조여서 촬영하므로 회전하
면서 촬영해도 초점이 틀어지는 경우는 드뭅니다. 하
지만 회전했을 때 대비가 없는 영역의 경우 AF로는 초점을 맞추지 못할 수 있습니다. 그러므로 수월한
촬영을 위해 초점 모드를 MF로 전환합니다.

③ 카메라의 노출 값을 맞춥니다. 볼 헤드가 회전할 수 있도록 패닝 고정 다이얼을 풀
고 앵글을 돌리면서 1/3 또는 1/2 정도 겹치게끔 한 장씩 촬영합니다. 이때, 조심
해야 할 세 가지가 있습니다.

패닝 고정 다이얼 ▶

첫 번째는 수평입니다. 볼 헤드를
회전하면서 촬영하기 때문에 수평이
맞지 않은 상태로 회전시킬 경우 그
격차는 더 커집니다. 즉, 이 상태에서
병합하면 사진에서 손실되는 부분이
많아질 수밖에 없습니다. 그렇기 때
문에 촬영한 후 사진의 수평이 맞는지
확인하는 작업이 필요합니다. 두 번
째로는 밝기입니다. 처음 한 장을 촬
영한 후에 절대로 노출 값을 변경하
면 안 됩니다. 노출 값을 변경하면 병
합하는 부분의 밝기가 달라 서로 다른
이미지처럼 보이게 됩니다.

▲ 서로 수평이 어긋난 두 장의 이미지

세 번째는 여백입니다. 수평과 밝기에만 집중한 나머지 여백을 계산하지 못하는 경우가 종종 있습니다. 이런 사고를 방지하기 위해 어디부터 어디까지 보여줄 것인지 촬영 전 기준을 반드시 정해야 합니다. 일반적인 사진 촬영과 달리, 파노라마 사진의 경우 합성하기 전까지 결과물을 확인할 방법이 없습니다. 만약 촬영에 실패한 것을 모른 채 출사지에서 돌아온다면 합성 후 모니터에서 사진을 확인하고 실망할지도 모릅니다. 그러므로 앞에서 언급한 세 가지를 꼼꼼하게 체크하는 것이 중요합니다.

> **Tip** 파노라마 기능을 가지고 있는 카메라라면 실패하지 않는 파노라마 사진을 얻을 수 있습니다. 단, 이런 자동화 기능은 JPG 포맷만 지원하기 때문에 완성된 결과물이 아닌 참고용 이미지로 활용하기 위해 촬영합니다. 파노라마 기능으로 촬영하여 이미지를 미리 확인한 후, RAW 포맷으로 변환하여 촬영하고 성공적인 파노라마 사진을 얻을 수 있습니다.

여백 계산에 실패한 사진. 여백이 왼쪽과 위쪽에 쏠려 불안정한 느낌을 준다. ▼

실습 파노라마 사진 만들기

여러 장의 이미지를 합성하여 광활한 풍경을 표현하기 좋은 파노라마 사진을 만들어 보겠습니다. 합성 이후의 보정 작업은 별도로 진행하지 않습니다.

◉ 원본사진 … 예제사진→파노라마→PANO01~PANO04.PNG ◉ 완성사진 … 완성사진→PANO(완성).JPG

◉ 여러 장의 이미지를 병합 과정을 통해 하나의 이미지로 만드는 과정이 필요합니다.

◉ 컬러 톤 작업은 이질감의 최소화를 위해 최종 병합 후 작업하는 것이 좋습니다.

Before

After

파노라마 사진 병합하기 Lr

01 'PAN001. png'부터 'PAN004. png' 까지 파일을 불러온 후 Develop 모듈로 이동합니다. 라이트룸 CC 7.3버전에서 파 노라마 사진 병합 시 파일명이 한글로 될 경우 병합이 제대로 되지 않는 경우가 발 생합니다.

02 Shift 키를 누른 상태에서 첫번째 사진 을 클릭한 다음 마지막 사진을 클릭하여 모든 사진을 선택합니다.

❶ Shift + 클릭 **❷** 클릭

03 선택한 사진을 마우스 오른쪽 버튼으 로 클릭하고 Photo Merge-Panorama (단축키 Ctrl + M)를 실행합니다.

❷ 실행

❶ 마우스 오른쪽 버튼 클릭

Tip 파노라마 사진을 즐겨 촬영한다면 단축키 를 외워두는 것이 편리합니다.

04 파노라마 병합 과정이 자동으로 진행됩니다. 완료되면 임의로 제작된 파노라마 사진이 표시됩니다.

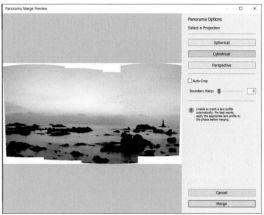

05 파노라마 옵션을 설정하겠습니다. Select a Projection에서 [Cylindrical] 버튼을 클릭합니다.

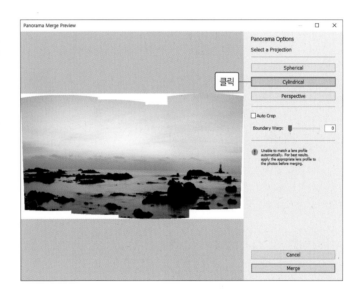

Tip **파노라마 옵션(Panorama Options)**

ⓐ Spherical : 구형 형태로 자동 병합하는 옵션으로, 360° 파노라마 사진이나 광각렌즈로 근거리에서 촬영한 사진을 병합할 때 유용하게 활용할 수 있습니다.

▲ 20mm 광각렌즈 촬영 후 Spherical 병합

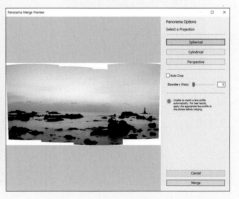

ⓑ Cylindrical : 일반적으로 많이 사용하는 병합 옵션으로, 평면적인
사진을 넓게 표현할 때 사용합니다.

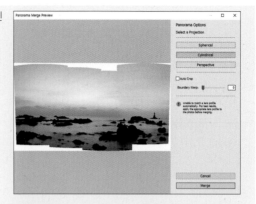

ⓒ Perspective : 파노라마 사진을 세로로 구성할 때 활용하는 옵션으
로, 건축물 촬영 시 유용하게 활용할 수 있습니다. 파노라마 사진을
가로로 구성할 때 이 옵션을 적용하면 주변부 왜곡이 발생합니다.

가로로 넓게 퍼지는 이미지에서는 주변부 왜곡이 발생한다. ▶

Cylindrical 옵션을 적용하면 건축물에 왜곡이 발생하는 반면, Perspective 옵션을 적용하면 왜곡은 없지만 피사체가 눕는 현상이
발생합니다. 이런 현상을 완전히 없앨 수는 없습니다. 하지만 최소화할 수는 있는데요. 피사체를 정면으로 촬영하면 눈으로 보는 것
과 유사한 사진을 얻을 수 있습니다.

▲ Cylindrical 병합

▲ Perspective 병합

06 흰색의 여백 부분을 잘라내는 작업을 하겠습니다. 이 여백은 AutoCrop과 Boundary warp 옵션을 활용해 잘라낼 수 있습니다. 'AutoCrop'을 체크하고 [Merge] 버튼을 클릭합니다.

Tip AutoCrop은 흰색의 여백을 기준으로 모두 잘라내는 옵션이고, Boundary warp는 사진이 최대한 적게 잘려나가도록 픽셀의 경계를 움직여 손상을 최소화하는 옵션입니다. Boundary warp은 광각으로 근거리 촬영 시 모든 정보를 보여줄 때 활용하며, 표준렌즈 이상으로 촬영한 사진일 경우 파노라마 효과가 떨어질 수 있습니다.

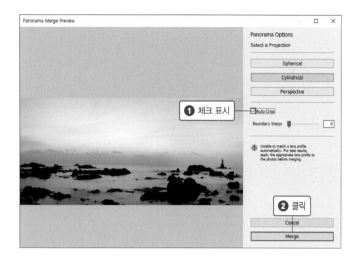

07 이미지 생성이 자동으로 진행되며, 진행이 완료되면 파노라마 이미지가 생성됩니다.

08 파노라마 합성이 완성됩니다. 완성된 이미지는 컬러 톤 또는 흑백 전환 등 원하는 방식으로 보정 후 사용할 수 있습니다.

좋아 보이는 인물사진 촬영과 라이트룸 보정

Part 4에서는 인물사진을 중점으로 다룹니다. 인물사진을 찍을 때 초점을 맞추는 위치부터 시작하여 상황에 따른 렌즈의 선택과 촬영 방법을 설명합니다. 기술적인 부분뿐만 아니라 모델 섭외를 위한 방법과 섭외 후 원활한 촬영 진행을 위한 팁까지 알아봅니다.

인물사진의 **기본 촬영 방법**

인물사진은 변수가 많기 때문에 때부분의 사람들이 어려워합니다. 하지만 변수가 많은 만큼 응용을 통해 다양한 사진 촬영이 가능한 장점이 있습니다.

1 | 초점을 어디에 맞춰야 하나?

주 피사체에 초점을 맞추는 일반적인 사진과 달리 인물사진은 더 세밀하게 초점을 맞춰야 합니다. 의도하지 않는 이상 초점은 눈에 맞추는 것이 좋은데요. 눈에 초점이 맞지 않고 다른 부분에 맞추면 사진의 완성도가 떨어지기 대문입니다.

다음 사진은 초점이 눈에 맞춰진 것처럼 보이지만 확대해서 보면 초점이 코와 입술에 맞춰진 사진으로, B컷 사진입니다. 초점이 눈에 맞지 않으면 정말 좋은 컷이어도 사용하지 못하는 사진을 얻을 수 있습니다. 그러므로 인물사진에서 눈에 초점을 맞추는 것은 중요하며, 전신이든 반신이든 상관없이 모든 인물 촬영의 기본입니다.

눈에 초점을 맞추는 이유

사람과 대화를 할 때 가장 나쁜 습관은 상대방의 눈을 보지 않는 것입니다. 사진 촬영에서도 마찬가지로, 눈에 초점을 맞추지 않으면 사진에 힘을 싣기 힘들고 생기를 잃은 느낌을 줍니다. 그러므로 의도된 사진을 제외하고는 초점은 반드시 눈에 맞추는 것이 좋습니다.

2 | 렌즈의 화각에 따라 달라지는 인물사진

광각렌즈와 인물사진

광각렌즈로 촬영하면 원근감이 크지만 주변부로 갈수록 왜곡이 심해지는 특성이 있습니다. 이러한 특성 때문에 두 가지로 나누어 생각해봐야 하는데요. 먼저 인물의 비중이 절대적으로 크다면 프레임 가운데에 인물을 배치하고 촬영하는 것이 좋은데, 프레임의 주변부로 갈수록 렌즈의 왜곡이 생기기 때문입니다. 하지만 이런 경우 인물을 주변부에 배치할 수 없는 문제가 발생합니다.

▲ 20mm 광각렌즈로 촬영한 사진

이 문제는 카메라의 화소를 활용하면 간단히 해결할 수 있는데요. 즉, 사진을 잘라내면 됩니다. 이렇게 촬영하면 협소한 장소에서도 인물을 촬영할 수 있고, 자유자재로 인물의 위치를 구성할 수 있습니다. 주의할 점은 너무 넓은 범위를 촬영하면 이후 잘라냈을 때 디테일한 표현이 안 될 수 있기 때문에 많이 잘려나가지 않는 범위 내에서 촬영하는 것이 좋습니다.

만약 인물뿐만 아니라 배경의 비중도 크다면 인물에 왜곡이 생기더라도 사진 상에서는 큰 문제가 되지 않습니다. 오히려 원근 효과가 극대화되어 시원한 느낌의 사진을 얻을 수 있습니다. 또한 협소한 장소에서 촬영할 때 광각렌즈의 넓은 화각은 촬영자가 보여주려는 것을 충분히 보여줄 것입니다.

이렇게 광각렌즈의 특성을 이용하기 위함도 있지만 광각렌즈로 촬영하면 촬영 대상과 가까운 거리를 유지할 수 있는 장점이 있습니다. 인물사진에서 가장 중요한 것은 소통과 교감인데, 인물에게 다가갈 수 있는 것은 이런 부분들을 원활하게 해결할 수 있도록 도와줍니다.

20mm 렌즈로 촬영한 사진 ▼

망원렌즈와 인물사진

  망원렌즈는 왜곡이 없으며 얕은 심도의 구현이 쉽고, 공간의 압축감이 큰 장점이 있습니다. 프레임 내 인물의 배치에 따라 왜곡이 발생하는 광각렌즈와 달리, 망원렌즈로 촬영하면 인물을 어떤 위치에 배치하더라도 눈으로 보는 그대로의 왜곡 없는 사진을 얻을 수 있습니다. 기본적으로 다루기 쉬운 렌즈에 속하기 때문에 초보자도 몇 번만 촬영해 보면 금방 적응이 되는 렌즈입니다.

▲ 85mm 준망원렌즈로 촬영한 사진

  단, 가까운 거리를 유지하며 촬영하기 힘들기 때문에 촬영 대상과의 소통과 교감이 표준렌즈와 광각렌즈에 비해 상대적으로 어려운 단점이 있습니다.

▲ 망원렌즈로 촬영 시 모델과의 소통에서 문제가 발생한다.

표준렌즈와 인물사진

표준렌즈는 50mm 렌즈를 일컫는 말로, 망원렌즈보다 얕은 심도의 구현이 힘들고 광각렌즈처럼 원근의 효과를 주기 힘든 렌즈입니다. 광각렌즈나 망원렌즈보다 상대적으로 다루기 어려운 렌즈로, 어느 정도의 연습을 필요로 하는 렌즈입니다.

다음 두 장의 사진은 각각 50mm와 85mm 렌즈의 최대 개방으로 촬영하였습니다. 85mm 렌즈는 얕은 심도(배경 흐림) 효과에서 우수하고 공간과 배경을 완전히 분리시키는 결과물을 보여줍니다. 반면 50mm 렌즈는 상대적으로 얕은 심도의 표현이 약하며, 공간의 압축보다는 사실적인 원근감이 표현되었습니다. 고급형의 렌즈로 표현할 수 있는 얕은 심도의 한계가 분명 존재하기 때문에 배경 흐림 효과만 보고 사용할 렌즈는 아닙니다. 또한 85mm 렌즈와 다르게 50mm 렌즈는 왜곡될 수 있습니다.

이러한 이유 때문에 인물사진에 적합한 렌즈가 아니라고 생각할 수 있지만, 유사한 원근을 이용하면 마치 인물이 바로 앞에 있는 느낌이 드는 사진을 얻을 수 있습니다. 또한 촬영 대상에 근접하여 촬영할 수 있는 것과 협소한 장소에서도 어느 정도 활용할 수 있는 것은 표준렌즈의 큰 장점입니다. 무엇보다도 50mm F1.8 렌즈의 경우에는 브랜드를 가리지 않고 저렴한 금액에 출시되고 있기 때문에 인물사진을 공부하여는 분들에게 추천하는 렌즈입니다.

50mm F/1.4 최대 개방으로 촬영한 이미지 ▼　　　　　　　　　　85mm F/1.4로 촬영한 이미지 ▼

Tip 반드시 모델에게 B컷을 보여주는 매너

잘 나온 사진을 모델에게 보여주며 모델에게 자신감을 주는 것은 익히 알고 있는 내용이라 생각합니다. 하지만 필자의 경우에는 잘 나온 사진뿐만 아니라 B컷도 모델에게 보여주면서 "이 부분이 이렇게 잘못되었고 어색하니 이렇게 하시면 될 것 같아요."라고 요청합니다. 인물사진을 배우는 단계에서도 이 부분은 상당히 중요한데, 이 시기는 촬영자가 배경과 포즈를 보는 능력이 모델보다 부족할 가능성이 높기 때문입니다. 그러므로 모델에게 조언을 구하면서 여러 가지 관점으로 접근하여 촬영하는 것이 좋습니다. 이런 과정을 반복했을 때 비로소 A컷이 나오게 되는 것입니다.

3 │ 포즈의 기초

오랜 기간 동안 사진을 촬영하더라도 다양한 응용이 아닌 단순화된 유사한 포즈로 촬영하는 분들이 생각보다 많고, 심지어 그 포즈들이 가지고 있는 문제점이 어떤 것인지조차 모르고 촬영하는 경우가 많습니다. 물론 그것이 잘못된 것은 아닙니다. 사랑하는 자녀나 부모님을 촬영하는데 사진의 결과물이 좋으면 좋겠지만 그렇지 않더라도 사진 자체가 갖는 가치가 다르기 때문이죠. 인물사진의 완성은 포즈에서 시작한다고 봐도 무관할 정도로 포즈의 역할은 지배적입니다. 먼저 잘못된 포즈에 대한 예를 살펴본 후 이것을 수정하거나 보안하는 방법을 알아보겠습니다.

양팔을 몸에 붙이고 몸의 방향을 정면으로 향한 사진 ▼

팔을 몸에 붙이지 않고 몸의 방향을 튼 사진 ▼

몸의 방향과 팔의 각도

정면에서 몸을 박스 형태로 만들면 어깨가 넓고 경직되어 보이며, 손 동작과 팔 동작을 지정하기 어려우므로 여성을 대상으로 하는 촬영에서는 피하는 것이 좋습니다. 팔을 몸에 붙이면 어깨가 좁아 보이고 자신감이 떨어져 보일 수 있고, 모델이 반팔을 입고 있는 상황이라면 팔이 몸에 눌려서 두꺼워 보일 수도 있습니다. 그러므로 몸과 팔의 간격을 어느 정도 유지하는 것이 중요합니다. 몸의 방향 역시 정면이 아닌 측면으로 비트는 것이 안정적인 사진을 얻을 수 있는 방법입니다.

턱을 당기되 적정선을 유지하라

증명사진이나 여권사진을 찍으러 갔을 때 턱을 당기거나 고개를 약간만 숙여 달라는 요청을 받아본 적이 있을 것입니다. 이것은 얼굴의 라인을 잡기 위함인데요. 턱의 높이가 너무 높으면 턱 라인이 넓게 보이기 때문에 턱을 당겨달라고 요청하는 것입니다. 그러므로 특별한 경우가 아니라면 턱을 안쪽으로 당겨 촬영하는 것이 좋습니다. 턱을 당겨달라고 하면 크게 내리는 경우가 대부분이기 때문에 턱을 안쪽으로 당기되, 아주 미세하게 내려달라고 요청해야 합니다.

▲ 턱을 들면 얼굴의 라인이 왜곡된다.

자연스러운 손의 위치

인물의 포즈를 지정할 때 가장 어려운 부분은 바로 손입니다. 손은 머리부터 시작해서 표정, 몸의 방향, 팔의 각도로 이어지는 라인의 끝에 있는 부위로, 손을 제외한 나머지 부분이 자연스러워도 손이 부자연스러우면 B컷이 됩니다. 가끔 손에서 손목 부분이 일부 신체 부위에 가리는 경우가 있는데, 이러면 신체 일부가 잘려나간 느낌이라 사진이 상당히 불안해 보입니다.

▲ 손을 감추되 손목이 잘려나가지 않게 할 것

의도된 촬영이 아닌 이상 손목까지 감추는 것은 피하는 것이 좋습니다.

　손바닥 전체 면적으로 얼굴을 감싸면 손에서 손목까지 긴장감이 느껴지고, 이미지 전체가 부자연스럽게 표현됩니다. 얼굴에 손을 위치시킬 때는 손끝을 이용하면 좋습니다. 손끝을 이용하면 자연스러운 이미지를 연출할 수 있습니다.

▲ 손끝을 이용하면 쉽게 자연스러운 연출이 가능하다.

　만삭 사진이나 승무원 사진처럼 의도적인 사진을 제외하고는 손을 배에 올려두면 어딘가 불안해 보이며, 여성이 자신의 콤플렉스를 감추려는 느낌이 들 수 있습니다. 그러므로 배에 손을 오려둔 포즈는 의상과 콘셉트가 일치하는 촬영에서만 사용하는 것이 좋습니다.

단정한 느낌을 주기 위해 손을 배에 올리는 것은 금물 ▶

다리 모양과 발끝의 방향

　다음 두 사진을 보면 약간의 변화만으로도 사진의 느낌이 크게 달라지는 것을 알 수 있습니다. 인물의 다리 모양과 발끝의 방향은 되도록 수평에서 벗어나는 것이 좋은데, 수평을 이루면 밋밋한 느낌이 나고 부자연스럽게 보일 수 있기 때문입니다.

▲ 다리가 수평을 이룬 상태　　　　　　　　▲ 다리가 수평에서 벗어난 상태

항상 서 있으란 법은 없다

　항상 서서 촬영할 이유는 없습니다. 모델을 앉히는 순간 아웃포커싱에서 벗어난 사진을 찍게 되는데, 이때부터 촬영자는 다양한 촬영이 가능해집니다. 초점 거리가 긴 렌즈를 사용하면 전신을 모두 담기 힘들어지므로 표준 줌렌즈, 광각 줌렌즈가 무난하고 단초점렌즈의 경우 초점 거리가 50mm를 벗어나지 않는 렌즈를 사용하는 것이 좋습니다.

4 | 인물사진 잘 찍는 비결

인물사진은 응용이다

포즈는 인물사진을 촬영하는 포토그래퍼뿐만 아니라 모델을 꿈꾸는 사람도 알아야 하는 기본적인 내용입니다. 하지만 기본적인 내용이기 때문에 얼마든지 변수가 있을 수 있고 기본과 응용은 분명 다릅니다. 쉬운 예로, 인물사진을 배울 때 가장 먼저 배우는 것이 삼분할 구도입니다. 하지만 삼분할 구도는 인물이 가장 강조되지 않는 구도로, 실제 촬영에서는 사용할 일이 거의 없어 활용도가 떨어집니다. 즉, 전체적인 콘셉트부터 시작해서 배경, 인물이 풍기는 느낌, 의상, 메이크업 등 모든 부분을 고려해야 하기 때문에 기본적인 틀에서 벗어난 촬영을 할 때가 많습니다.

포토그래퍼의 기본은 세밀한 관찰력

아마추어 모델은 포즈의 한계가 있습니다. 이 때문에 촬영자가 잘 이끌어나가는 것이 중요한데요. 촬영자도 인물사진 촬영 경험이 없다면 이것 역시 쉬운 일이 아닙니다. 이런 경우에는 모델을 유심히 관찰하는 것이 중요한데, 모델을 관찰하면 무의식중에 자연스러운 표정이나 포즈가 나오는 경우가 많습니다. 사진을 촬영할 때 셔터를 누르고 LCD 창으로 사진을 확인하되, 모델을 관찰하면서 괜찮은 자세와 표정이 나오면 바로 촬영으로 이어나가는 자세가 필요합니다.

반면, 전문 모델과 촬영하면 이런저런 말할 필요 없이 알아서 완벽한 포즈를 취하고 표정 또한 자유자재로 바꿉니다. 이것을 가장 쉽게 볼 수 있는 곳이 모터쇼입니다. 레이싱 모델들은 기본적인 부분을 지키는 선에서 포즈를 취하며, 그 기본적인 포즈를 바탕으로 1분에 수십 개의 포즈와 표정 변화를 순식간에 보여줍니다. 하지만 그런 전문 모델조차 미처 발견하지 못한 부분이 있습니다. 그것을 잡아내고 수정하는 하는 것은 포토그래퍼의 역할입니다.

> **Tip** 인물사진, 속성 강좌가 있을까?
>
> 인물사진 잘 찍는 꿀팁, 핵심 강좌같은 것은 없습니다. 하지만 가이드라인은 있습니다. 다음 몇 가지 항목을 숙지하고 반복해서 촬영한다면 여러분의 인물사진 실력은 빨리 올라갈 것입니다.
>
> ① 모델과 항상 대화하라.
>
> ② 기본적인 포즈는 반드시 숙지하라.
>
> ③ 모델의 발끝 방향과 머리카락까지 세밀하게 관찰하라.
>
> ④ 최적의 표정을 놓치지 않기 위해 연사 모드로 촬영하라(스튜디오 촬영 제외).
>
> ⑤ 촬영한 사진을 꼼꼼하게 피드백하라.

Section 02

유형별 **인물 촬영 노하우**

인물사진은 크게 클로즈업, 반신, 전신 이렇게 세 가지로 분류할 수 있습니다. 이 세 가지는 프레임에서 피사체가 차지하는 비중에 따라 분류해 놓은 것인데요. 이번 섹션에서는 각각의 촬영 방식에 따라 사용하면 좋은 렌즈와 촬영 노하우에 대해 알아보도록 하겠습니다.

1 │ 클로즈업 사진(Close-up)

클로즈업 사진이란?

클로즈업 사진은 프레임 전체를 활용하여 피사체를 담은 사진으로, 얼굴뿐만 아니라 손, 코, 귀, 입, 제품 등 모든 사진이 해당하며 접사 사진 역시 클로즈업 사진이라 할 수 있습니다. 클로즈업 기법은 영화에서 파생되었는데, 배우의 전신 샷이 들어간 화면에서는 인물의 감정을 표현하는데 한계가 있는 점을 극복하기 위해 고안된 기법입니다. 예를 들면, 축구 경기 장면을 전체 샷으로 보여줄 경우 경기의 흐름과 전력 차이 같은 부분은 표현되지만, 선수의 표정을 보지 못하기 때문에 긴장감과 수 싸움 같은 부분을 묘사할 수 없습니다. 하지만 클로즈업 샷으로 보면 선수의 표정과 몸동작의 세부 묘사로 인해 감정을 표현할 수 있습니다. 이러한 클로즈업 기법의 탄생 배경을 알면 인물을 대상으로 클로즈업 사진을 어떻게 촬영해야 하는지 알 수 있을 것입니다. 즉, 인물이 느끼는 감정을 담아내는 것이 클로즈업 사진의 주된 목적입니다.

2 | 클로즈업 사진 촬영 요령

어디에 초점을 맞춰야 하나?

인물의 얼굴이 카메라 정면을 향하고 있거나 촬영자가 깊은 심도로 촬영하면 대부분의 경우 정확하게 눈에 초점이 맞춰질 수밖에 없습니다. 하지만 인물의 얼굴이 카메라를 정면을 보지 않는 상태에서 얕은 심도로 촬영한다면 두 눈 중 한쪽은 초점이 맞지 않게 됩니다. 그렇기 때문에 어느 한 곳을 선택해서 초점을 맞춰야 하는데요. 카메라와 가까운 눈에 초점을 맞추는 것이 정설처럼 굳어진 면이 있긴 하지만 모델의 표정과 느낌 같은 것이 모두 고려되어야 합니다.

다음 중 어떤 사진이 더 와 닿나요? 카메라와 가까운 눈에 초점을 맞추면 먼 곳에 맞추는 것보다 샤프(날카롭다)한 느낌이 들고, 반대로 카메라와 먼 곳에 있는 눈에 초점을 맞추면 소프트(부드럽다)한 느낌이 듭니다. 즉, 은은한 미소를 짓거나 차분한 표정일 때는 카메라와 가까운 눈에 초점을 맞추는 것이 좋으며, 화사하거나 밝은 미소를 지었을 때는 카메라와 먼 눈에 초점을 맞추는 것이 좋습니다. 하지만 모델의 시선이 카메라 쪽을 향하는 경우에는 카메라와 가까운 눈에 초점을 맞추는 것이 좋습니다.

◀ 카메라와 가까운 눈에 초점을 맞춘 사진

◀ 카메라와 먼 눈에 초점을 맞춘 사진

클로즈업 촬영에 최적화된 렌즈는?

광각렌즈로 촬영한 클로즈업 사진은 왜곡으로 인해 재미있고 유쾌한 느낌을 줄 수 있지만, 다른 느낌을 표현하는 것은 불가능합니다. 무난하게 촬영하려면 표준 줌렌즈의 망원이나 85mm 이상의 초점 거리를 가진 렌즈를 사용하는 것이 좋습니다. 85mm 렌즈가 없다면 50mm 렌즈도 좋지만 보이지 않는 왜곡이 발생하기 때문에 촬영자의 세심한 주의가 필요합니다.

클로즈업 촬영 방법

클로즈업 사진은 스튜디오에서 촬영하지 않는 이상 촬영하기 까다롭다고 볼 수 있는데, 인공광을 사용하면 빛이 들어가는 방향에 따라 인물의 느낌을 살리는 것이 가능하지만 자연광에서는 불가능하기 때문입니다. 그러므로 일반적인 장소에서 클로즈업 촬영을 할 때는 인물의 아름다움과 멋만을 강조하기 보다 '감정이 살아있는 사진을 촬영하겠다.'는 목표를 갖는 것이 좋습니다.

카페에서 촬영한 클로즈업 사진들

3 | 반신사진(Half-body)

반신사진이란?

반신사진은 몸의 상반신을 표현한 사진으로, 프레임 구성에 어려움이 없기 때문에 누구나 쉽게 촬영할 수 있고, 인물의 얼굴과 포즈를 동시에 표현할 수 있어 클로즈업 사진과 전신사진의 느낌을 50대 50의 효과로 표현할 수 있습니다. 반신사진이 프레임 구성은 가장 쉬울 수 있으나, 세부적인 부분에서 신경 쓰지 못하고 넘어갈 경우 부족한 느낌이 날 수 있기 때문에 인물의 얼굴부터 상반신까지(손가락, 머리카락, 옷깃 등) 세밀하게 관찰하는 연습이 필요합니다.

반신 촬영에 최적화된 렌즈

반신 촬영에 사용하는 렌즈로는 일반적으로 85mm 렌즈를 떠올리는데요. 아웃포커스를 가장 무난하게 구현할 수 있는 렌즈이기 때문입니다. 아마추어 사진가들이 촬영하는 대부분의 인물사진이 얕은 심도를 사용하기 때문에 85mm 렌즈를 가리켜 '인물 전용 렌즈'라 부르는 것일지도 모르겠습니다. 반신사진의 경우에는 어떤 렌즈를 사용하던 크게 영향을 받지 않습니다. 각 렌즈마다 특성이 있기 때문에 상황에 맞는 초점 거리의 렌즈를 사용하면 원하는 결과물을 끌어내는데 어려움이 없을 것입니다.

4 | 전신사진(Full-body)

전신사진이란?

전신사진은 인물의 전신이 프레임에 모두 표현된 사진으로, 반신사진보다 어려운 영역에 속합니다. 인물의 표정뿐만 아니라 발끝 방향까지 모든 부분이 드러나기 때문에 앵글의 높낮이에 따른 몸의 비율 같은 부분뿐만 아니라 포즈의 불안정 등 여러 가지 문제가 발생하는 경우가 많습니다. 일반적으로 취미 사진가들은 전신사진을 촬영하지 않는 경우가 많은데, 망원렌즈로 얕은 심도의 이미지를 구현하는 것까지는 좋지만 망원의 장점인 공간감이 나타나지 않으며, 인물의 비율 문제가 발생하기 때문입니다. 쉽게 말해, 너무 사실적으로 표현됩니다. 이러한 문제를 해결하기 위해서는 촬영 자세를 바꿀 필요가 있습니다.

망원에서 오는 공간감을 주기 위한 촬영 자세

필자의 경우에는 전신 사진을 촬영할 때 인물과 동일한 눈높이에서 촬영하는 경우는 거의 없습니다. 주로 앵글의 높이를 내려서 촬영하는데요. 가장 쉬운 촬영 자세는 무릎을 꿇는 것이고, 때로는 바닥에 누워서 촬영하는 자세도 필요합니다.

135mm F/1.8로 촬영한 전신사진 ▶

시선 방향

▲ 바닥에 누워서 촬영하면 망원에서 오는 공간감을 극대화할 수 있다.

5 | 세로사진과 가로사진의 촬영 선택

세로사진과 가로사진의 구분

사진을 시작하게 되면 대부분 가로로 촬영하는 경우가 많습니다. 가장 무난한 이미지를 얻을 수 있다는 장점 때문인데요. 당장은 쉽지 않더라도 사진 실력이 늘면 가로로 촬영할 사진과 세로로 촬영할 사진을 명확하게 구분할 수 있게 됩니다. 이것은 사실 스스로 수많은 경험을 통해 자연스럽게 익혀나가야 하는 부분

입니다. 즉, 이론적으로 이런 상황에서는 세로, 이런 상황에서는 가로로 촬영해야 한다고 규정된 것이 아니라 상황에 맞게 감각적으로 촬영해야 합니다. 그렇다고 해서 가이드라인이 없는 것은 아닙니다. 첫 번째는 반신 사진은 가로, 전신 사진은 세로로 촬영하는 것입니다.

전신 사진을 가로로 촬영할 경우 사진이 다소 밋밋하고 인물이 강조되지 않을 수 있습니다. 그러므로 인물을 강조하기 위해 세로로 촬영합니다. 전신과 반신에 따른 가로, 세로사진의 구분 방법은 인물

▲ 반신사진을 가로로 촬영하면 안정감을 준다. 만약 세로로 촬영할 경우 위쪽에 여백이 너무 많아 프레임이 엉성하게 형성될 수 있다.

사진을 이제 막 접하는 사람도 쉽게 시도할 수 있는 방법으로, 언제 어디서나 안정적인 사진을 보장하는 장점이 있습니다.

두 번째는 프레임에서 인물이 차지하는 비중에 따라 판단하는 것입니다. 클로즈업 사진이 아닌 일반적인 반신 혹은 전신 사진에서 인물이 프레임에서 차지하는 비중을 크게 하려면 세로로 촬영합니다. 반면, 배경의 비중이 크다면 전신이더라도 가로로 촬영합니다. 전신을 가로로 촬영하더라도 프레임에서 차지하는 비중에 따라 설득력 있는 이미지가 될 수 있습니다.

마지막으로 배경을 먼저 보는 것인데 배경의 패턴을 보고 가로로 촬영할 것인지, 세로로 촬영할 것인지 판단합니다. 배경의 패턴이 세로라면 세로사진, 패턴이 가로라면 가로사진으로 촬영합니다. 이렇게 배경을 보게 되면 패턴에 따라 가로, 세로사진의 구분을 명확히 할 수 있습니다.

▲ 패턴이 세로인 배경

▲ 패턴이 가로인 배경

전신 가로사진

Section 03
모델 촬영 섭외부터 촬영 준비까지

프로 사진가의 경우에는 사진 촬영 전에 많은 준비를 합니다. 이렇게 준비를 하는 이유는 실패하지 않는 사진을 얻기 위함인데요. 사전 준비를 철저하게 한다면 성공적인 촬영을 진행할 수 있습니다. 이번 섹션에서는 모델 섭외부터 시작하여 촬영 준비에 대한 모든 것을 알아보도록 하겠습니다.

1 │ 능동적인 촬영을 하자

모델을 직접 섭외하여 촬영하는 것은 인물사진 촬영에 큰 도움이 됩니다. 여기서 모델은 전문 모델뿐만 아니라 일반인 모델 또는 지인도 해당합니다. 필자가 강연에서 인물사진에 대한 강의를 할 때마다 교육생 분들에게 늘 말씀드리는 것이 있습니다. "수동적인 촬영이 아닌, 능동적인 촬영을 하세요!"라고요. 여기서 수동적 촬영이란, 촬영자가 오로지 셔터만 누르는 것을 말합니다. 대표적으로 모터쇼, 단체 모델 출사 같은 것이 수동적인 촬영에 속한다고 볼 수 있습니다. 이런 수동적 촬영은 아름다운 이미지를 담아 올 수 있는 점에서는 나쁘진 않지만, 촬영자의 역할이 거의 없기 때문에 아무리 많이 촬영하더라도 사진 실력을 향상시키기 어렵습니다. 그러므로 실력 향상을 위해서는 반드시 능동적인 촬영 방식으로 연습해야 합니다.

그렇다면 능동적인 촬영이란 무엇일까요? 셔터를 누르는 것 외에는 달리 할 것이 없는 수동적인 촬영과는 달리, 능동적인 촬영은 촬영자가 원하는 콘셉트에 따른 포즈와 분위기 연출을 직접 생각하면서 프로그램을 짠 후에 이를 촬영에서 응용하는 과정을 거치는 것을 말합니다.

2 | 촬영 방향 설정과 모델 섭외

명확한 콘셉트 설정

계절, 날씨, 시간, 장소와 같은 것보다는 먼저 '어떤 사진을 촬영할 것인가?'를 생각해야 합니다. 도시적인 세련된 느낌 아니면 화사하면서 아름다운 느낌 같은 촬영 콘셉트를 잡고 그에 따른 최적의 모델과 날씨, 시간, 의상, 장소를 선정합니다.

콘셉트에 맞는 장소 선정하기

콘셉트를 정했다면 장소를 선정할 차례입니다. 장소는 세심하게 선정하는 것이 좋습니다. 하지만 장소만 선정하고 바로 촬영에 들어가면 실패할 가능성이 높습니다. 그래서 사전답사가 필요한데요. 촬영 예정지에 직접 가서 장소의 풍경을 대략적으로 촬영해 봅니다. 이때 답사 시간은 촬영 예정 시간과 최대한 유사하게 맞춰야 합니다. 자연광(일출과 일몰)의 방향을 파악하기 위해서죠. 이렇게 촬영한 사진을 컴퓨터에 옮겨서 파일을 연 후, 장소에 따른 인물의 배치나 포즈, 미소, 시선 같은 부분을 미리 생각해 봅니다. 이 단계는 매우 중요한 것으로, 제대로 준비해 두면 결과물의 90% 이상을 원하는 느낌 그대로 촬영할 수 있고, 촬영 시간 역시 단축되기 때문에 여유 시간에 새로운 시도를 해볼 수 있습니다.

모델 섭외하기

모델은 무조건 예쁘고 멋있는 외모만 보고 선정하기 보다는 미리 설정한 콘셉트에 가장 가까운 분위기를 가진 모델을 섭외하는 것이 좋습니다. 예를 들어, 사랑스러운 느낌의 콘셉트이라면 귀여운 외모의 모델이 좋을 것이고, 도시적인 콘셉트이라면 세련미가 느껴지는 모델이 좋을 것입니다. 모델 섭외는 어렵지 않습니다. 친구, 지인, 애인 등 주변 사람들을 대상으로 섭외해도 되고, 자비를 들이거나 발품을 팔아 섭외해도 됩니다. 인터넷에서 '출사 모델'을 검색하면 수많은 카페나 동호회 홈페이지가 나오므로 그중 일부에 가입하면 쉽게 모델을 섭외할 수 있습니다. .

사전 미팅을 해야 하는 이유

모델을 섭외했다면 촬영 전 사전 미팅을 하는 것이 좋습니다. 미팅에서 콘셉트와 촬영 방향, 사진의 활용 용도와 같은 부분을 모델에게 알리고 동의를 받아야 하기 때문입니다. 정말 중요한 촬영이라면 필요에 따라 계약서를 작성해야 하는 경우도 있습니다. 모든 내용을 모델에게 전달했다면 최종적으로 양해를 구한 다음 얼굴, 정면, 측면 총 세 장의 사진을 촬영합니다. 카메라로 촬영해도 되고 스마트폰으로 촬영해도 됩니다. 정면사진을 촬영하는 이유는 메이크업과 헤어스타일의 기준을 정하기 위해서인데, 촬영한 사진을 참고하여 메이크업과 헤어 중에서 어색한 부분(립스틱 컬러, 헤어에서 웨이브 유무 등)을 모델에게 보완 요청하면 됩니다. 측면사진의 경우는 사람마다 왼쪽과 오른쪽 얼굴 모양이 다르기 때문에 사전에 미리 파악해 두면 가장 이상적인 촬영 각도를 예상할 수 있습니다.

의상 선정

콘셉트를 잡고, 장소도 선정하고, 그에 맞는 모델도 신중하게 섭외하였습니다. 그런데 모델에게 "대충 밝은 옷을 입고 오세요"라고 말하는 순간, 지금까지의 노력이 물거품으로 돌아갈 수 있습니다. 의상 역시 모델과 조율하여 선정해야 합니다. 필자의 경우 직접적으로 상의부터 하의, 신발까지 하나하나 지정하기 보다는 대략적인 느낌의 사진을 의류 쇼핑몰에서 캡처하여 모델에게 보내줍니다. 그리고 그 의상과 유사한 느낌의 의상을 준비하도록 요청합니다. 때로는 모델의 SNS 계정에 있는 사진이나 직접 촬영한 사진을 보내달라고 요청하기도 합니다. 물론, 패션 감각이 뛰어나서 직접 코디해줄 수 있다면 더없이 좋겠지만 패션 감각이 부족한 분들은 이런 방법도 고려해 보세요.

메이크업과 헤어

스튜디오를 운영하지 않는 이상 메이크업 전문 샵에서 메이크업과 헤어를 받게 하는 것은 어렵습니다. 금전적 또는 결과물적인 부분에서 만족스럽지 못한 결과가 나올 수 있기 때문이죠. 그래서 개인 출사 촬영의 경우에는 모델에게 메이크업까지 부탁할 수밖에 없습니다. 메이크업의 기준은 앞에서 언급한 것처럼 사전 미팅할 때 촬영한 정면사진을 기준으로 정합니다. 이 사진 한 장에서 "이것보다 조금 어둡게" 또는 '이것보다 조금 밝게', '립스틱 컬러는 조금 옅게'처럼 모델과의 주기적인 대화를 통해 의견을 공유하면서 맞춰 가면 큰 어려움 없이 메이크업과 헤어를 선정할 수 있을 것입니다.

일기예보 확인

촬영 날짜를 정한 후 해당 날짜의 일기예보를 확인할 필요가 있습니다. 일기예보는 수시로 바뀔 수 있기 때문에 촬영 날짜를 기준으로 3일 전부터는 하루에 한 번씩 반드시 확인하는 것이 좋습니다.

카메라 세팅과 배터리 확인

모든 촬영 준비는 하루 전에 끝내는 것이 좋습니다. 메모리 카드부터 배터리 충전 상태, 부가적으로 가져가야할 것까지 확인하여 가방에 넣어둡니다. 이렇게 하면 촬영 당일에 가방만 들고 나가도 중요한 장비를 실수로 두고 오는 불상사가 일어나지 않습니다. 또한 카메라 세팅 상태도 중요한데요. 늘 사용하던 카메라여서 설정 값을 확인하지 않으면 낭패를 볼 수 있으므로 카메라 세팅까지 꼼꼼히 확인하는 것이 좋습니다. 참고로 필자가 사용하는 기본 카메라 세팅은 다음과 같습니다.

- **카메라 모드** : M(수동) 모드
- **화이트밸런스** : Auto
- **측광 방식** : 스팟 측광
- **파일 포맷** : RAW 파일
- **AF 포인트** : 스팟 1포인트
- **촬영 드라이브 모드** : 인물(고속연사 모드), 풍경(싱글 모드)

동화 같은 컬러 톤을 위한
인물 촬영과 보정하기

배경이 너무 화려할 경우 잘못하면 인물이 배경에 묻혀 버릴 수 있습니다. 대표적인 예로 꽃밭에서 촬영하는 인물사진인데요. 이번 섹션에서는 꽃밭에서 인물사진 촬영 시 주의할 점과 동화같이 화사한 컬러톤 보정 방법에 대해 알아보도록 하겠습니다.

1 | 꽃밭을 배경으로 인물사진 촬영하기

꽃향기 가득한 계절이면 꽃사진뿐만 아니라 인물사진도 많이 찾아볼 수 있습니다. 이런 꽃밭에서 촬영하면 누구나 마음에 드는 인물사진을 촬영할 수 있지만, 촬영 경험이 부족하다면 몇 가지 주의할 점이 있습니다. 이 부분만 조심하면 누구나 쉽게 원하는 결과물을 얻을 수 있을 것입니다.

이런 배경에서 인물사진을 촬영하고 싶다는 생각을 해 보았을 것이다.

꽃과 인물을 분리하여 생각하자

우리가 예쁘다고 표현할 때 항상 빠지지 않는 것이 바로 '꽃'입니다. 피사체 자체가 예쁘다 보니, 즐기면서 편안하게 촬영해도 원하는 결과물이 잘 나오기 때문입니다. 하지만 예쁘다는 것이 함정이 될 수 있습니다. 꽃이 너무 크고 화려한 색상을 가지고 있을 경우 잘못하면 인물이 꽃에 묻혀버릴 수 있기 때문입니다.

다음 사진은 예시로 보여주기 위해 고의적인 NG컷으로 촬영한 것입니다. 인물사진을 처음 촬영할 경우 인물이 배경에 묻히는 경우가 발생하는데, 꽃밭이기 때문에 당연히 꽃이 나와야 한다는 생각을 가지고 있기 때문입니다.

▲ 꽃밭과 대비되는 의상을 입고 있음에도 불구하고 인물이 배경에 묻혀 버린다.

꽃밭에서 촬영하더라도 꽃이 사진에 모두 나올 필요는 없습니다. 촬영 장소가 꽃밭이라는 것만 보여주면 되기 때문이죠. 이것은 DSLR 카메라의 특성을 잘 활용하면 가능합니다. 얕은 심도의 아웃포커스로 촬영하여 배경을 정리하되, 꽃밭이라는 것을 알게끔 하는 것입니다.

▲ 꽃밭의 분위기만 전달하자.

꽃밭의 아름다움은 생각하지 말 것

꽃밭은 누가 봐도 아름답게 느껴집니다. 필자 역시 이렇게 아름다운 장소에 가면 설렐 수밖에 없습니다. 하지만 촬영자 입장에서 꽃밭의 아름다움에 너무 빠지게 될 경우 문제가 생길 수 있습니다.

다음 사진을 촬영할 당시, 모델에게 꽃 향기를 느낄 수 있도록 눈을 감고 숨을 반복적으로 들이쉬라고 요청하였습니다. 모자를 너무 눌러 쓸 경우 인물 실루엣의 밸런스가 무너지기 때문에 모자를 잡고 있되, 최대한 힘을 뺀 느낌을 내기 위해 두 손가락으로만 잡아달라고 요청했습니다. 이후 촬영하면서 세부적으로 손가락 모양을 계속 다듬었습니다. 이런 부분들은 눈에 띄지 않는 부분이라 모델이 놓칠 수 있습니다. 어떤 장소여도 하나의 앵글에서 세밀한 부분을 보안하며 촬영하는 것이 포토그래퍼의 자세입니다.

▲ 손가락에 힘이 너무 들어가면 모자가 눌린다는 느낌을 줄 수 있다. 눈에 보이지 않는 부분까지 잡아내어 사진의 완성도를 높이자.

시선을 두는 이유

여성이 남성보다 감성적이라는 점을 잘 활용하면 분위기와 어우러지는 사진을 얻을 수 있습니다. 다음 사진의 모델은 어느 정도 경력이 있는 분으로 촬영 장소에서 표정 묘사와 분위기 전달에 능숙합니다. 하지만 경력이 짧은 모델과 촬영할 경우에는 무표정으로 어느 한 곳을 응시한 채 촬영된 사진을 종종 보게 됩니다.

▲ 웃는 모습이 부자연스럽다면 카메라를 보지 않게 하는 것이 좋다. ▲ 시선이 카메라를 향해도 서정적인 느낌을 전달할 수 있다.

무표정으로 촬영하면 보는 이들에게 메시지를 전달하기 어렵습니다. 사진을 촬영할 때는 이유가 있어야 합니다. "왜 시선을 그 곳에 두었죠?"와 같이 촬영하는 동안 스스로에게 질문하는 것이 중요합니다. 만약 이유가 떠오르지 않는다면 그 사진을 보는 사람 역시 좋은 사진이라고 생각하지 않을 것입니다.

꽃밭에 어울리는 촬영 콘셉트

꽃밭은 밝은 느낌과 서정적인 느낌 모두 전달할 수 있는 장소로, 모델의 의상은 꽃과 대비되는 흰색 원피스를 선택하였습니다. 또한 모자도 모델에게 가져와 달라고 부탁했습니다. 필자가 준비한 소품은 모자 하나였지만 여기에 부가적으로 소품을 더 준비하는 것도 괜찮습니다. 소품이 많을수록 다양한 분위기를 연출할 수 있기 때문입니다.

2 | 감성 컬러 톤 보정을 위한 촬영

동화 느낌의 감성 컬러 톤은 사실적이지 못한 컬러 톤이라고도 말할 수 있습니다. 그렇기 때문에 인물이 카메라를 바라보거나 잘못된 의상을 선정할 경우 동화 느낌을 제대로 전달할 수 없습니다. 동화의 순수함을 표현하기 위해 깨끗한 흰색 의상을 선정했으며 모델의 얼굴이나 몸매가 아닌, 행동으로 메시지를 전달하기 위한 촬영을 계획하였습니다. 렌즈는 20mm 광각렌즈를 활용하였고, 최대한 비현실적으로 표현하기 위해 바닥에 엎드려 촬영하였습니다. 그리고 모델에게 등을 돌리고 꽃밭을 거닐도록 요청하였습니다.

여기서 중요한 것은 하늘의 구름인데요. 가장 이상적인 구름 모양을 찾기 위해 역광을 감수하고 앵글을 돌렸습니다.

20m 광각렌즈로 촬영한 사진

구름의 모양이 좋다면 어느 정도의 역광도 감수한다.

감성적인 컬러 톤 보정

　과거에는 카메라의 색감 논쟁이 심했습니다. "캐논은 화사하고 투명한 컬러를 잘 구현하고 니콘은 무거우면서 차분한 컬러를 잘 표현하며, 펜탁스는 진득한 표현을 잘해준다."와 같은 평가입니다. 요즘은 스마트폰의 카메라 성능이 너무 좋아졌기 때문에 가볍게 추억을 담으려는 사람들은 스마트폰으로 해결하는 경우가 많습니다. 반면, DSLR 카메라를 구입하는 사람들은 대부분 완성도 있는 사진을 촬영하려는 목적이 있습니다. 그러다 보니 사진을 배우기 위한 목적으로 구입하는 경우가 많고, 자연스럽게 RAW 파일을 접하게 됩니다. 이 RAW 파일 덕분에 원하는 컬러 톤을 자유롭게 만드는 것이 가능하게 됩니다.

　보정을 미리 생각하고 촬영하는 것이 좋을지 아니면 촬영과 보정을 별개로 두고 부족한 부분을 채우는 것이 좋을지에 대해서는 의견이 분분합니다. 이것은 자신의 사진 스타일이 정답이라 생각하기 때문에 생기는 현상으로, 다른 스타일의 사진을 인정하지 않는 것으로도 해석할 수 있습니다. 사진은 빛으로 그리는 그림이며, 사실적인 사진을 촬영할 수도 있고 디지털 아트 같은 창의적인 사진을 촬영할 수 있습니다. 특별히 정답이라는 것이 존재하지 않기 때문에 모든 사진을 인정하는 것이 중요합니다. "이게 무슨 사진이야!"라고 못을 박는 순간, 더 이상 창의적인 생각과 표현을 할 수 없을지도 모릅니다.

과거에는 이런 색감은 특정 브랜드의 카메라만 구현할 수 있다고 생각했다. ▼

실습 감성 컬러 톤 사진 만들기

보정 전과 후에서 나타나는 차이처럼 역광으로 인해 손상된 구름의 디테일을 살리고 전체적인 컬러의 채도를 높이는 보정으로 접근합니다. 인물사진 보정에서 많이 사용되는 보정 기법은 아니지만 보정 툴의 활용과 기능을 숙지하기 위해서라도 알아두는 것이 좋습니다.

● **원본사진** … 예제사진→꽃모델→꽃향기모델(동화).NEF　　● **완성사진** … 완성사진→꽃향기모델(완성).JPG

Before

● 역광을 감수하고 촬영한 이유는 이상적인 구름의 모양을 담기 위함이었습니다. 구름의 디테일을 더 살려 보겠습니다.

● 동화처럼 비현실적인 느낌을 주기 위해 채도를 올려 사진을 화사하게 만들어 보겠습니다.

● 역광에서 촬영한 사진이라 하늘과 지면의 노출 차가 커지는 문제가 발생하였습니다. 노출 차이를 줄이는 작업이 필요합니다.

After

노출 차이 줄이기 Lr

01 '꽃향기모델(동화).NEF' 파일을 불러온 다음 Develop 모듈로 이동합니다.

02 하늘과 땅의 노출 차이를 줄이겠습니다. 먼저 지면을 밝게 만들기 위해 Graduated Filter(단축키 M)를 클릭하고 이미지에서 가장 아랫부분부터 모자가 있는 부분까지 위로 드래그합니다.

03 Shadows 값을 '75'로 설정합니다. Exposure 값을 올려도 되지만 이럴 경우 노출이 부자연스럽게 올라갑니다. 자연스러운 밝기를 증가시키기 위해 Shadows 값을 조정한 후 [Done] 버튼을 클릭합니다.

04 하늘의 밝기를 낮추기 위해 Gradu-ated Filter(단축키 M)를 클릭하고 이미지에서 가장 윗부분부터 지면까지 아래로 드래그합니다.

05 하늘이 전체적으로 밝기 때문에 전 영역에 걸쳐 노출을 낮추기 위해 Exposure 값을 '-0.4'로 설정합니다.

06 구름의 디테일을 살리고 대비를 주기 위해 Dehaze 값을 '15'로 설정합니다. [Done] 버튼을 클릭합니다.

Tip Dehaze는 이미지 품질을 많이 떨어뜨리므로 높게 설정하는 것은 좋지 않습니다.

채도 보정하기 Lr

01 하늘의 채도를 높이기 위해 Gradu-ated Filter(단축키 M)를 클릭하고 이미지에서 가장 윗부분부터 지면까지 아래로 드래그합니다.

02 Temp 값을 '-100'으로 설정합니다. 최대치를 입력했음에도 컬러가 부족합니다. 일단 [Done] 버튼을 클릭합니다.

03 슬라이더 바를 내려 HSL 패널로 이동한 후 Luminance를 선택합니다.

04 Blue의 광도를 떨어뜨려 하늘을 좀
더 짙게 만들겠습니다. Blue를 '–30'으로
설정합니다.

05 채도를 높이기 위해 HSL 패널에서
Saturation을 클릭하여 Blue 값을 '30'으
로 설정합니다.

06 Tone 패널에서 Saturation 값을
'25'로 설정하여 전체적인 채도를 높이고
컬러 톤을 완성합니다.

일부분만 색 보정하기

01 하늘을 보정하면서 모자까지 파란 색으로 변경되었습니다. 모자 부분만 색을 다시 조정하겠습니다. Adjustment Brush(단축키 K)를 클릭하고 선택한 영역을 확인하기 위해 'Show Selected Mask Overlay'를 체크합니다.

02 사진을 확대하여 모자 부분만 꼼꼼하게 문질러 선택합니다. 'Show Selected Mask Overlay'에 체크했기 때문에 선택 영역이 붉은 색으로 표시됩니다.

03 컬러 보정을 하기 전에 'Show Selected Mask Overlay'를 체크 해제합니다. 파란색과 정반대의 색 온도인 노란색 쪽으로 Temp 값을 올리면 파란색이 사라집니다. Temp 값을 '12'로 설정합니다.

Tip 컬러를 보정하기 전에는 'Show Selected Mask Overlay'를 체크 해제합니다. 체크한 상태에서 컬러 보정할 경우 보정 전후를 확인할 수 없습니다.

04 Shadows 값을 '30' 입력하여 모자를
밝게 만들고 [Done] 버튼을 클릭합니다.

05 최종 완성본을 확인합니다.

가을느낌 가득한 **인물 촬영**

Section 05

가을은 인물사진을 찍기에 딱 좋은 계절입니다. 날씨가 덥지도 춥지도 않아 촬영자와 모델의 체력 소모도 덜하고 단풍과 은행잎이 보여주는 가을색은 화사하고 감성 짙은 배경을 만들어 주기 때문입니다. 이번 섹션에서는 가을 감성이 녹아있는 인물 촬영과 보정에 대해 알아봅니다.

1 | 가을 색을 배경으로 인물 촬영하기

단풍 가득한 가을은 화사함과 아름다움을 동시에 표현하기 좋은 계절입니다. 가을날의 인물 촬영은 기본적인 부분만 알면 좋은 결과물이 보장되기 때문에 몇 가지만 조심하면 누구나 쉽게 원하는 사진을 얻을 수 있습니다.

촬영 콘셉트와 장소 선정

가을이라는 느낌을 살리기 위해 밝고 화사한 콘셉트를 선정했고 귀여움과 여성스러움을 강조하기 위해 의상은 스커트 계열을 설정하여 진행하였습니다. 여기서 조심해야 할 부분은 배경 색과 유사한 색상의 의상을 선정하면 인물이 배경에 묻힐 수 있기 때문에 배경 색과 최대한 비슷하지 않은 색상의 의상을 선정하는 것이 좋습니다.

촬영 장소는 가을 느낌을 잘 살릴 수 있는 장소가 좋은데, 일명 단풍 명소라고 불리는 곳에서는 촬영하는데 어려움이 많습니다. 수많은 인파 때문인데요. 촬영자가 원하는 인물만 온전히 담을 수 없는 데다 공간의 제약도 있기 때문에 자유자재로 프레임을 구성하기 어렵습니다. 다음 두 장의 사진은 시에서 운영하는 생활 체육 공원에서 촬영한 것으로, 단풍이 절정으로 피는 시기이면 가까운 주변에서도 충분히 좋은 사진을 촬영할 수 있습니다.

최적의 날씨

단풍의 색을 화사하게 담아내기 위해 맑은 날에 촬영하는 것이 좋습니다. 하지만 맑은 날 촬영을 하게 되면 한 가지 문제가 생기는데요. 화사한 컬러를 담을 수 있는 장점이 있지만 역광이 존재하기 때문에 빛의 방향성을 고려하면서 촬영해야 합니다.

적정 조리개 값 설정

인물뿐만 아니라 단풍이나 은행나무의 느낌을 살리기 위해 조리개를 조여서 촬영하는 것은 좋지 않습니다. 조리개를 조여서 촬영하면 불필요한 부분까지 드러나는 경우가 많기 때문입니다. 얕은 심도를 이용하여 가을이라는 공간 안에 인물을 넣는다는 느낌으로 촬영하는 것이 화사한 사진을 얻는 방법입니다.

▲ 순광일 때는 배경과 인물의 노출 차가 적은 이미지를 얻을 수 있다.

빛의 방향을 고려하라

인물사진에서 가장 먼저 고려해야 하는 부분은 무엇일까요? 바로 '빛의 방향'입니다. 실제로 스튜디오에서 전문 포토그래퍼를 모집할 때 가장 기본이 되는 스펙이 자연광과 인공광을 자유자재로 활용하는 능력인데, 그만큼 인물사진에서는 빛의 방향이 가장 중요하며 그것에 따라 결과물의 품질은 확연하게 달라집니다. 앞서 가을 색을 가장 잘 표현할 수 있는 날씨가 맑은 날이라고 언급했지만 맑은 날은 역광과 그림자가 존재합니다. 이 두 가지는 일반적으로 인물사진 촬영에서 피해야 하는 두 가지 조건이라 볼 수 있습니다. 하지만 무조건 피할 필요는 없습니다. 때로는 은은한 그림자가 자연스러운 느낌을 더 살려주기 때문입니다.

하지만 가을날 배경을 고려한 촬영이라면 최대한 역광을 피해서 촬영하는 것이 좋습니다. 인물에 노출을 맞추면 배경이 밝게 표현되고, 배경에 노출을 맞추면 인물이 어둡게 표현되기 때문입니다. 순광에서 촬영하면 인물과 배경 모두 유사한 밝기가 들어간 사진을 얻을 수 있습니다.

▲ 역광일 때 인물에 노출을 맞추면 배경이 노출 과다로 표현된다.

▲ 역광일 때 배경에 노출을 맞추면 인물이 노출 부족으로 표현된다.

▲ 인포커스 촬영 : 앞쪽에 은행잎을 배치하여 앞쪽과 뒤쪽에 배경 흐림 효과를 넣었다.

인포커스와 아웃포커스의 적절한 활용

흔히 초점을 맞춘 피사체를 기준으로 앞쪽이 흐려지면 인포커스, 뒤쪽이 흐려지면 아웃포커스라고 말합니다. 필자 역시 강연이나 강좌에서 편의상 그렇게 표현하고 있지만 인포커스라는 말은 '초점에 들어왔다'는 뜻으로, 사진에서는 사용되지 않았던 용어입니다. 이 용어는 DSLR 카메라가 보급화되면서 뒤쪽이 흐려지는 것과 구분하기 위해 나온 것이라고 생각하면 됩니다.

2 | 가을 감성 가득한 인물사진 실전 촬영

빛의 방향

순광에서 촬영하면 가장 부드러운 사진을 얻을 수 있지만 포인트가 없는 사진이 됩니다. 다음 사진에서는 역사광(완전 역광이 아닌 120°~150° 뒤쪽에서 들어온 빛)을 이용하며 머리카락에 빛을 표현했습니다. 이것을 '하이라이트'라 부르며 스튜디오 인공광을 활용한 사진에서도 자주 사용되는 조명 기법 중 하나입니다.

▲ 역사광을 이용해 머리카락에 하이라이트를 표현했다.

프레임 구성

먼저 인물을 프레임 가운데 배치했습니다. 귀여운 느낌을 표현하기 위해 손 모양과 각도, 표정을 세세하게 지정하고 다리의 방향 역시 살짝 교차시킨 상태에서 한쪽 다리를 구부림으로써 상체의 밸런스와 최대한 맞춰 촬영하였습니다.

결과물은 나쁘지 않습니다. 하지만 완성도 있는 사진으로 보기는 힘듭니다. 인물과 배경(나무)의 밸런스가 어긋난 느낌이 나며, 단풍나무의 울창함도 부족해 보입니다. 또한 아래쪽의 인포커스된 부분 역시 애매하게 표현되었습니다. 보정 과정에서 이 부분을 보완하면 될 것 같습니다.

최종적으로 완성된 사진을 보면 인물을 나무 가운데에 배치해 나무 기둥을 완전히 가려줌과 동시에 단풍나무의 울창함까지 표현되었음을 알 수 있습니다. 또한 아래쪽에 인포커스된 부분 역시 애매하게 두는 것이 아니라 신체 일부를 가리더라도 확실하게 인포커스를 함으로써 거리감을 주는 효과를 얻을 수 있습니다. 이 사진을 위해서 필자는 바닥에 엎드려 촬영하였습니다.

▲ 프레임 구성 후 촬영한 사진

135mm,F/2. 0,ISO160,1/250sec.

▲ 최종 완성본

실습 가을 감성의 화사한 인물사진 만들기

다음 두 장의 사진을 비교하면 컬러 톤의 화사함에서 차이가 있는 것을 알 수 있습니다. 보정 전 사진이 늦가을에 떨어지기 직전의 단풍 느낌이라면 보정 후는 만추의 느낌이 강합니다. 이번 예제에서는 배경 색상을 화사하게 살리는 보정에 대해 알아봅니다.

● 원본사진 ··· 예제사진→가을느낌모델→가을느낌모델.NEF ● 완성사진 ··· 완성사진→가을느낌모델(완성).JPG

Before

역광으로 인해 선명도가 손실되었습니다. 사진 전체에 대비를 주어 선명도를 높일 필요가 있습니다.

배경의 채도가 약간 부족해 보입니다. 채도를 올려 화사한 배경을 만듭니다.

촬영 내내 왼쪽의 나무 기둥이 눈에 거슬렸지만 이런 부분은 촬영 당시에 해결할 수 있는 부분이 아닙니다. 불필요한 피사체는 촬영 후 보정으로 지워주는 수밖에 없습니다.

After

불필요한 피사체 지우기 Lr

01 '가을느낌모델.NEF' 파일을 불러온 후 Develop 모듈로 이동합니다.

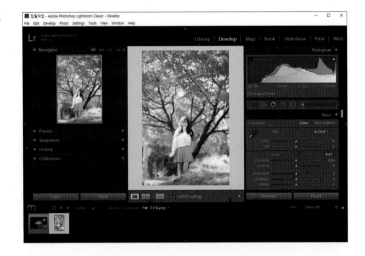

02 왼쪽의 흰색 나무 기둥을 지우도록 하겠습니다. Spot Removal(단축키 Q)을 클릭합니다. 클릭하면 Brush 전용 편집 창이 열립니다.

03 브러시 유형을 'Clone(복제)'으로 선택하고 마우스 휠 스크롤을 이용하여 브러시 크기를 설정합니다.

Tip 브러시 크기는 지울 나무 기둥보다 크게 설정하는 것이 좋습니다.

04 나무 기둥을 클릭합니다. 클릭하면 두 개의 원이 생성되는데, 아래쪽 원은 지울 대상이고 위쪽 원은 라이트룸에서 자동으로 유사 픽셀을 선택한 영역입니다. 예제에서는 라이트룸이 자동으로 선택한 지점이 아닌, 나무 기둥 옆의 녹색 지점으로 복제하겠습니다.

05 위쪽 원(라이트룸이 자동 선택한 영역)을 클릭 후 녹색 지점으로 드래그합니다. 나무 기둥의 색이 녹색으로 덮어진 것을 알 수 있습니다.

06 Spot Edit 패널에서 Opacity는 '100'으로 두고 Feather 값을 조정하여 가장 자연스럽게 복제되는 값을 찾습니다. 예제에서는 '70'으로 설정합니다.

07 같은 방법으로 나무 기둥의 나머지 영역도 복제하여 제거합니다.

Tip Spot Removal 브러시의 크기를 처음 설 정할 때 지우려는 대상과 정확한 크기로 맞추기 힘들 수 있습니다. 이런 경우에는 지우려는 대상보 다 약간만 크게 설정합니다.

08 처음 선택한 영역의 원 테두리에 마 우스 커서를 가져가면 원의 크기를 수정할 수 있습니다. 수정하면 즉시 그 값이 반영 되어 적용되기 때문에 쉽게 보정할 수 있 습니다. 나무 기둥이 모두 지워지면 Enter 키를 누릅니다.

채도와 선명도 높이기

01 역사광으로 인해 손실된 선명도를 끌어올리겠습니다. Contrast 값을 '+30'으로 설정합니다. 세부적으로 각 단계의 톤을 보정할 필요 없이 보기 좋게 대비가 적용되었습니다.

Tip 대비를 주면 컬러가 변하는 경우가 많기 때문에 컬러부터 보정하면 대비에서 색이 틀어지는 결과가 발생합니다. 컬러 톤에 익숙하다면 어느 것을 먼저 하든 상관없지만, 컬러 톤에 대해 배우는 단계라면 대비부터 보정한 다음 컬러를 보정하는 것이 좋습니다.

02 배경만 채도를 높이기 위해 Adjustment Brush(단축키 K)를 클릭합니다. Effect 창이 활성화되면 모든 값이 '0'인지 확인하고 다른 숫자가 입력되어 있다면 '0'으로 만들어 줍니다.

03 선택 영역을 확인하기 위해 'Show Selected Mask Overlay'를 체크한 후 인물을 제외한 배경 영역을 마우스로 드래그하여 문질러 줍니다. 문지르면 붉은색으로 선택 영역이 표시됩니다.

Tip 붉은색으로 표시된 영역에만 이후 적용할 보정 값이 적용됩니다.

04 컬러 보정 결과가 잘 보이도록 'Show Selected Mask Overlay'를 체크 해제합니다. Feather와 Flow 값을 최대 값인 '100'으로 설정합니다.

> Tip Size는 문지른 커서의 크기이므로 유동적으로 변합니다.

05 Saturation 값을 '40'으로 설정합니다. Feather 값을 '100'으로 설정했기 때문에 인물의 얼굴에도 채도가 살짝 증가하여 전체적으로 자연스러운 사진이 되었습니다.

> Tip 인물의 얼굴에 영향을 주지 않게 하려면 Feather 값을 내린 상태에서 작업합니다.

06 최종 완성본을 확인합니다.

> Tip 인물사진을 시작하는 단계에서 가장 좋지 않은 습관은 '조급함'입니다. 결과물을 빨리 끌어내기 위해 조급하게 촬영하면 사진의 문제점을 꼼꼼하게 확인할 수 없고 결국 나중에 후회하게 되는데, 이런 일이 발생하지 않도록 천천히 꼼꼼하게 확인하면서 진행하는 것이 좋습니다.

Section

06

야간에 **인물 사진 촬영**과 보정하기

어두운 장소에서 인물을 촬영하기 위해서는 단렌즈를 사용하여 조리개를 개방하고, ISO 감도를 올려서 셔터스피드를 확보해야 합니다. 야간에 인물사진을 촬영할 때 고려해야 할 부분과 보정 기법에 대해 알아보겠습니다.

1 | 인물은 낮에만 촬영해야 하나?

포토그래퍼에게 필요한 노력 중 하나는 바로 '좋은 빛을 찾는 것'입니다. 필자 역시 촬영 의뢰가 들어왔을 때 최상의 이미지를 얻기 위해 가장 좋은 빛을 위한 날씨와 시간을 먼저 생각했습니다. 하지만 때로는 빛이 좋지 못한 상황에서 촬영해야 하는 경우도 있고, 콘셉트의 느낌을 살리기 위해 의도적으로 어둠 속에서 촬영하는 경우도 있습니다.

사실, 어두운 장소에서 인물을 촬영하는 것은 간단한 일이 아닙니다. 고감도로 촬영할 경우 노이즈가 발생하여 사진의 품질을 떨어뜨리고, 노이즈 발생을 줄이기 위해 외장 플래시를 사용하면 인물의 얼굴이 번들거리는 사진이 나오기 때문이죠. 또한 각종 잡광이 얼굴에 반사되어 사진에 나타나기도 합니다. 이렇듯, 야간에 하는 인물 촬영은 여러모로 신경 써야 하는 부분이 많습니다.

야간 인물 촬영 포인트

❶ 필터는 반드시 제거하자

야경사진과 마찬가지로 야간에 촬영하는 인물사진도 빛의 난반사에 신경을 써야 합니다. 잘못하면 고스트와 플레어 같은 의도하지 않는 물체가 사진에 나타날 수 있기 때문이죠. 이것을 방지하기 위해 렌즈 앞에는 그 어떤 필터도 사용하지 않는 것이 좋습니다.

❷ 노이즈도 사진의 일부

노이즈가 없는 사진을 위해 ISO 감도를 낮게 설정하고 엄청나게 느린 셔터스피드로 촬영하는 경우가 있지만 이것은 잘못된 촬영 방법입니다. 노이즈는 있는 그대로 받아들이는 것이 좋습니다. 노이즈는 사진의 일부로 볼 수 있지만, 흔들린 사진은 사진으로 보기 어렵기 때문입니다. 필자가 받았던 질문 중 많은 부분이 노이즈와 관련한 것이었는데요. 실제로 이런 질문을 받은 적 있습니다. "노이즈 정말 싫어요. 노이즈 없는 카메라 추천 좀 해주세요." 노이즈에 관대해질 필요가 있습니다. 24인치 이상 급의 모니터에 풀사이즈로 띄우고 본다면 모를까, 노이즈가 발생하더라도 스마프폰으로는 거의 보이지 않고 블로그 사진 크기인 900px에서도 그렇게 신경 쓰일 정도로 드러나지 않기 때문입니다.

그렇다고 해서 아무렇게나 촬영해도 된다는 것은 아닙니다. 노이즈는 없는 빛을 강제로 밝게 하려고 할 때 극심하게 발생하기 때문에 인물에 빛이 들어갈 수만 있다면 높지 않은 감도로도 쉽게 촬영할 수 있습니다.

2 | 별도의 조명 장치 없이 고감도를 활용한 야간 인물 촬영

고감도를 활용한 야간 인물 촬영

ISO 감도를 올려서 촬영하는 방법으로, 별도의 조명 장치가 없는 상황에서 활용할 수 있습니다. 조명 장치를 사용하지 않기 때문에 누구나 쉽게 촬영이 가능하고 인물에 집중할 수 있는 장점이 있지만, 촬영 장소를 잘못 선정할 경우 좋지 못한 결과물이 나올 수도 있습니다.

◀ 전체적인 분위기는 괜찮지만 인물의 강조를 원한다면 잘못된 위치 선정이라 볼 수 있다.

인물이 강조되는 장소 선정

촬영 시간이 밤이라는 점에서 일단 빛이 없는 환경을 의미하는 것을 알 수 있습니다. 그러므로 모델이 강조되어야 한다면 촬영 장소 선정부터 신경쓸 필요가 있습니다. 먼저, 빛이 있는 장소를 찾아야 합니다. 가로등 밑이 될 수 있고, 번화가 유리창 밖으로 비치는 조명 아래일 수도 있습니다. 어떤 장소를 선택하든 상관없습니다. 인물에게 빛이 들어가게 할 수만 있다면 말이죠.

▲ 어둠 속에서도 분명 빛은 존재한다.

하지만 빛이 있다고 해서 무작정 인물을 배치하고 촬영할 수는 없습니다. 바로 역광 때문인데요. 주광 (낮 시간대의 빛)에서는 역광을 잘 활용하면 특색 있는 이미지를 얻을 수 있지만, 밤의 역광은 빛의 특성을 살려낼 수 없고 오로지 노출 차만 커지기 때문에 가능하면 역광을 피하는 구도로 촬영해야 합니다. 예를 들어, 다음 사진과 같이 역광이 발생할 경우 유리창에서 나오는 빛이 인물의 얼굴에 향하도록 구도를 변경하고 촬영하면 쉽게 해결할 수 있습니다.

▲ 빛을 마주하면 어느 빛이든 역광이 발생한다.

콘셉트 설정

이번 섹션에 들어간 사진은 늦가을에 촬영한 것으로, 차분하면서 정숙한 느낌을 내기 위한 콘셉트로 진행하였습니다. 잡지에서 볼 수 있는 화보가 아니라 드라마의 한 장면 같은 자연스러운 이미지를 얻기 위해 자신감, 세련미, 아름다움과 같은 부분은 무시하고 오로지 인물이 풍기는 분위기에만 집중하여 모델에게 요구사항을 요청하였습니다. 이런 사진은 흑백으로 보정하는 것도 좋지만, 너무 강한 느낌이 들 수 있기 때문에 채도를 약간만 낮춰서 차분한 분위기를 끌어올리는 것이 좋습니다.

적정 조리개 값의 설정

빛의 양이 부족한 곳에서 진행하는 촬영이므로 조리개를 개방할수록 좋습니다. 프리미엄급의 렌즈 중 조리개 값 F/1.2, F/1.4를 지원하는 렌즈가 있는데, 너무 낮은 조리개 값을 활용할 경우 인물의 느낌이 가벼워질 수 있고 자칫하면 초점이 어긋날 수도 있습니다. 그러므로 조리개 값을 F/1.8이상으로 활용하는 것이 안정적입니다.

▲ 유리층에서 나오는 빛이 인물 쪽으로 향하게 한 구도

실습 차분한 분위기를 살려주는 저채도 사진 만들기

저채도 보정이란 말 그대로 채도가 낮은 보정 기법입니다. 차분한 분위기를 살려주기에 적합한 톤으로, 몇 번의 슬라이드 바 조정만으로 완전히 다른 느낌을 구현할 수 있어 쉽고 간단하게 촬영할 수 있습니다.

◉ **원본사진** ··· 예제사진→야간인물(저채도)→야간인물(저채도).NEF   ◉ **완성사진** ··· 완성사진→저채도(완성).JPG

Before

원본 사진은 ISO 감도 800, 조리개는 F/2. 0으로 촬영하였으며 흔들린 컷이 많이 나왔기 때문에 셔터스피드를 1/200초로 설정하고 촬영하였습니다. 감도가 높아 깨끗한 이미지라고 보기는 힘들지만 사진에서 풍기는 분위기와 보정을 이용하면 충분히 보강할 수 있습니다.

◉ 배경에서 밝은 부분에 대비를 주어 어두운 부분은 더 어둡게, 인물은 좀 더 밝게 표현합니다.

◉ 전체적인 채도를 낮춥니다. 배경과 인물의 노출 차가 심한 경우임을 고려해야 합니다.

After

저채도 보정하기 Lr

01 '야간인물(저채도).NEF' 파일을 불러온 후 Develop 모듈로 이동합니다.

02 배경과 밝은 부분에 대비를 주어 인물이 더 강조되게 만들겠습니다. 여기서 대비에 관여하는 Contrast와 Clarity 중 하나를 선택해야 합니다. 예제에서는 어두운 부분은 더 어둡게, 밝은 부분은 더 밝게 표현하기 위해 Contrast 값을 '+30'으로 설정합니다.

Tip 어떤 보정을 할 것인가를 잘 생각한 다음 그에 해당되는 툴을 정확하게 활용하는 것이 중요합니다.

03 채도를 전체적으로 낮추겠습니다. 채도도 마찬가지로 Saturation과 Vibrance 중 하나를 선택해야 합니다. 배경과 노출의 편차가 있기 때문에 예제에서는 Saturation 값을 '-65'로 설정합니다.

Tip Saturation은 채도를 낮춰도 밝기는 그대로 유지되는 반면, Vibrance는 채도가 낮아지면 밝기도 동시에 내려갑니다. 이 부분은 보정에 익숙한 분들도 헷갈릴 수 있는데, 전체적인 이미지에서 봤을 때는 큰 차이가 없기 때문입니다. 간혹 '인물사진에서 채도를 보정할 때는 Vibrance를 사용하라'고 하지만 이것이 반드시 정답이 될 수는 없습니다.

▲ Saturation : －보정   ▲ Vibrance : －보정

04 최종 완성본을 확인합니다.

3 | 톤 커브를 이용한 필름 톤 표현

야간에 가장 안 좋은 빛은 바로 가로등입니다. 기본적으로 색온도를 변형시키고 광량도 충분한 편이 아니어서 촬영과 보정을 하는데 어려움이 있기 때문입니다. 하지만 잘 활용하면 기존과 완전히 다른 느낌의 사진을 얻을 수 있습니다.

촬영 포인트 선정

야간의 골목에서 촬영하는 만큼, 빛이 좋은 장소를 찾기 힘듭니다. ISO 감도는 기본 1000 이상을 요구하는 경우가 많기 때문에 사진에 노이즈가 많이 발생합니다. **1**번 사진은 ISO 감도를 1250으로 세팅하고 촬영한 사진임에도 불구하고 인물의 노출이 어두운 것을 확인할 수 있고, 이미지도 깨끗하지 못한 것을 알 수 있습니다. 최대한 빛을 받을 수 있게 하는 것이 중요한데, 가장 좋은 방법은 가로등이 비치는 방향으로 얼굴 각도를 돌려주거나 빛이 있는 쪽으로 위치를 변경하는 것입니다.

2번 사진도 역시 같은 ISO 감도 1250이지만 **1**번 사진과 밝기 차이가 있음을 알 수 있습니다. 밝기뿐만 아니라 다른 것도 고려해야 하는데요. 바로 '빛이 주는 효과'입니다. 촬영 환경이 좋지 않기 때문에 최대한 빛을 활용하기 위해 가로등을 이용했습니다.

3번 사진에서는 인물이 가로등을 등지게 서는 동시에 다른 가로등의 빛이 어느 정도 들어가도록 위치를 지정하였습니다. 가로등을 등짐으로써 모델의 머리카락에 빛이 표현되며 뒤에서 들어온 빛으로 인해 모델의 윤곽이 드러납니다. 얼굴의 노출도 완벽하지는 않지만 이 정도면 보정으로 충분히 살려낼 수 있습니다.

ToneCurve 제대로 알기

❶ 기본 활용 방법

라이트룸을 설치하면 기본적으로 적용되어 있는 Tone Curve의 조정 화면입니다. 이 화면은 라이트룸 입문자가 편리하게 사용할 수 있게끔 만들어 놓은 것이지만 Basic 패널과 동일하고 RGB 채널별로 보정할 수 없기 때문에 거의 사용하지 않는 기능입니다. 여기서는 노출과 대비만 조정할 수 있습니다.

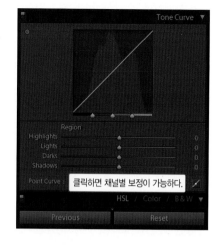

Point Curve 옆에 있는 Click to edit Point Curve를 클릭하면 볼 수 있는 조정 화면입니다. Curve를 활용할 때 대부분 이 화면에서 조정하며 노출 대비뿐만 아니라 RGB 채널별로 컬러 조정이 가능합니다.

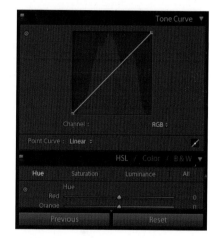

최초 커브 화면에서 마우스 커서 모양이 십자 모양일 때 포인트를 클릭하여 드래그하면 곡선으로 보정이 적용됩니다.

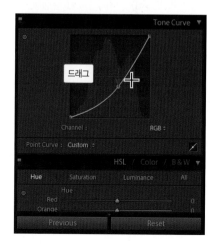

최초 커브 화면에서 마우스 커서를 왼쪽 모서리 아래 또는 오른쪽 모서리 위로 가져가면 커서 모양이 양방향의 화살표로 바뀝니다. 이때는 직선으로 보정이 가능합니다.

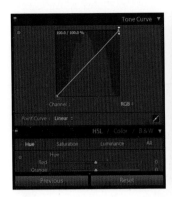 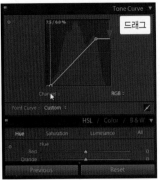

별도의 포인트를 클릭하여 추가할 경우 더 이상 직선으로 보정할 수 없으며, 곡선으로 보정하는 것만 가능합니다. 또한 커브를 조정할 때 Alt 키를 누른 상태에서 조정하면 정교한 조정이 가능합니다.

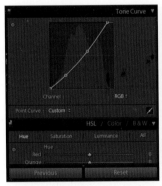 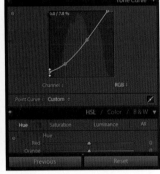

❷ Curve의 이해

Curve 패널로 이동하면 다음과 같은 모양의 선이 나타납니다. 이 선을 조정하면 곡선으로 보정할 수 있습니다.

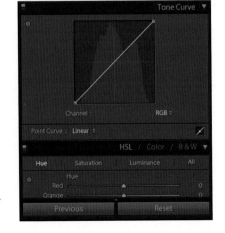

Tip　Curve 위를 클릭하면 포인트가 추가됩니다. 포인트를 삭제하려면 포인트를 마우스 오른쪽 버튼으로 클릭한 다음 **Delete Control Point**를 실행하면 됩니다.

라이트룸에서는 특정 부분만 보정하는 것이 불가능하기 때문에 곡선을 조정하면 점선부터 곡선까지 보정이 적용됩니다. 오른쪽 이미지의 커브는 커브에 처음 입문할 당시 가장 많이 활용되는 S 자 모양으로, 쨍한 사진을 만드는데 활용합니다. 물론, 밝기에 익숙해지면 S자형만 고집하지 않게 됩니다.

포인트 개수가 늘어나면 조정할 수 있는 범위에 제약이 따르지만 주변의 포인트가 간섭하지 못하게 막기 때문에 정교한 보정이 가능합니다.

커브선에 마우스 커서를 위치시키고 클릭하면 포인트가 추가됩니다. ▶

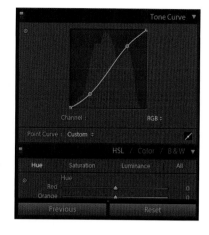

 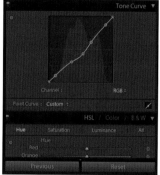

❸ 색의 이해

정교한 보정을 위해서는 보색 개념을 이해해야 합니다. 먼저, Red의 보색은 Cyan입니다. Red 톤을 내리면 Cyan이 강조됩니다. 반대로 Red 톤을 올리면 Red가 강조됩니다.

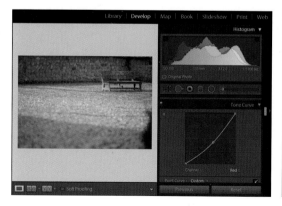 

Green의 보색은 Magenta입니다. Green 톤을 내리면 Magenta가 강조됩니다. 반대로 Magenta 톤을 올리면 Magenta가 강조됩니다.

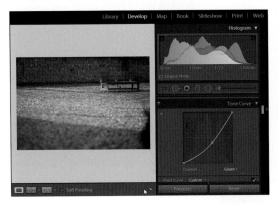 

Blue의 보색은 Yellow입니다. Blue 톤을 내리면 Yellow가 강조됩니다. 반대로 Blue 톤을 올리면 Blue가 강조됩니다. 즉, Green 톤이 강하다고 해서 Green 톤을 내리면 Red가 강조되기 때문에 Green 톤이 아닌 Red 톤을 내려야 합니다. 보색으로 사진의 느낌이 완전히 달라지는데 이것은 다른 편집 프로그램에서도 활용할 수 있기 때문에 각 컬러의 보색을 외우고 어떻게 이미지에 적용되는지 알고 있어야 합니다.

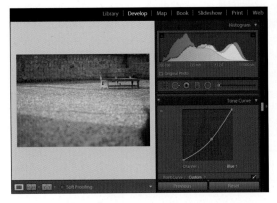 

실습 ToneCurve 필름 톤 사진 만들기

필름 톤만 잘 구현하면 빛이 안 좋은 상황에서도 감성적인 사진을 얻을 수 있습니다. 다음 사진은 어두운 장소에서 촬영했기 때문에 노이즈 없는 깨끗한 이미지와는 거리가 있지만, 노이즈 역시 사진의 일부라는 생각으로 그에 맞는 컬러 톤을 구현하는 것이 중요합니다.

◉ **원본사진** … 예제사진→야간인물(톤커브)→야간인물(톤커브).NEF   ◉ **완성사진** … 완성사진→톤커브(완성).JPG

Before

○ 채도를 약간 낮춰 필름 느낌이 나도록 보정합니다.

○ 가로등 특유의 색온도가 이미지 품질을 상당히 많이 좌우하는 것을 확인할 수 있습니다.

○ 의상이 어두운 톤인데다 인물을 비추는 빛의 양이 적어 의상이 배경에 묻혀 버렸습니다. 보정으로 밝게 해줄 필요가 있습니다.

After

밝기와 대비, 채도 조정하기 Lr

01 '야간인물 촬영(톤커브).png' 파일을 불러온 후 Develop 모듈로 이동합니다. 라이트룸CC 7.3 버전 사용자의 경우에는 흑백 보정하는 인터페이스가 일부 변경되었습니다. Black&White 전용 패널에서 수치 값을 조정하여 원하는 흑백 사진으로의 변환이 가능하게 되었습니다.

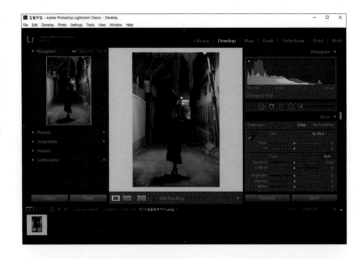

02 전체적인 밝기를 조정하기 위해 Exposure 값을 '1.3'으로 설정합니다. 의상이 배경에 묻히지 않고 살아나는 것을 확인할 수 있습니다.

03 대비를 설정합니다. 여기서 선택할 수 있는 것은 Contrast와 Clarity입니다. Clarity를 적용하면 입체감이 생기고, Contrast를 적용하면 입체감이 생기지 않습니다. 입체감을 주기 위해 Clarity 값을 '+30'으로 설정합니다.

Tip Contrast는 이미지 전체 톤 기준으로, Clarity는 미드 톤 기준으로 대비가 적용됩니다.

04 필름 톤을 구현할 때는 채도를 약간 낮추는 것이 좋습니다. 채도를 낮추기 위해 Saturation 값을 '–10'으로 설정합니다.

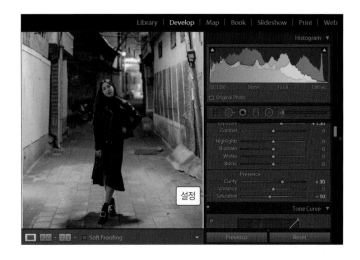

컬러 톤 넣기 Lr

01 컬러 톤을 조정하기 위해 슬라이더 바를 내려 ToneCurve 패널로 이동합니다.

02 RGB 채널을 활용하기 위해 Click to edit Point Curve을 클릭합니다.

03 Channel을 'Red'로 변경합니다.

> **Tip**   Red 톤을 높이면 당연히 더 붉게 표현됩니다. 반대로 Red 톤을 낮추면 보색인 Cyan으로 표현됩니다. Curve를 보는 방법
> 은 히스토그램과 동일합니다.

가로 축(x축)은 왼쪽으로 갈수록 어두워지고 오른쪽으로 갈수록 밝아지는 것을 의미합니다. 세로 축(y축)은 위로 갈수록 톤의 양이
많아지고 아래로 갈수록 적어지는 것을 의미합니다.

04 Curve에서 맨 왼쪽 모서리에 마우스 커서를 가져가면 커서 모양이 양방향의 화살표로 바뀝니다.

05 클릭한 상태에서 오른쪽으로 드래그 합니다. 사진에서 가장 어두운 영역이 푸른색으로 변했음을 알 수 있습니다.

06 Channel을 'Green'으로 변경합니다. Red에서 가장 어두운 영역만 푸른색으로 변화를 주었다면, Green에서는 적정 노출이 들어간 부분을 기준으로 컬러를 지정합니다.

07 Curve의 가운데 지점을 클릭하여 화면과 같은 모양으로 만듭니다. 전체적으로 녹색 컬러가 적용된 것을 알 수 있습니다.

08 Channel을 'Blue'로 변경합니다.

Tip 사진에서 가장 밝은 부분은 가로등 빛이 비추는 주택의 벽면입니다. 이 부분을 보정할 것인지, 가장 어두운 골목 뒤쪽을 보정할 것인지, 전체적으로 고르게 보정할 것인지 파악하는 것이 톤커브를 활용하는 핵심이라 할 수 있습니다.

09 마우스 커서를 왼쪽 모서리 지점에 가져간 후 Curve를 화면과 같은 모양으로 만들어 줍니다. 푸른색이 가장 어두운 곳부터 시작하여 미드 톤인 건물의 벽면까지 적용됩니다.

Tip 색온도를 먼저 조정하면 노출을 보정하는 데 힘들 수 있습니다. 색온도를 높이면 노출이 증가하고, 색온도를 낮추면 노출 역시 감소하기 때문입니다.

비네팅 적용하기 **Lr**

01 비네팅을 적용하여 사진의 분위기를 살리겠습니다. 슬라이드 바를 내려 Effects 패널로 이동합니다.

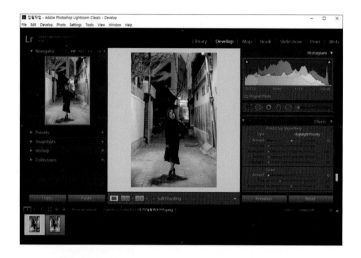

02 Post-Crop Vignetting에서 Amount 값을 '-35'로 설정합니다.

03 비네팅이 적용되는 범위를 지정하겠습니다. Midpoint 값을 '50'으로 설정하고 최대한 원 모양에 가깝게 적용되도록 Roundness 값을 '+100'으로 설정합니다.

04 이질감이 없는 부드러운 비네팅을
위해 Feather 값을 '70'으로 설정합니다.

05 최종 완성본을 확인합니다.

4 | 하이컨트라스 흑백사진 보정

야간에 인물사진을 활영할 때 하이컨트라스 흑백 보정을 염두하고 촬영하면 인물이 확실하게 강조되는 사진을 얻을 수 있습니다. 이런 사진을 얻기 위해서는 야간이라는 환경에 대해 알아볼 필요가 있습니다. 야간에는 당연하겠지만 전체적으로 어둡습니다. 이렇게 어두운 장소에 인물을 배치하면 노출을 살리기 힘들고 대비가 강한 흑백사진을 구현하는 것도 어렵습니다. 최소한의 보정으로 최상의 결과물을 끌어내는 것이 중요하기 때문에 어느 정도는 인물의 얼굴에 빛이 비춰져야 합니다.

촬영 포인트

아무 특색 없이 전체가 밝은 장소에서 촬영하면 역광 상황이 되어버리므로 피하는 것이 좋습니다. 또한 인물에 빛이 들어가지 않는 장소 역시 피해야 합니다. 빛이 들어가더라도 최소 ISO 감도를 800대까지 맞춰야 하는 상황이 많은데, 빛이 너무 없으면 ISO 감도를 그만큼 올려야 하며, 이런 경우 이미지 품질에 직접적으로 영향을 주기 때문입니다. 감도는 올라갈수록 민감하므로 ISO 감도 800이 넘어가면 주변의 빛을 적극적으로 활용해야 합니다.

배경과 인물이 비슷한 밝기로 표현되는 장소 ▶

촬영 방향 설정

이번 촬영은 인물이 바로 앞에 있는 것 같은 느낌이 들도록 사실적인 부분에 초점을 맞췄습니다. 사람의 원근감과 가장 유사한 50mm 렌즈를 사용했고, 어둠과 빛의 대비만 주면 사진이 다소 밋밋할 수 있어 주변의 불빛을 활용하여 배경에 보케를 넣어 촬영하기로 구상했습니다. 촬영 후 최종적으로 보정을 통해 인물과 배경의 대비를 크게 설정하고, 흑백 효과를 적용할 것입니다.

촬영 상황

'인물이 바로 앞에 있다'는 느낌을 주기 위해 모델의 시선을 카메라 쪽으로 향하게 하는 것이 중요했고 바스트 샷(가슴 라인 부근까지 프레임을 구성)으로 촬영되기 때문에 몸의 방향은 카메라 방향이 아닌, 45°로 틀었습니다. 마지막으로 미소 설정이 중요했는데, 배경의 분위기와 최종 보정 시 컬러 톤을 고려하여 은은한 미소를 모델에게 요구했습니다.

그렇지만 다음 사진은 B컷 사진으로, 촬영 당시 LCD 창에서 봤을 때는 괜찮다고 판단했지만 PC에서 확인했을 때 아래쪽 손 모양이 어색한 것을 확인하였습니다. 당시에 손바닥 전면을 반대편 팔에 자연스럽게 붙였으면 좋았을 것입니다.

◀ 카메라 세팅 : 50mm, F1.8, ISO800, 1/100s.

흑백사진 보정을 위한 촬영

흑백 인물사진은 차분함과 동시에 깊은 감성을 주는 매력이 있습니다. 아름다운 모델부터 주변의 소중한 사람까지 대충 촬영하지 않는 이상 흑백으로 보정하면 꽤 그럴 듯한 사진이 나오게 됩니다. 간혹 흑백으로 보정해도 분위기만 흑백으로 표현될 뿐, 사실상 결과물의 차이는 크지 않은 사진을 볼 수 있습니다. 이런 문제가 발생하는 이유는 촬영하고 나서 흑백으로 보정하는 것과 사전에 흑백으로 보정하기 위한 계획을 마친 후 촬영하는 것은 다르기 때문입니다. 그러므로 촬영 장소와 빛의 방향을 고려하고 장소에 어울리는 인물의 얼굴 각도와 자세, 카메라 렌즈의 선택까지 고려한 후 촬영하는 것이 중요합니다.

실습 하이컨트라스 흑백사진 만들기

하이컨트라스 흑백사진은 대비가 큰 흑백사진을 말하는 것으로, 기존의 흑백사진과는 다른 느낌을 줄 수 있습니다. 하이컨트라스 흑백사진 보정 기법은 모델의 미소나 미모를 부각시키는 효과가 있기 때문에 인물사진에서 흑백으로 밝은 느낌을 강조할 때 활용하면 좋습니다.

● **원본사진** ··· 예제사진→야간인물(하이컨트라스)→야간인물(하이컨트라스).NEF   ● **완성사진** ··· 완성사진→하이컨트라스(완성).JPG

Before

● 인물이 밝긴 하지만 배경과의 노출이 그렇게 크지 않습니다. 인물을 더 강조하기 위해 배경은 더 어둡게, 인물은 더 밝게 보정합니다.

● 촬영 당시에 문제되었던 아래쪽 손 모양을 수정할 방법은 없기 때문에 과감하게 자르거나 자연스럽게 감추는 방법을 선택해야 합니다.

● 비네팅을 적용해 아래쪽 손을 자연스럽게 감추도록 하겠습니다.

After

인물 강조하기

01 '야간인물(하이컨트라스).NEF' 파일을
불러온 후 Develop 모듈로 이동합니다.

02 인물을 강조하기 위해 배경을 어둡게
보정하겠습니다. Radial Filter(단축키 Shift
+M)를 클릭하면 전용 편집 창으로 바뀝
니다. 모든 값이 '0'인지 확인합니다.

03 인물의 얼굴 가운데 부분을 클릭한
후 드래그하여 인물 바깥쪽으로 원을 그려
줍니다.

04 슬라이더 바를 아래로 내린 다음 부드러운 적용을 위해 Feather 값을 '100'으로 설정합니다. 원 바깥쪽에 보정 값이 적용되도록 'Invert'에 체크 해제되었는지 확인합니다.

Tip 'Invert'에 체크되어 있으면 선택 영역인 원 안쪽에 보정 값이 적용되고 체크 해제되어 있으면 원 바깥쪽에 보정 값이 적용됩니다.

05 배경의 밝기를 낮추기 위해 Exposure 값을 '-4.00'으로 설정합니다. 원 바깥쪽에만 보정 값이 적용되어야 하지만 원 안쪽에 있는 인물도 약간 어두워지는 것을 확인할 수 있습니다.

06 원 안쪽에 있는 인물까지 어두워진 이유는 선택 영역인 원의 반경이 좁거나 Feather 값이 너무 크기 때문입니다. 이전 단계에서 '100'으로 설정한 Feather 값을 '70'으로 변경합니다.

07 보정을 마친 후 [Done] 버튼을 누르거나 Enter 키를 두 번 누릅니다. Radial Filter로 원 바깥 영역을 어둡게 조정하면 자연스럽게 비네팅이 형성되기 때문에 마음에 들지 않았던 아래쪽 손 모양을 감추는 효과가 있습니다.

흑백 전환 후 대비 적용하기 [Lr]

01 사진을 흑백으로 전환하기 전에 인물의 얼굴에서 어떤 컬러가 가장 큰 비중을 차지하고 있는지 확인해야 합니다. HSL 패널에서 Saturation을 클릭한 후 각각의 컬러들을 조정하면서 가장 많이 들어간 컬러를 찾습니다. 예제에서는 'Orange'가 가장 많이 들어있는 것을 확인할 수 있습니다. 일단 이것을 기억해 두고 넘어갑니다.

Tip 컬러를 확인한 다음에는 해당 컬러를 반드시 원래대로 '0'으로 설정합니다.

02 'B&W'를 클릭합니다. 자동으로 흑백으로 전환됩니다.

03 인물의 얼굴이 어두워 모델의 외모가 강조되지 않고 배경에 묻히는 느낌이 있습니다. B&W에서 Orange 색상을 이용하여 얼굴을 밝게 보정하겠습니다. Orange 값을 '+2'으로 설정합니다.

04 전체적인 대비를 주어 머리카락과 배경은 더 어둡게, 인물의 얼굴은 더 밝게 표현하겠습니다. Contrast 값을 '+20'으로 설정합니다.

05 최종 완성본을 확인합니다.

Section

07

아이를 위한
사진 촬영과 보정하기

아이사진 촬영은 생각보다 쉽지 않습니다. 이번 섹션에서는 아이촬영 시 주의해야할 점과 아이와 교감하고 소통하여 원하는 결과물을 끌어내는 방법에 대해 알아보도록 하겠습니다.

1 | 아이와 동물이 촬영하기 어려운 이유

아이사진을 촬영할 때는 사전 탐색이 중요한데, 특히 아이가 좋아하는 것이 무엇인지 알아내는데 시간을 많이 들여야 합니다. 인물사진을 촬영할 때는 교감과 소통이 가장 중요하기 때문이죠. 물론 엄마, 아빠는 아이가 무엇을 좋아하고 무엇을 싫어하는지 이미 알고 있습니다. 그러므로 여기서 설명한 내용을 토대로 조금만 연습하면 전문 포토그래퍼보다 훨씬 더 좋은 사진을 얻을 수 있을 것입니다.

인물 촬영에서 교감의 중요성은 몇 번을 강조해도 지나치지 않습니다. 교감에 성공하더라도 촬영자의 기술적인 부분 때문에 100% 성공한 사진을 얻는 것은 쉽지 않은데, 하물며 교감에 실패한다면 그 결과물은 말할 필요도 없을 것입니다. 이렇게 중요한 교감은 두 가지로 나눌 수 있습니다. 첫 번째는 '외형적 교

감'입니다. 이것은 어디까지나 성인 모델에 해당하는 내용으로, 의사소통이 원활하기 때문에 조금만 연습하면 교감을 끌어낼 수 있습니다. 두 번째는 '내면적 교감'입니다. 아이와 동물이 여기에 해당합니다. 아이와 동물은 대화가 원활하게 이루어지지 않고, 하고 싶지 않은 것은 절대로 하지 않기 때문에 성인을 촬영하는 방식과는 완전히 다른 방식으로 접근해야 합니다.

2 | 항상 관찰할 것

아이가 어떤 행동을 하는지, 어떤 부분에서 호기심을 보이는지 예상할 수 있다면 손쉽게 촬영이 가능합니다. 예상한 장소에서 미리 뷰를 잡아두고 촬영한다면 생각하지도 못한 좋은 사진을 얻을 수 있습니다.

다음 사진은 사전에 설정하고 촬영한 것이 아닙니다. 촬영 당시 아이를 관찰하는 과정에서 아이가 바람에 날리는 모자를 잡는 모습을 보았고, 아이에게 의도적으로 포즈를 요구한다면 표정과 자세가 부자연스러울 수 있기 때문에 이 장면을 위해 계속 기다린 끝에 결국 촬영할 수 있었습니다.

▲ 난간 아래 잉어를 보고 있는 모습을 포착하여 촬영한 사진

▲ 바람 부는 날 촬영한 사진

3 | '김치'라는 단어는 지우자

촬영할 때 '김치'는 주로 웃는 표정을 끌어내기 위해 사용하는 단어입니다. 서양에서는 같은 목적으로 '치즈'를 사용하죠. 그런데 과연 이런 방법으로 웃음을 끌어내는 것이 올바른 방법일까요?

아이의 미소 띤 얼굴을 촬영하기 위해 인위적으로 '김치'라는 단어를 사용할 경우 아이의 얼굴이 부자연스럽게 되는데 이것은 아이의 잘못이 아닙니다. 촬영자 스스로 이런 결과물을 얻기 위한 방법을 선택했기 때문에 전적으로 촬영자의 잘못입니다. 반면에 자연스러운 웃음을 끌어내기 위한 노력을 한다면 편안한 미소를 볼 수 있습니다.

▲ '김치'를 사용하면 부자연스러운 미소를 얻게 될 것이다.

▲ 자연스럽고 편안한 미소를 끌어내기 위한 노력이 중요하다.

4 │ 피사체에 대한 참여로 원하는 사진을 끌어내자

앞서 아이사진 촬영은 내면적인 교감이 요구된다고 설명했습니다. 그렇다면 아이들의 공통점을 알아보고 교감 방법에 대해 이야기해 보겠습니다. 먼저, 아이와 원활한 대화를 하는 것은 힘들기 때문에 촬영자의 어휘력 수준은 의미가 없습니다. 또 아이들은 하고 싶은 것만 하고, 하고 싶지 않은 것은 하지 않는데 사진 촬영하는 것은 아이들이 싫어할 확률이 상당히 높습니다. 그렇다면 어떻게 해야 할까요? 방법은 하나입니다. 아이가 하고자 하는 것에 동참하면 됩니다. 아이가 촬영자에게 다가오기를 바라기보다는 먼저 아이에게 다가가야 합니다.

다음 사진은 아이와 함께 놀면서 촬영한 것으로, 한 손에는 카메라를 든 상태였지만 5분여간 셔터를 누르지 않고 뷰파인더조차 보지 않았습니다. 이렇게 촬영한 다음 보정하면 평소에 보기 힘든 사진을 얻을 수 있습니다. 이것은 자연스럽게 결과물을 끌어내는 과정으로, 아이사진을 촬영할 때 매우 중요합니다. 아이사진을 촬영할 때는 분위기에 중점을 두고 촬영하는 것이 좋고, 촬영 결과물에 대한 부담을 갖기보다 일단 아이와 같이 놀아주는 것이 좋습니다. 그러다 보면 분명 셔터를 누르는 타이밍에 대한 감을 얻을 수 있을 것입니다.

어설픈 연기더라도 인형과 복화술을 활용하면 아이들은 호기심을 갖고 다가옵니다. 그리고 같이 놀거나 신기해서 계속 구경하려 할 것입니다. 펭귄 인형을 흔들면서 아이에게 말을 걸었습니다. 필자의 연기력은 어설프기 짝이 없지만 아이의 입장에서는 "이 사람은 나와 놀고 싶어 하는구나."라는 생각을 하게 됩니다.

과거에 무턱대고 지인의 아이를 촬영하려 한 적이 있습니다. 당연히 아이는 도망갔고 필자는 촬영을 제대로 하지 못했습니다. 그때 필자는 "아이가 조금만 낯가림을 하지 않았다면 좋았을 텐데⋯⋯."라고 생각했습니다. 사진 실력 향상에 걸림돌이 되는 것 중 하나가 바로 '핑계'입니다. 아이의 컨디션이 좋지 않아서, 아이의 성격이 내성적이어서와 같은 것들 말이죠. 당시 필자가 촬영을 제대로 하지 못했던 원인은 아이에게 있는 것이 아니었습니다. 필자가 노력한 만큼 아이도 같이 따라와 준다는 것을 몰랐던 것이 원인이었습니다.

▲ 135mm 렌즈로 촬영한 사진. 이 렌즈를 사용하면 아이와 직접적으로 교감하는 것은 불가능하다.

▲ 노력한 만큼 다양한 사진을 촬영할 수 있다.

5 | 카메라 세팅

아이들은 빠르게 뛰어다니기 때문에 전 영역으로 AF 포커스를 사용하면 초점을 제대로 맞출 수 없습니다. 최고의 성능을 가진 카메라로 촬영해도 일어나는 현상이므로 이것을 방지하기 위해 중앙부 또는 1포인트 AF를 사용해서 촬영하는 것이 좋습니다. 촬영 모드의 경우 수동 모드로 촬영하지만 익숙하지 않다면 반자동 모드를 활용합니다. 셔터스피드는 아이와 같이 놀면서 촬영할 때 한 손으로 촬영하는 경우가 많기 때문에 1/250초 정도로 설정합니다.

> **Tip** 현재 출시되는 카메라는 대부분 동체 추적 기능을 가지고 있습니다. 동체 추적 기능을 사용하면 빠르게 움직이는 피사체를 따라갈 수 있고 초점을 쉽게 맞출 수 있습니다. 단, 피사체의 특정 부분(눈동자)에 초점을 맞추는 것은 불가능하기 때문에 조리개를 F/4.0 이상으로 조여서 촬영하는 것이 좋으며 정교하고 디테일한 촬영에는 적합하지 않습니다.

6 | 불필요한 장비는 배제하자

아이들은 항상 움직임이 많습니다. 아이들의 행동은 예상을 보기 좋게 빗나가게 하는 경우도 많고 다독여가며 제어하는 것조차 버거울 수 있습니다. 이런 상황에서 외장 플래시 같은 추가적인 조명을 사용하며 촬영하는 것은 좋은 생각이 아닙니다. 렌즈는 망원렌즈보다는 35mm 또는 50 mm가 활용하기 좋습니다. 아이에게 직접 다가갈 수 있기 때문입니다.

7 | 전문 사진 작가처럼 좋은 사진을 촬영할 수 있을까?

"저희 아이들을 전문 사진 작가가 촬영한 것처럼 찍을 수 있을까요?"라는 질문을 한다면 "이미 전문 사진 작가보다 좋은 사진을 촬영하고 있습니다."라고 대답할 것입니다. 스튜디오에서 두어 시간 촬영하는 것과 아이와 함께 생활하며 촬영하는 것에서는 컷 수부터 큰 차이를 보여주며, 일상의 거의 모든 부분을 담을 수 있기 때문에 그만큼 아이의 특별한 행동을 포착할 가능성이 높기 때문입니다. 반면, 전문 사진 작가의 경우에는 특정 콘셉트에 최적화된 이미지를 촬영할 수밖에 없는 한계를 가지고 있습니다. 또한 교감의 성격도 다릅니다. 결과물을 끌어내기 위한 교감과 부모가 아이의 교감은 분명 차이가 있습니다. 부모와 아이의 관계에서는 기본적으로 사랑과 믿음이라는 조건을 가지고 있기 때문에 교감의 깊이는 작가와는 비교할 수 없을 정도로 깊다고 볼 수 있습니다.

▲ 전문 사진 작가가 이런 장면을 촬영할 수 있다고 생각하는가?

8 | 아이사진 보정 시 유의점

사진 촬영 후 후반 작업을 할 때마다 스스로에게 "보정의 적정선은 어디인가?"라는 질문을 하곤 합니다. 필자의 경우에는 아기나 어린이 사진을 촬영한 다음 티가 나지 않으면서 최대한 귀엽고 예쁘게 보정을 합니다. 이렇게 해야 클레임이 발생하지 않기 때문입니다. 그렇지만 부모가 아이의 사진을 촬영할 경우 촬영하는 대상 즉, 아이의 관점에서 생각해볼 필요가 있습니다. 눈, 코, 입 크기를 조정하고 얼굴의 윤곽선을 건드리는 성형 보정을 하여 자녀를 최대한 예쁘고 귀엽게 보여주는 것이 당장은 좋을지 모르지만 10년, 20년 후 아이들이 자라서 보정된 사진을 봤을 때 크게 와 닿지 않을 수 있습니다. 성형 보정을 하는 것은 그만큼 사진의 수명을 단축시킬 수 있으며, 성형 보정을 할 경우에는 반드시 원본은 별도로 보관하길 바랍니다.

다음 사진은 스마트폰으로 촬영한 것입니다. 당연히 촬영 기술과 편집 기술 면에서는 전문 사진 작가보다 못할 것입니다. 그렇지만 사진의 가치라는 관점에서 접근한다면 이야기가 달라집니다. 전문 사진 작가가 촬영한 사진과 부모가 직접 아이의 일거수일투족을 촬영한 사진의 가치는 비교할 수 없기 때문입니다. 아이가 자라서 자신의 어릴 적 모습을 사진으로 본다면 분명 감회가 새로울 것입니다.

실습 아이 사진을 예쁘게 만들기

아이가 무엇을 좋아하는지 어떤 것에 흥미를 느끼는지 부모는 이미 알고 있습니다. 이를 잘 활용하고 사전에 원하는 이미지를 생각한 후 아이의 행동을 유도한다면 전문 사진작가 못지않은 사진을 촬영할 수 있을 것입니다.

● **원본사진** … 예제사진→아이사진→아이사진.ARW   ● **완성사진** … 완성사진→아이사진(완성).JPG

Before

● 사진의 밝기가 전체적으로 어둡기 때문에 밝게 보정합니다.

● 배경의 노출이 얼굴보다 밝으므로 얼굴은 별도로 노출 값을 조정하여 밝게 보정합니다.

● 노출을 바로 올리면 차가운 느낌의 사진이 되므로 밝기 조정 후 최종적으로 따뜻한 느낌의 컬러톤을 적용합니다.

After

화이트밸런스, 밝기 조정하기 [Lr]

01 '아이사진.NEF' 파일을 불러온 후 Develop 모듈로 이동합니다.

02 화이트밸런스를 맞추겠습니다. 아이가 흰 옷을 입고 있기 때문에 화이트밸런스를 맞추기 수월한 사진입니다. White Balance Selector(단축키 W)를 클릭한 다음 아이의 옷을 클릭합니다.

Tip 화이트밸런스를 맞출 때 Temp와 Tint 값이 크게 바뀌지 않았다면 촬영 당시에 정확한 화이트밸런스 값이 적용된 것을 의미합니다.

03 밝기를 조정하겠습니다. Exposure 값을 '+0.79'로 설정합니다.

머리카락 제거하기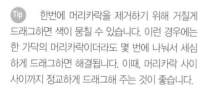

01 대비를 적용해서 머리카락을 더 또렷하게 만든 다음 얼굴 아래로 내려온 머리카락을 제거하고 얼굴만 밝기를 다시 조정하겠습니다. Contrast 값을 '+17'으로 설정합니다.

02 Spot Removal(단축키 Q)을 클릭하고 브러시 크기를 머리카락 굵기에 가장 근접한 크기로 바꿉니다. 머리카락을 드래그하면 라이트룸에서 자동으로 유사 톤을 잡아 그대로 덮어줍니다.

Tip 한번에 머리카락을 제거하기 위해 거칠게 드래그하면 색이 뭉칠 수 있습니다. 이런 경우에는 한 가닥의 머리카락이더라도 몇 번에 나눠서 세심하게 드래그하면 해결됩니다. 이때, 머리카락 사이사이까지 정교하게 드래그해 주는 것이 좋습니다.

03 얼굴만 밝게 조정하겠습니다. Adjustment Brush(단축키 K)를 클릭하고 선택 영역을 확인하기 위해 'Show Selected Mask Overlay'를 체크합니다.

04 마우스로 눈과 머리카락을 제외한 얼굴 부분만 문질러 줍니다. 선택 영역이 붉은 색으로 표시됩니다.

05 이 상태에서는 보정 값을 바로 확인할 수 없기 때문에 'Show Selected Mask Overlay'를 체크 해제합니다.

06 Highlights 값을 '40'으로 설정하고 [Done] 버튼을 클릭합니다.

눈동자를 또렷하게 만들기 Lr

01 눈동자를 또렷하게 만들겠습니다. Adjustment Brush(단축키 K)를 클릭합니다.

02 'Show Selected Mask Overlay'를 체크한 후 초점을 맞춘 눈을 문질러 줍니다.

03 'Show Selected Mask Overlay'를 체크 해제하고 Sharpness 값을 '50'으로 설정합니다.

Tip 이 과정에서 노이즈가 생겨도 괜찮습니다. 전체 이미지에서는 보이지 않는 노이즈입니다.

얼굴을 매끄럽게 만들기 Lr

01 얼굴을 매끄럽게 만들겠습니다. Adjustment Brush(단축키 K)를 클릭합니다.

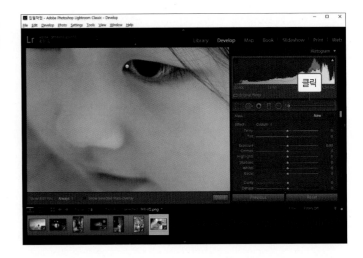

02 'Show Selected Mask Overlay'를 체크한 후 피부를 문질러 줍니다. 눈동자, 코의 경계, 입술, 인중을 제외하고 문지릅니다.

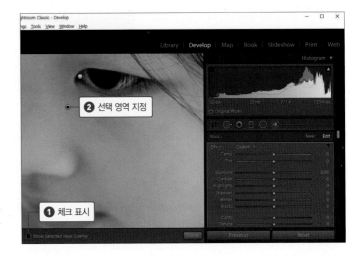

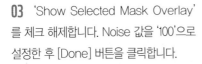
Tip 눈동자, 코의 경계, 입술, 인중을 잘못 건드리면 얼굴형이 바뀌게 되므로, 브러시 크기를 바꾸면서 정교하게 작업하는 것이 중요합니다.

03 'Show Selected Mask Overlay'를 체크 해제합니다. Noise 값을 '100'으로 설정한 후 [Done] 버튼을 클릭합니다.

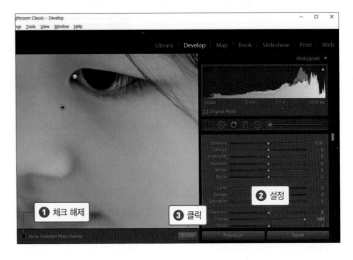

04 전체적으로 생기 있고 따뜻해 보이도록 컬러 톤을 조정하겠습니다. Temp 값을 '4950'으로 설정합니다.

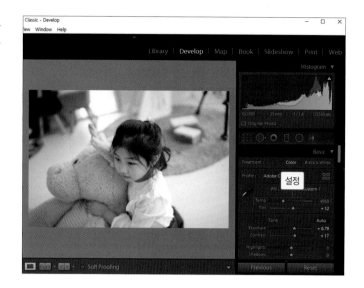

05 최종 완성본을 확인합니다.

Section 08

사랑스러운 여자 친구 사진 촬영과 보정하기

이번 섹션에서는 기본적이면서도 쉽고, 간단한 몇 가지 이론만으로 여자 친구 촬영을 성공적으로 마칠 수 있는 방법과 여자 친구의 사진을 SNS에 올렸을 때 지인들의 폭발적인 반응을 끌어내는 방법에 대해 알아보도록 하겠습니다.

1 | 셀카에 익숙한 여자 친구, DSLR 카메라로 촬영하자!

아무리 DSLR 카메라로 사진을 잘 촬영한다 한들, 여자 친구의 셀카 사진을 이기기란 쉽지 않습니다. 그렇다고 해서 시작도 해보기 전에 좌절할 필요는 없습니다. 사진을 어디에 활용할 것인가에 대한 생각을 해보면 답이 나오기 때문입니다. 사진에 대한 만족의 기준점을 여자 친구로 한정하면 DSLR 카메라로 촬영할 필요가 없겠지만, SNS상에서 제3자가 봤을 때는 이야기가 달라집니다. 일단 결과물의 품질부터 다르고, 다양한 심도에서 오는 표현력은 스마트폰 카메라가 넘볼 수 없는 영역이기 때문입니다.

2 | '여친 렌즈'의 대명사, 85mm 렌즈의 득과 실

'여친 렌즈'의 대명사인 85mm 렌즈는 인물 촬영에 가장 많이 활용되는 렌즈입니다. 85mm 렌즈는 준 망원 계열의 렌즈로, 낮은 조리개 값으로 표현할 수 있는 아웃포커스와 망원 특유의 공간감 덕분에 인물을 더욱 더 강조해 줍니다.

인물에 접근할수록 얼굴이 커 보이는 광각렌즈와 달리, 85mm 렌즈는 왜곡이 거의 없기 때문에 인물의 사실적인 모습을 표현해줍니다. 하지만 하나의 렌즈만으로 여자 친구를 촬영한다면 85mm 렌즈는 적당한 렌즈가 아닙니다. 인물사진에서 왜곡의 최소화와 얕은 심도의 아웃포커스는 강점으로 작용하지만 85mm 렌즈의 단점이 분명히 있기 때문입니다.

▲ 85mm 렌즈

▲ 20mm 광각렌즈로 촬영한 사진. 근접할수록 왜곡이 생긴다.

▲ 85mm 렌즈로 촬영한 사진. 근접해도 왜곡의 발생이 거의 없다.

렌즈 선택

광각렌즈나 표준렌즈를 사용할 경우 여자 친구를 촬영하려면 카메라를 가까이 두어야 하고, 이렇게 되면 여자 친구가 긴장을 해서 표정이 제대로 나오지 않게 됩니다. 85mm 렌즈를 사용하면 이런 문제가 완전히 해결되지만 이것이 85mm 렌즈의 단점으로도 작용합니다.

85mm 렌즈로 촬영할 경우 키 160cm 여성을 기준으로 필요한 최소 거리는 반신 사진일 경우 2.5m 전신 사진일 경우 5.9m입니다. 여백까지 계산한다면 조금 더 멀어질 수도 있습니다. 카메라로 촬영하는 것에 익숙하지 않은 여자 친구와 거리를 둘 수 있는 것은 85mm 렌즈가 가지는 장점입니다. 하지만 '거리를 둘 수 있다'는 말을 반대로 생각해보면 '거리를 좁힐 수 없다'는 것으로 해석할 수 있습니다. 이것이 85mm 렌즈가 갖는 가장 큰 단점입니다.

85mm 렌즈로 촬영한 전신사진. 이 정도의 여백을 ▶
주기 위해서는 최소 6m 이상 떨어져야 한다.

전체적인 분위기나 배경을 고려하기에는 화각이 너무 좁기 때문에 협소한 장소에서 85mm 렌즈로 촬영할 수 있는 사진은 클로즈업 사진밖에 없습니다. 이런 단점 때문에 하나의 렌즈만 구입해서 여자 친구를 촬영하기에는 활용면에서 너무 한정적이라고 말할 수 있습니다.

아웃포커스에 갇히면 안 된다

85mm 렌즈는 얕은 심도에서 오는 아웃포커스를 잘 표현해주는 렌즈입니다. 그러다 보니 인물이 강조되는 사진을 얻기에 수월합니다. 성인의 경우 반신 촬영에서 큰 효과를 보며, 어린아이의 경우에는 전신 촬영에도 큰 효과를 보게 됩니다. 어린아이는 키가 작기 때문에 성인보다 더 가까이에서 촬영할 수 있습니다. 피사체에 가까이 다가갈 수 있는 것은 아웃포커스가 더 잘 구현되는 것을 의미하고, 그만큼 인물이 더 강조되는 것으로 해석할 수 있습니다. 문제는 효과를 가장 크게 볼 수 있는 방식으로만 촬영하게 된다는 것인데, 이 방식으로 계속 촬영할 경우 다른 시각으로 응용할 수 없습니다.

대표적인 예로, '성인은 무조건 반신 촬영'이라는 공식으로 반신 촬영만 하는 것인데, 렌즈의 한계가 있다면 그것을 다른 방향으로 생각해보는 것이 좋습니다. 85mm 렌즈로 성인을 전신 촬영할 경우 아웃포커스가 아이를 촬영할 때의 심도와 비슷하게 표현되도록 하는 방법에 대해 생각해 보아야 합니다. 방법은 간단합니다. 촬영 대상을 어린아이와 동일한 키로 만들면 됩니다. 즉, 성인을 앉게 하는 것이죠.

물론, 예를 들어 설명한 부분이지만 실제로 초보 때는 한동안 이런 부분에서 갇히는 경우가 많습니다. 모든 것에는 임계점이라는 것이 있습니다. 아웃포커스가 사진 촬영에서 기본이고 시작인 것은 사실이지만 아웃포커스만 고집할 경우 임계점을 넘지 못하게 되고, 결국 사진 실력은 더 이상 늘지 않을 것입니다. 그러므로 촬영자 스스로가 심도와 거리의 다양한 활용 및 응용, 생각을 통해 연습을 지속적으로 하는 것이 중요합니다.

▲ 카메라 세팅 : 85mm F/2.0. 어린아이의 경우에는 전신 촬영에서도 인물이 강조된 사진을 얻을 수 있다.

▲ 성인이라도 앉게 한 다음 촬영하면 85mm 렌즈로도 전신 촬영이 가능하다.

3 │ 먼저 모델이 되어라

취미로 사진을 시작하는 사람 중 촬영하는 것은 좋아하지만 촬영 당하는 것은 싫어하는 분들이 많습니다. 거부감을 느끼는 이유는 타인에게 사진을 찍혀보지 않았을 뿐, 얼굴에 자신이 없거나 키가 작아서가 아닙니다. 스스로 찍히는 것에 익숙해져야 하는 첫 번째 이유는 '자신감'입니다.

인파가 많은 장소에서 촬영하면 주변의 시선을 의식한 나머지 시도해보고 싶은 것을 못하는 경우가 많습니다. 이것은 자신감이 없어서인데요. 인물사진에서 가장 큰 비중을 차지하는 것이 자신감이라는 것을 잊으면 안 됩니다. 또한 스스로 모델이라는 생각으로 인터넷에서 본 전문 모델의 포즈와 미소, 시선 처리와 같은 부분을 연습할 필요가 있습니다. 그렇게 연습을 하다 보면 스스로 깨닫게 됩니다. 소화할 수 있는 것과 소화하기 힘든 것을 말이죠. 마찬가지로 여자 친구를 촬영할 때 직접 포즈를 시연하면서 보여주면 여자 친구가 쉽게 이해하고 따라할 수 있을 것입니다.

4 | 카메라를 의식하지 않게 하는 방법

여러분과 여자 친구의 사이에는 카메라라는 장애물이 있습니다. 이 장애물 때문에 여자 친구는 부담을 느끼고 표정 또한 부자연스럽게 됩니다. 그러므로 여자 친구에게 카메라가 없다는 인식을 심어주는 것이 자연스러운 표정을 끌어내는 포인트입니다.

초점 거리가 먼 렌즈부터 활용하라

초점 거리가 먼 렌즈를 사용하면 카메라가 여자 친구로부터 멀어지기 때문에 여자 친구의 부담이 줄어듭니다. 처음부터 광각렌즈로 접근하여 촬영하면 계속 카메라를 의식할 수 있으므로 망원 계열의 렌즈로 바꾸어 촬영하는 것이 좋습니다. 첫 촬영 시 렌즈의 초점 거리는 70mm 이상에 전신 촬영이면 무난하며, 이렇게 촬영하다가 여자 친구 표정의 자연스러움을 관찰한 후 초점 거리를 서서히 줄여나가면 됩니다. 문제는 다양한 렌즈 또는 줌렌즈가 필요하다는 것인데, 무리해서 렌즈를 추가로 구입할 필요 없이 스마트폰으로 촬영하는 것에 익숙해지게 하는 것도 방법이 될 수 있습니다. 어떻게 보면 스마트폰만큼 친근한 것도 없으니 말이죠.

> **Tip 시선 처리는 이렇게**
>
> 스마트폰이나 잡지를 보도록 요구하거나 밖을 바라보게 하는 방법 역시 카메라에 익숙해지는 방법 중 하나입니다. 몇 분 정도 촬영하다가 여자 친구가 촬영에 익숙해졌다고 판단했을 때 자연스럽게 카메라 쪽으로 시선을 돌리게끔 유도하면 됩니다.

▲ 85mm 렌즈로 촬영한 전신사진. 모델과의 거리는 6.5m

촬영장의 분위기가 사진의 완성도를 결정한다

촬영장의 분위기가 좋으면 사진의 결과물이 좋을 수도, 나쁠 수도 있습니다. 하지만 촬영장의 분위기가 나쁘면 실력이 아무리 좋아도 결과물 역시 비례해서 나빠지게 됩니다. 그러므로 카메라를 들고 있는 동안 만큼은 절대로 정적이 흘러서는 안 됩니다. 쉴 새 없이 질문하고, 답하고, 농담하고, 장난도 치면서 카메라에 대한 의식 자체를 지워야 합니다. 또한 여자 친구가 잘하든 못하든 칭찬에 인색해서는 안 됩니다.

반대로 생각해 보면 답은 금방 나옵니다. 촬영 후 사진을 여자 친구에게 보여줬는데 반응이 무덤덤하다면 여러분은 촬영에 대한 자신감이 떨어질 것입니다. 그러므로 여자 친구의 포즈나 표정이 다소 어색하고 밋밋하더라도 칭찬을 계속 해주면서 자신감을 갖도록 해야 합니다. 물론, 이 모든 것들이 처음부터 쉬울 수는 없습니다. 하지만 이것은 포토그래퍼가 갖춰야 할 능력 중 기본적인 부분이기 때문에 부끄러워하지 말고 반복해서 연습하고 노력한다면 전문 사진 작가 못지않은 사진을 촬영할 수 있을 것입니다.

5 | 카페에서 여자 친구 촬영하기

먼저 카페라는 장소의 특성을 파악하는 것이 중요합니다. 카페는 어둡기 때문에 셔터스피드 확보에 어려움이 있고 공간이 제한적이라 움직이면서 촬영하기 힘듭니다. 물론, 움직이면서 카페의 인테리어를 100% 활용하여 촬영하는 것이 불가능한 것은 아니지만, 그 정도의 열정과 자신감이 있는 사람이라면 이번 섹션은 참고만 해도 될 것입니다.

앞서 언급한 것처럼 카페의 실내 환경은 어두워서 셔터스피드 확보에 어려움이 있습니다. 하지만 카페가 지하가 아닌 이상 창문은 있기 마련입니다. 즉, 창문으로 들어오는 빛을 인물이 받을 수만 있다면 인물은 화사하게 나올 것이고 배경은 어두우면서 카페 조명의 분위기가 녹아있는 이미지가 나올 것입니다. 또한 움직일 수 있는 공간이 테이블 주변으로 한정될 경우, 85mm 렌즈는 촬영에 적합한 렌즈가 아닙니다. 이 때는 줌렌즈나 50mm 렌즈 또는 광각 계열의 화각대를 가진 렌즈가 적합합니다.

'카페 렌즈'라 불리는 50mm 이하의 렌즈들

85mm 렌즈가 '여친 렌즈'로 불리는 반면, 50mm 렌즈는 '카페 렌즈'로 불립니다. 물론, 50mm 렌즈뿐만 아니라 35mm 렌즈도 카페 렌즈로 많이 활용되고 있습니다. 카페에서 85mm 렌즈로는 얼굴 위주로 촬영하지만 50mm 렌즈는 배경까지 고려한 촬영이 가능하고, 광각렌즈를 사용하면 배경을 더 강조하며 촬영할 수 있습니다. 50mm 렌즈는 표준 화각대의 렌즈로, 사용하기 까다로운 렌즈입니다. 화각 자체가 사람의 시야와 유사하다 보니, 촬영자와 인물의 호흡과 실력으로  승부를 봐야 하기 때문입니다. 까다로운 만큼 익숙해지기까지 시간이 필요한 것은 사실이지만 이 렌즈를 다룰 줄 알게 되면 모든 렌즈를 다룰 수 있기 때문에 한번쯤은 거쳐야 할 렌즈입니다.

Tip　본 서적에 표시된 초점 거리는 모두 풀프레임 카메라를 기준으로 설명하고 있습니다. 만약 여러분의 카메라가 1.5 크롭 또는 1.6 크롭의 DSLR 카메라라면 초점 거리에서 크롭된 배율을 곱해야 합니다. 즉, 50mm 렌즈를 1.5 크롭 화각의 카메라에 장착할 경우 초점 거리는 50에 1.5를 곱한 75mm가 됩니다. 카페에서 50mm 렌즈가 좋다는 것은 풀 프레임 카메라 기준이며, 만약 크롭 화각의 카메라를 가지고 있다면 30mm~35mm 렌즈가 이상적입니다.

인물이 가장 돋보이는 배경과 위치 선정

위치 선정에서 고려할 부분은 '빛의 방향'과 '보케'입니다. 밤이라면 어쩔 수 없이 그나마 가장 밝은 자리에서 촬영해야겠지만 늦은 오후 정도라면 창가 쪽에 자리를 잡는 것이 가장 이상적입니다. 유리창을 통해 들어온 빛이 인물을 비추는 상태에서 뒤쪽의 조명을 얕은 심도로 촬영하면 보케를 만들 수 있기 때문입니다.

이런 분위기만 잘 활용한다면 처음 촬영하더라도 일정 수준의 결과물은 보장될 것입니다. 여기서 주의할 점은 천장에 설치된 조명의 크기입니다. 조명의 크기가 작은 카페는 상관없지만 큰 조명을 사용하는 카페라면, 인물 뒤쪽에 조명이 있을 때 역광이 나타날 수 있습니다. 이런 경우 여자 친구의 앞쪽에 큰 조명이 위치할 수 있는 테이블에 자리를 잡으면 됩니다.

▲ 인물의 얼굴에 빛이 들어가고 조명이 보케로 표현된 상태

▲ 천장의 조명을 얕은 심도로 촬영하면 보케로 바뀐다.

Tip　보케(Bokeh)란?

초점이 맞지 않은 모든 영역을 일컫는 말입니다. 초점이 맞지 않을 경우 조리개 값에 따라 일정 형태를 띠게 되는데 조리개 값이 낮을수록 원형으로 표현되고, 조리개 값이 높을수록 각진 형태로 표현됩니다. 요즘은 보케의 정의를 '빛망울의 형태'에 한정하여 사용하는 경우가 많습니다.

자리를 잡았다면 이제 본 촬영으로!

다음 사진에서 인물이 보여주는 분위기는 좋지만 빛을 전혀 고려하지 않고 촬영했기 때문에 역광이 나타난 것을 알 수 있습니다. 또한 뒤쪽의 조명이 너무 강해 수차가 발생하여 머릿결의 해상력이 떨어져 보입니다. 예로 든 사진과 같이 일반적으로 카페는 촬영 환경이 좋지 못합니다. 셔터스피드가 나오지 않으니 ISO 감도를 올려야 하고, 최대 개방에서 나타나는 수차가 나타날 때도 있기 때문입니다.

이렇듯, 원본이 이미 손상된 상태에서 보정을 하면 조금만 보정해도 사진에 가해지는 손상은 기하급수적으로 커지게 됩니다. 그렇기 때문에 최소한의 보정을 한다는 생각으로 자리 선정부터 신경을 쓴다면 안정적이고 깔끔한 결과물을 얻을 수 있을 것입니다.

적정 노출의 기준

다음 사진과 같이 여자 친구를 창가 쪽에 앉게 한 후 얼굴을 보면 절반은 밝고, 절반은 상대적으로 어두울 것입니다. 먼저, 스팟 측광 모드로 어두운 쪽을 적정 노출로 지정하여 촬영합니다. 이렇게 하는 이유는 어두운 곳을 기준으로 적정 노출을 지정할 경우 밝은 곳 역시 노출이 올라가기 때문입니다. 문제는 햇빛이 너무 강하면 밝은 쪽의 노출이 오버되는 상황이 종종 발생하는 것인데, 카메라에는 어두운 곳과 밝은 곳, 두 곳을 따로 살리는 능력은 없기 때문에 동시에 밝게 하거나 동시에 어둡게 하거나 둘 중 하나만 선택할 수 있습니다. 이런 경우에는 반사판이나 A4 용지를 어두운 쪽 얼굴에 비추면 해결되지만, 카페에서 여자 친구에게 요구하기에는 적절하지 않으니 창가에서 좀 떨어진 자리에서 촬영하면 어느 정도 부드러운 빛을 받으면서 촬영할 수 있습니다.

시선의 방향에 따라 달라지는 초점 거리와 구도

1번 사진은 20mm 렌즈로 촬영한 것으로, 현실과 약간 거리가 있지만 배경과 같이 표현하기 위해 촬영한 사진입니다. 일반적으로 광고나 피팅 촬영에서 종종 쓰이는 앵글인데, 거리 조절에 실패하여 얼굴에 측면 왜곡(Aspect)이 생겼습니다. 물론, 이 문제는 보정으로 간단하게 해결이 가능합니다. 이처럼 광각 계열의 렌즈를 사용하면 조금만이라도 거리 조절에 실패할 경우 얼굴에 심한 왜곡이 발생하게 됩니다. 그렇지만 여기서 포기할 필요는 없습니다. **2**번 사진을 촬영할 당시 촬영 대상과 거리를 더 둘 수 없는 상황이었습니다. 그렇기 때문에 인물의 턱을 안쪽으로 당기고 왜곡이 가장 크게 드러나는 턱은 자연스럽게 손으로 가림으로써 문제를 해결할 수 있었습니다. 모든 렌즈가 마찬가지입니다. 렌즈는 저마다 단점을 가지고 있는데, 그 단점을 포기하고 장점 위주로만 촬영하면 한정된 촬영 패턴에 갇히게 됩니다. 그러므로 이것을 극복할 방법을 생각해보고 다양하게 응용해본다면 사진 실력은 생각하는 이상으로 빨리 늘게 될 것입니다.

처음 인물사진을 배울 때 쉽게 적용할 수 있는 촬영 기법이 있는데, 시선과 동일한 프레임을 구성하는 것입니다. 즉, 인물의 시선이 향하는 방향에 여백을 남겨 촬영하는 것입니다. **3**번 사진처럼 인물을 오른쪽에 배치하고 촬영하면 여백에서 오는 안정감을 얻을 수 있습니다. **4**번 사진은 시선과 프레임을 동일하게 배치한 것으로, 인물을 프레임 중앙에 배치함으로써 실제로 인물이 앞에 있는 느낌이 들게 합니다.

작은 변화가 사진을 바꾼다

여자 친구는 전문 모델이 아닙니다. 그러므로 너무 무리한 포즈를 요구할 경우 십중팔구 어색한 자세가 나올 것입니다. 여자 친구에게 가장 편안하고 자연스러운 자세를 요구하는 것이 좋은데, 자연스러운 모습을 있는 그대로 촬영하라는 말로 오해해서는 안 됩니다. 이렇게 촬영할 경우 그야말로 DSLR 카메라만 있으면 누구나 촬영할 수 있는 사진이 나올 뿐이니까요. 일단 한 장만 촬영해 본 후 전체가 아닌 부분적으로 관찰하면서 변화를 주면 좋을 것 같은 부분을 찾은 다음 다시 촬영하면 좀 더 쉽게 좋은 사진을 얻을 수 있습니다.

다음 두 장의 사진에서 보이는 차이는 단 하나입니다. 바로 손의 모양입니다. 어떻게 보면 왼쪽 사진처럼 주먹을 쥐는 모습이 일반적이면서 자연스러운 일상의 모습이라 할 수 있습니다. 그렇지만 사진에서만큼은 이런 부분을 교정해 줍니다. 주먹이 아닌 손바닥이나 손가락을 활용하면 여성미를 강조할 수 있습니다.

다음 사진은 앞서 설명한 내용을 기준으로 촬영한 것으로, 아래 항목은 촬영 당시 고려한 부분을 요점만 정리한 것입니다. 이렇게 원하는 결과물을 얻었다면 이제 보정 작업으로 여자 친구를 더 아름답게 만들 차례입니다.

① 창가에 인물을 배치하고 천장의 조명 위치가 인물 뒤에 있는지 확인한다.

② 인물과 배경을 동시에 살리기 위해 광각렌즈를 사용한다. 단, 인물에 가까이 접근할 경우 왜곡이 발생할 수 있으므로 주의한다.

③ 노출을 스팟 측광 모드로 설정하여 얼굴의 어두운 쪽을 기준으로 맞춘다.

④ 여자 친구가 가장 편안한 자세를 취하도록 한다. 미소와 시선 처리는 자연스럽게 유도한다.

⑤ 시선을 카메라 정면을 향하도록 하고 시선과 동일한 프레임을 구성하기 위해 인물을 가운데에 배치한다.

실습 여자 친구를 더욱 더 화사하게 만들기

이번 실습의 포인트는 두 가지입니다. 여자 친구 얼굴에 조명 효과를 적용하여 얼굴이 더 화사하게 보이게 하는 것과 카페의 분위기를 감성적으로 만들어 인물과 배경이 조화를 이루게 하는 것입니다. 여기서는 모델 촬영 후 보정했던 것과는 다른 방식으로 보정을 합니다. 포토샵으로 디테일한 보정까지 접근하기보다는 라이트룸만을 이용하여 쉽고 빠르게 보정하는 방법을 알아봅니다.

◉ **원본사진** ··· 예제사진→여자친구→여자친구.NEF   ◉ **완성사진** ··· 완성사진→여자친구(완성).JPG

Before

◉ 카페의 전체적인 환경을 조금 어둡게, 조명은 조금 더 밝게 조정하면 배경의 분위기가 살아납니다.

◉ 인물의 얼굴이 적정 노출에 가깝지만 좀 더 밝게 보정하여 화사한 피부 톤으로 만듭니다. 전체적인 노출을 조정하면 카페 분위기가 반감되기 때문에 다른 방식으로 보정합니다.

◉ 얼굴의 잡티는 원래 없었던 것처럼 전부 지웁니다.

After

전체적인 분위기 보정하기 Lr

01 '여자친구.NEF' 파일을 불러온 후 Develop 모듈로 이동합니다. 원본 사진에서 여자 친구의 얼굴은 적정 노출에 가깝지만 화사한 얼굴을 표현하는 것이 목적이므로 Highlights 값을 '+50'으로 설정합니다. Highlights 값을 이용하여 노출을 높였기 때문에 얼굴의 윤곽선과 디테일이 약간 사라집니다.

Tip 노출을 높이기 위해 Exposure를 조정하면 전체적인 노출이 높아져서 카페의 분위기가 반감됩니다. 반면, Shadows를 조정하면 효과가 미비하며 어두운 곳 위주로 노출을 올리므로 카페 분위기가 너무 밝아지게 됩니다. Shadows를 조정하면 이미지 손상이 심하기 때문에 인물사진에서는 최소한의 보정만 적용하거나 사용을 자제하는 것이 좋습니다.

▲ Exposure   ▲ Shadows

02 Contrast 값을 '+22'로 설정합니다. Contrast 값을 올리면 명부와 암부 차이가 커지기 때문에 인물에 들어간 컬러의 깊이를 더 깊게 만들어 주고, 전반적으로 쨍한 이미지로 바뀌게 됩니다.

03 인물을 더 강조하기 위해 비네팅 효과를 적용하겠습니다. 비네팅은 최대한 자연스럽게 적용하는 것이 핵심입니다. 마우스 스크롤을 내려 Effects로 이동합니다.

04 Post-Crop Vinetting에서 비네팅의 양인 Amount 값을 '-24'로 설정합니다. 가운데 쪽으로 서서히 어두워지는 효과를 적용하기 위해 Midpoint 값을 '0'으로 설정합니다.

> **Tip** Contrast가 인물사진에서 약이 되는 경우가 있고 반대로 독이 되는 경우가 있습니다. 전자의 경우는 얼굴에 그림자가 거의 없거나 있어도 부드러운 그림자가 있는 경우이고, 후자의 경우는 햇빛으로 인하여 얼굴에 그림자가 짙게 있는 경우입니다. 다음은 극단적인 예를 들기 위해 모자를 착용한 이미지를 사용했지만 이런 사진에서 Contrast 값을 올릴 경우 독이 될 수 있으니 주의해야 합니다.

05 Roundness 값을 조정하면 비네팅의 형태를 변경할 수 있습니다. 이 값이 '100'이 되면 완전한 원형이 되고 '0'으로 갈수록 타원형으로 바뀌게 됩니다. 예제에서는 굳이 사용할 필요가 없기 때문에 '0'으로 둡니다.

▲ Roundness 값에 따른 비네팅 형태의 변화

06 이질감이 없는 부드러운 비네팅을 위해 Feather 값을 '100'으로 설정합니다. 전체적인 분위기 보정이 완료되었습니다.

머리카락, 잡티 제거하기 Lr

01 피부 보정 및 얼굴 중요 부분의 디테일을 보정하겠습니다. 사진에서 얼굴을 클릭하여 확대합니다. 머리카락이 내려와 있는데 이 부분부터 지우도록 하겠습니다.

02 Spot Removal(단축키 Q)을 클릭하면 Spot 편집 창이 활성화되면서 마우스 커서의 모양이 바뀝니다. 브러시 종류를 'Heal'로 변경하고 보정 최대값이 들어가야 하므로 Feather 값은 '0', Opacity 값은 '100'으로 설정합니다.

Tip 브러시 크기는 작업하기 편한 크기로 조정하면서 작업해야 하므로 정해진 수치는 없습니다. 보정한 후 이질감을 최소화하기 위해서는 되도록이면 해당 부분의 크기에 맞춰 브러시 크기를 조정하는 것이 좋습니다.

03 얼굴에 내려온 머리카락을 길게 드래그합니다. 드래그한 영역이 흰색으로 표시됩니다.

Tip 한번에 머리카락을 제거하기 위해 거칠게 드래그하면 색이 뭉칠 수 있습니다. 이런 경우에는 한 가닥의 머리카락이더라도 몇 번에 나눠서 세심하게 드래그하면 해결됩니다. 이때, 머리카락 사이 사이까지 정교하게 드래그해 주는 것이 좋습니다.

04 드래그한 후 손을 떼면 머리카락이 사라지면서 두 개의 영역이 화면에 표시됩니다. 오른쪽 영역은 라이트룸에서 자동으로 유사 픽셀을 선택한 영역이고, 왼쪽 영역은 이전 단계에서 선택한 지울 대상입니다.

Tip 라이트룸에서 자동으로 선택한 영역을 복제한 다음 드래그하여 선택한 부분에 덮는 방식으로 최대한 이질감 없이 머리카락을 제거한 것입니다.

05 만약 라이트룸에서 자동으로 인식한 영역에서 이질감이 느껴진다면 오른쪽 영역을 클릭한 후 드래그하여 최초 선택한 영역의 변화를 보면서 영역을 다시 선택하면 됩니다. 선택 후 Enter 키를 누릅니다. 기존에 설정한 브러시가 유지된 상태에서 추가로 제거 작업할 수 있는 브러시가 생성됩니다.

▲ 화살표 출발 영역이 샘플링된 컬러 톤, 화살표 도착 영역이 보정하려는 부분이다.

06 같은 방법으로 얼굴의 잡티를 제거하고 [Done] 버튼을 클릭하여 최종적으로 적용합니다.

Tip 머리카락의 경우에는 드래그 방식으로 제거하고 여드름이나 잡티의 경우에는 클릭 방식으로 제거하면 편리합니다.

눈동자, 입술 보정하기 Lr

01 눈동자를 또렷하게 만들기 위해 Adjustment Brush(단축키 K)를 클릭합니다. Mask 편집 창이 활성되면 모든 숫자가 '0'인지 확인한 다음 마우스 스크롤을 위아래로 움직여 브러쉬의 크기를 조정합니다.

Tip Brush 편집 창에서 'Size'를 조절해도 브러쉬의 크기를 조정할 수 있습니다.

02 선택한 영역을 확인하기 위해 'Show Selected Mask Overlay'를 체크한 다음 눈동자를 문질러 줍니다. 가상의 붉은색으로 선택 영역이 표시됩니다.

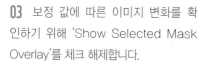 예제에서는 모델의 눈이 큰 편에 속하기 때문에 눈동자만 브러시로 문질렀지만, 일반적으로 흰자까지 문질러 주는 것이 좋습니다. 흰자와 눈동자의 대비가 커지면서 눈이 커 보이는 효과가 있기 때문입니다. 브러시 효과를 과하게 적용하면 이질감이 생길 수 있으므로 최대한 자연스러운 값을 찾아 적용합니다.

03 보정 값에 따른 이미지 변화를 확인하기 위해 'Show Selected Mask Overlay'를 체크 해제합니다.
Mask 편집 창에서 눈동자의 선명함을 강조하기 위해 Clarity 값을 '40'으로 설정하고 Enter 키를 누릅니다.

04 'Show Selected Mask Overlay'를 체크하고 입술도 문질러 줍니다.

05 입술 색을 화사하게 보정하겠습니다. 'Show Selected Mask Overlay'를 체크 해제하고 Sharpness 값을 '50'으로 설정한 다음 [Done] 버튼을 클릭합니다.

> **Tip** Clarity의 경우 대비를 이용한 방식으로 보정이 적용되는데, 입술 바깥쪽과 안쪽의 대비가 발생하면 립스틱의 컬러에 따라 암부 컬러가 심하게 올라올 수 있습니다. 그러므로 입술은 Sharpness를 조정하여 발색을 올려주는 방식으로 보정하는 것이 좋습니다.

▲ Sharpness 적용

▲ Clarity 적용

매끄러운 피부 표현하기 [Lr]

01 블러 효과를 적용하여 도자기 피부로 만들겠습니다. Adjustment Brush(단축키 [K])를 클릭한 후 모든 값이 '0'인지 확인합니다. 'Show Selected Mask Overlay'를 체크하고 얼굴을 문질러 줍니다.

> **Tip** 얼굴 전체를 문지르면 이전 단계에서 또렷하게 만들었던 눈과 화사한 색으로 보정한 입술이 다시 흐려질 수 있으므로 눈과 입술은 문지르면 안 됩니다. 얼굴과 코의 경계선 역시 잘못 건드리면 이목구비가 무너질 수 있기 때문에 그대로 두는 것이 좋습니다.

02 Mask 값에 따른 변화를 확인하기 위해 'Show Selected Mask Overlay'를 체크 해제합니다.

> **Tip** 라이트룸 8.3.1 버전 업데이트 이후 Texture 도구가 추가되었습니다. Sharpness 대신 Texture 도구를 이용하면 피부를 보정할 때 질감을 살릴 수 있습니다.

03 Sharpness 값을 '−100'으로 설정하고 이미지를 확인합니다. 너무 과하다면 Sharpness 값을 조금씩 올리면서 이미지를 확인하고, 부족한 부분이 있으면 Enter 키를 눌러 다시 보정합니다. 원하는 결과물이 나왔다면 [Done] 버튼을 클릭합니다.

04 최종 완성본을 확인합니다.

Section

09

결혼 사진 촬영하기

현직에 종사하고 있지 않는 이상 메인 작가로 결혼식 사진 촬영(웨딩스냅)을 부탁하는 경우는 없습니다. 메인 작가가 있는 상태에서 서브로 촬영을 부탁하는 경우가 대부분이죠. 처음으로 이런 부탁을 받았다면 어떻게 해야 할지 몰라 망설이는 경우가 많습니다. 경험 삼아 한번 촬영하고 싶은데 막상 하려니 어떤 것부터 해야 할지 모르기 때문입니다. 이번 섹션에서는 서브 웨딩 작가의 역할과 웨딩스냅 사진의 촬영 방법에 대해 알아보겠습니다.

1 | 서브 웨딩스냅이란?

결혼식 사진 촬영은 메인 작가와 서브 작가로 구분되어 있습니다. 메인 작가 한 명만으로 촬영하기도 하지만 사진에 큰 비중을 두는 신랑, 신부라면 서브 작가 한 명을 추가로 지정하는 경우도 있습니다. 물론, 메인 작가의 사진이 가장 큰 비중을 차지하는 것은 사실입니다. 하지만 메인 작가가 미처 보지 못한 것들을 서브 작가가 촬영할 수도 있기 때문에 추가로 의뢰하는 경우가 종종 있습니다.

2 | 서브 웨딩 작가의 역할

먼저 서브 작가의 역할에 대해 알 필요가 있습니다. 메인 작가 혼자서 모든 사진을 예식 시간 내내 촬영하는 것은 불가능한데, 이런 부분을 다른 앵글, 다른 장소에서 촬영하여 보완하는 것이 서브 작가의 역할입니다. 그렇기 때문에 메인 작가와 유사한 이미지를 촬영하는 것은 의미가 없습니다. 이러한 서브 작가의 역할만 알면 웨딩 스냅 촬영은 절대 어렵지 않습니다. 사진을 취미로 한다는 이유로 서브 웨딩스냅을 부탁받았다면 거절할 이유가 전혀 없습니다. 앞으로 설명할 내용만 어느 정도 숙지하면 충분히 해낼 수 있기 때문입니다.

3 | 웨딩스냅 촬영 시 카메라 세팅

웨딩사진은 반자동 모드를 사용할 때도 있지만 신랑, 신부 입장 시 천장에 스팟라이트가 따라다니는 경우에만 활용합니다. 스팟라이트 위치가 신랑, 신부와 맞지 않는 경우가 대부분이기 때문이죠. 그 외에는 전부 수동 모드를 활용하고 있습니다. 측광 모드는 스팟 측광을 활용하며 모든 사진을 RAW 파일로 촬영합니다. 드라이브는 가장 이상적인 표정을 잡기 위해 연사 모드로 촬영합니다.

4 | 웨딩스냅 촬영에 필요한 장비

렌즈의 선택

일반적으로 웨딩 스냅 촬영에는 광각렌즈보다 망원렌즈 계열이 좋습니다. 메인 작가와 동선이 겹치거나 프레임 간섭을 방지할 수 있고, 신랑, 신부 및 지인들이 카메라를 의식하지 않은 모습을 자연스럽게 촬영할 수 있기 때문입니다. 85mm 렌즈도 좋고 70~200mm 렌즈도 괜찮습니다. 하지만 너무 많은 렌즈를 가져가는 것은 피하는 것이 좋습니다. 메인 작가의 경우에는 해당 웨딩홀에 대한 정보와 레이아웃 숙지가 되어있는 상태이기 때문에 렌즈를 5~6개 가져가도 무리 없이 모두 활용할 수 있지만 처음 웨딩스냅 사진을 촬영할 경우에는 하나의 화각에 집중하는 것이 더 좋은 결과물을 보여줄 수 있기 때문입니다.

▲ 망원 계열의 렌즈가 서브 스냅으로 활용하기 좋다.

외장 플래시는 필요할까?

서브 웨딩스냅에 외장 플래시를 가져가느냐 마느냐에 대한 의견이 분분한
데요. 외장 플래시를 가지고 있다면 가져가고, 없다면 굳이 구입해서 가져
갈 필요는 없습니다. 이것은 예전과 기준이 많이 달라졌기 때문인데, 과거
에는 인물의 얼굴에 그림자가 생기지 않도록 외장 플래시를 사용했고 카메
라의 성능 또한 좋지 않았기 때문에 외장 플래시를 사용할 수밖에 없었습니
다. 하지만 요즘은 카메라의 성능이 좋아졌을 뿐만 아니라 신랑, 신부 역시
자연스러운 조명을 선호하다보니 자연스럽게 외장 플래시의 사용 빈도가 떨
어지게 되었습니다. 외장 플래시가 있다면 일단 장착하고 촬영하는 것이 좋

은데, 아무리 카메라 성능이 좋아져도 신랑, 신부가 어두운 곳으로 들어갈
경우에는 사용할 수밖에 없기 때문입니다.

▲ 사용하지 않더라도 외장 플래시는
항상 장착한 상태로 촬영한다.

삼각대는 가져가지 말 것

삼각대는 사용할 일도 없을뿐더러 많은 사람들이 오가는 예식장에서 삼각대
를 펼치면 하객들에게 방해만 되기 때문에 필요 없다고 볼 수 있습니다. 메인
작가의 경우에는 원판사진용으로 사용하기 위해 가지고 다닙니다.

5 | 예식장의 촬영 환경

예식장의 촬영 환경은 생각보다 좋은 편이 아니어서 AF를 제대로 잡지 못하는 경우가 많기 때문에 AF
보조광을 켜야 합니다. 또 예식장은 배경은 어두운 반면에 천장에 설치된 조명은 상당히 밝은데, 이러다
보니 역광에서 촬영할 때도 있습니다. 이런 경우 플레어와 고스트가 발생할 수 있으므로 반드시 렌즈 보
호용 필터 또는 UV 필터는 제거하는 것이 좋습니다.

▲ 밝은 것 같지만 절대 밝지 않다. ISO 감도 1600으로 촬영한 사진   ▲ 역광에서 촬영해야 하는 경우도 많다.

Tip **AF 보조광이란?**

카메라는 어두운 장소에서 초점을 제대로 맞추지 못하는데 AF 보조광은 이를 보완하기 위해 붉은색 또는 흰색의 빛을 피사체를 향해 비춰서 초점을 맞출 수 있게 도와줍니다.

6 | 식순만 알면 정말 쉬운 서브 웨딩스냅

예식 순서만 알면 웨딩스냅 사진을 촬영하기가 훨씬 수월해집니다. 예식 순서에 따라 촬영하는 방법을 알아보겠습니다. 세부적으로 보면 약간의 차이가 있을 수 있지만 일반적인 순서는 다음과 같습니다.

양가 부모님 입장

본식이 시작되면 신랑과 신부 측 어머니가 화촉점화(촛불점화)를 위해 입장합니다. 이때 서브 작가는 양가 어머니가 아닌 메인 작가를 바라봐야 합니다. 메인 작가는 사전에 계획된 위치에서 대기하고 있는데 이곳을 서브 작가가 가릴 경우 사진을 못 쓸 수도 있습니다. 그러므로 메인 작가의 뷰에 걸리지 않는 곳을 선택하여 프레임을 구성해야 합니다.

앞으로의 모든 촬영은 메인 작가의 프레임을 피해서 촬영하는 방식인데요. 이것은 메인 작가보다 사진 실력과 관련된 문제가 아닙니다. 신랑, 신부의 경우 메인 작가의 포트폴리오를 보고 계약하기 때문에 메인 작가의 촬영에 지장이 생기면 의뢰자가 원하는 사진을 얻지 못할 수 있습니다. 그러므로 반드시 메인 작가에게 우선권을 주고, 메인 작가와 다른 시점의 사진을 촬영해야 합니다.

신랑, 신부입장

메인 작가가 앉은 상태에서 정면을 보며 촬영한다면 서브 작가는 대각선으로 이동하면 됩니다. 앞에서 망원렌즈가 유리하다고 언급한 이유는 바로 이런 이유 때문입니다. 신랑, 신부는 동시에 입장할 수도 있고 따로 입장할 수도 있습니다. 개별 입장할 경우, 신랑이 입장할 때 주의해야 할 부분이 있습니다. 신부의 경우에는 걸음걸이가 빠르지 않기 때문에 여유를 갖고 촬영할 수 있지만 신랑은 걸음이 빠르고 가끔 돌발적인 이벤트를 할 수 있기 때문에 입장과 동시에 셔터를 계속 누르는 것이 좋습니다.

▲ 메인 작가의 시점   ▲ 서브 작가의 시점

신랑이 입장한 후 신부와 신부 아버님이 같이 입장합니다. 이때가 촬영 포인트입니다. 신랑이 신부와 신부 아버님에게 다가가는데, 신부 아버님이 신랑에게 신부의 손을 건네는 순간을 촬영해야 합니다.

본식 진행

본식이 진행되면 주례사가 대부분의 시간을 차지합니다. 이때는 한 장소에 신랑, 신부가 고정된 채 경청하기 때문에 메인 작가처럼 많은 컷을 촬영하지 않아도 됩니다. 촬영하더라도 메인 작가와 중복되는 사진이 대다수이기 때문에 예식장 홀의 전경이나 신랑, 신부의 뒷모습 등을 촬영합니다.

축가 및 이벤트

다양한 시점에서 하나의 스토리 형식으로 촬영하는 것도 좋습니다. 축가나 이벤트의 경우에는 시간적인 여유가 있기 때문에 다양한 뷰로 촬영할 수 있습니다.

신랑, 신부의 퇴장

신랑, 신부가 퇴장할 때 폭죽 또는 꽃이 날리는 이벤트가 있는 경우가 많습니다. 이때 대부분의 메인 작가는 신랑, 신부와 거리를 좁혀 촬영하기 때문에 서브 작가가 촬영하기 힘듭니다. 그러므로 무리하게 촬영할 필요 없이 퇴장의 순간만 담는 것에 목적을 두고 촬영합니다.

원판 촬영

원판 촬영은 양가 가족, 지인, 친척 분들을 촬영하는 것으로, 일종의 인증 샷이라고 생각하면 됩니다. 여태껏 촬영한 웨딩스냅 사진과 달리 다소 경직된 사진인데, 이것은 신랑, 신부뿐만 아니라 양가 부모님을 위한 사진이기 때문입니다. 그러므로 감성적인 느낌은 철저히 배제하고 얼굴이 정면으로 나와야 합니다. 사진만 봐도 누구인지 구분할 수 있는 것이 중요하므로 조명을 세게 터뜨려 촬영해야 합니다.

그렇지만 이것은 어디까지나 메인 작가의 경우이고, 서브 작가는 스냅 촬영 방식으로 촬영하면 됩니다. 원판사진 자체가 딱딱하고 인위적인 느낌이 많이 나기 때문에 오히려 서브 작가가 촬영한 스냅사진이 더 좋을 확률이 높습니다. 그러므로 이때는 아끼지 말고 많이 촬영하는 것이 좋습니다.

▼ 움직임을 표현하기 위해 24mm 광각으로 사진을 기울여 촬영하였다. 스냅사진의 경우 딱딱함보다는 현장감을 살릴 수 있는 장점이 있다.

실습 고급스러운 웨딩사진 만들기

라이트룸과 같은 RAW 컨버팅 프로그램의 최종 결과물이 컬러 톤 구현이라는 것을 감안할 때, 색에 대해 공부하고 각각의 툴이 컬러에 미치는 영향과 그에 따른 변화를 아는 것은 매우 중요합니다. 여기에서 설명한 보정 기법만 활용하는 것이 아닌, 이것을 통해 라이트룸의 툴이 컬러에 미치는 영향을 파악하고 스스로 응용하는 방향으로 나아가길 바랍니다.

◎ **원본사진** … 예제사진→서브웨딩스냅→서브웨딩스냅.PNG　　◎ **완성사진** … 완성사진→서브웨딩스냅(완성).JPG

- 원본 사진은 Auto 화이트밸런스로 촬영한 것으로, 화이트밸런스가 잘 맞았지만 이것만으로는 컬러를 구현할 수 없기 때문에 화이트밸런스와 색조를 조정해야 합니다.

- 인물을 더 강조하기 위해 배경을 조금 더 어둡게 조정하여 인물과 배경을 완전히 분리합니다.

◎ 전체적인 노출은 괜찮지만 신부가 너무 밝게 나왔습니다. 신부만 밝기를 줄입니다.

Before

After

컬러 톤 베이스 잡기 Lr

01 '서브웨딩스냅.PNG' 파일을 불러온 후 Develop 모듈로 이동합니다.

02 신랑과 신부 아버님의 노출은 적절하지만 신부가 너무 밝게 나왔습니다. 전체적으로 노출을 낮추기 위해 Exposure 값을 '-0.35'로 설정합니다.

03 화이트밸런스를 조정하여 조금 과하다 싶을 정도로 노랗게 만들어 줄 것입니다. Temp 값을 '+17'로 설정합니다.

04 조금 더 붉은 톤의 이미지로 만들기 위해 Tint 값을 '+10'으로 설정합니다.

인물과 배경 분리하기 [Lr]

01 이미지 전 영역의 톤을 기준으로 대비를 조정하여 인물과 배경을 분리하겠습니다. Contrast 값을 '+35'로 설정합니다. 컬러 톤이 눈에 띄게 변했습니다.

02 이미지 전 영역의 톤을 기준으로 채도를 낮추기 위해 Saturation을 이용합니다. Saturation 값을 '−25'로 설정합니다.

03 신부와 웨딩드레스가 너무 밝게 나왔습니다. 이 부분만 밝기를 조정하기 위해 Radial Filter(단축키 Shift+M)를 클릭합니다.

04 신부를 기준으로 원을 그린 후 원 안쪽에 보정 값이 적용되도록 'Invert'를 체크하고 부드럽고 이질감 없는 보정을 위해 Feather 값을 최대치인 '100'으로 설정합니다.

Tip 'Invert'에 체크 해제하면 원 바깥 영역에 보정 값이 적용됩니다.

05 Exposure 값을 '-0. 45'로 설정하고 [Done] 버튼을 클릭합니다.

06 배경의 분위기가 살아나면서 인물이 강조되도록 암부 영역을 어둡게 조정하겠습니다. Shadows 값을 '-30'으로 설정합니다.

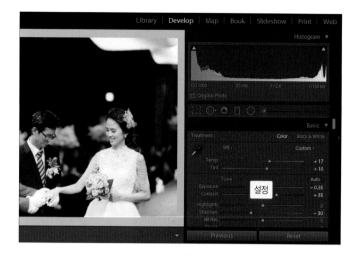

07 최종 완성본을 확인합니다.

Tip 예제 사진은 ISO 감도 1000으로 촬영한 것으로, 일반적인 예식장에서 촬영할 경우 이 정도의 ISO 감도 값을 요구합니다. 상황에 따라 노이즈 제거 및 인물의 피부 보정을 같이 진행한다면 더 나은 결과물을 얻을 수 있습니다.

실습 스마트폰 사진에 아웃포커스 효과 적용하기

이미지 센서의 크기가 클수록 아웃포커스 효과가 잘 나타나기 때문에 스마트폰으로는 DSLR 카메라의 아웃포커스 효과를 구현하기는 힘듭니다. 아웃포커스 효과를 가장 극대화할 수 있는 방법은 포토샵에서 선택 영역을 지정한 후, 배경과 별도로 보정하거나 합성하는 것이지만 이번 실습에서 가장 쉬우면서도 우수한 결과물을 내는 방법을 알아보도록 하겠습니다. 이 방법은 인물에 활용될 뿐만 아니라 일상의 물건을 촬영할 때도 유용하게 활용할 수 있습니다.

◎ **원본사진** … 예제사진→스마트폰사진→스마트폰사진.PNG　　◎ **완성사진** … 완성사진→스마트폰사진(완성).JPG

Before

◎ 인물은 선명하게 배경은 흐리게 표현합니다.

◎ 아웃포커싱 효과 구현 후 컬러톤을 조정합니다.

After

아웃포커스 효과 구현하기 [Ps]

01 포토샵을 실행한 후 '스마트폰사진.png' 파일을 불러옵니다.

02 [Ctrl]+[J] 키를 눌러 레이어를 하나 복제합니다.

03 메뉴에서 [Filter]-Blur Gallery-Iris Filter를 클릭합니다. Iris Filter 전용 편집 창이 열리는 것을 확인할 수 있습니다.

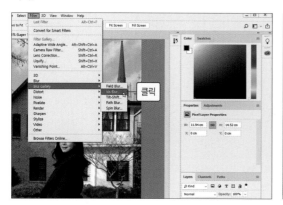

04 원형 필터 안쪽에 있는 네 개의 포인트를 인물의 얼굴 가장자리에 위치시킵니다. 클릭한 채 드래그할 경우 네 개의 포인트가 한꺼번에 움직이므로, 포인트 하나를 클릭한 후 Alt 키를 누른 상태에서 드래그하여 개별적인 위치를 지정합니다.

Tip **Iris Filter 활용하기**

가운데 가장 작은 원을 클릭하면 Blur가 적용되는 위치를 조정할 수 있습니다.

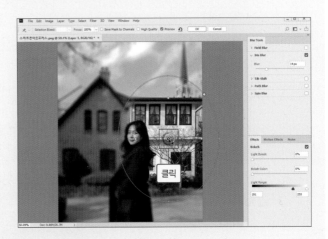

원을 클릭한 후 테두리 안에서 드래그하면 블러 효과가 증가하거나 감소합니다.

▲ 블러 효과 미적용

▲ 블러 효과 적용

상하좌우에 배치된 포인트는 블러가 적용되지 않는 범위를 지정할 때 사용합니다. 포인트 안쪽의 영역에는 블러가 적용되지 않습니다.

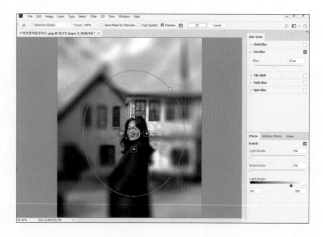

가장 큰 원의 테두리에 있는 포인트를 클릭하면 블러가 적용되는 형태를 자유롭게 설정할 수 있습니다. 위아래로 움직이면 상하 폭이 증가 또는 감소하고 좌우로 움직이면 원 모양을 유지한 채 회전합니다.

테두리 오른쪽 위에 있는 포인트를 클릭하면 테두리 모양을 원형 또는 사각형으로 변경할 수 있습니다.

05 안쪽의 원을 클릭한 후 드래그하여 블러의 양을 설정합니다. 보정 값이 적절하게 들어갔다면 멈추고 저장합니다. 배경에 블러 효과가 적용되지 않은 부분이 보이기 때문에 조금 더 세밀하게 작업하도록 하겠습니다.

Tip 블러 효과가 너무 강하게 적용될 경우 이질감이 심해지고 추가적으로 보정해야 하는 부분이 발생하므로 보정에 익숙하지 않다면 아웃포커스 효과가 나타나는 정도까지만 보정합니다.

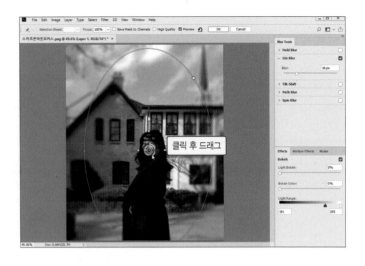

06 원의 기준점(가운데 가장 작은 포인트)을 오른쪽으로 드래그하여 붉은색 건물에 블러 효과를 적용합니다. 흰색 건물에 블러 효과가 적용되지 않은 것을 확인할 수 있습니다.

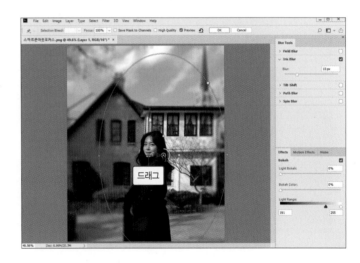

07 원의 크기를 줄여 블러 적용 범위를 축소합니다. 원하는 대로 블러 효과가 적용되면 [OK] 버튼을 클릭합니다.

Tip 얼굴이나 머리카락에는 어느 정도 블러 효과가 적용되도 상관없습니다. 실제로 DSLR 카메라로 촬영해도 이렇게 아웃포커스 효과가 적용되는 경우가 많기 때문입니다.

08 자연스러운 보정을 위해 블러 효과가 적용된 부분 중 일부분을 지우겠습니다. 예제에서는 검은색 옷 부분에 적용된 블러를 지울 것입니다. 지우개 도구를 선택합니다.

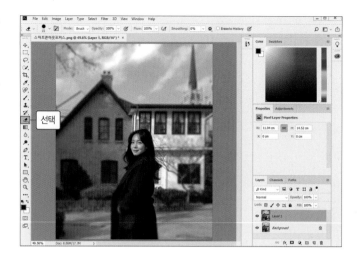

09 Flow와 Opacity 값을 각각 '50%'으로 설정합니다.

Tip 한번에 '100%'로 설정하면 세밀하게 지우는데 힘들므로 절반 값인 '50%'로 입력합니다. 이 값은 상황에 따라 달라질 수 있습니다.

10 사진에서 옷 부분을 드래그하면 블러 효과가 적용된 부분이 원래대로 복구되는 것을 확인할 수 있습니다.

Tip 이번 섹션은 포토샵을 경험하기 위한 것으로 당장은 힘들고 서툴지라도 직접 눈으로 확인하며 세밀하게 보정하는 것이 중요합니다. 세밀한 보정을 위해 결국 포토샵을 배워야 하니까요. 최종적으로 대비와 컬러톤을 적용하면 최적의 사진을 얻을 수 있을 것입니다.

실습 초점 어긋난 사진, 선명하게 보정하기

다음 사진은 아이의 눈이 아닌 머리카락에 초점을 맞춘 채 촬영된 B컷 사진입니다. 표정과 분위기 모두 마음에 드는데 초점이 어긋났다면 이보다 속상한 경우는 없을 것입니다. 이번 실습에서는 보정으로 초점이 어긋난 사진을 살리는 방법에 대해 알아봅니다.

◉ **원본사진** ⋯ 예제사진→초점나간사진→초점나간사진.NEF   ◉ **완성사진** ⋯ 완성사진→초점나간사진(완성).JPG

Before

◉ 포토샵의 Highpass 기능을 활용해 초점이 어긋난 사진을 보정합니다.

◉ 배경의 흐림까지 선명해질 필요는 없기 때문에 특정 영역을 선택해서 보정하는 것이 필요합니다.

After

초점 어긋난 사진 살리기

01 포토샵을 실행한 후 '초점나간사진.ARW' 파일을 불러옵니다. Ctrl+J 키를 눌러 레이어를 하나 복제합니다.

02 메뉴에서 [Filter]-Other-Highpass를 클릭합니다.

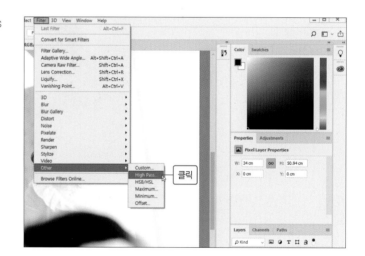

03 이미지에서 눈이 선명해질 때까지 Radius 값을 높입니다. 예제에서는 '12.0'으로 설정하고 [OK] 버튼을 클릭합니다.

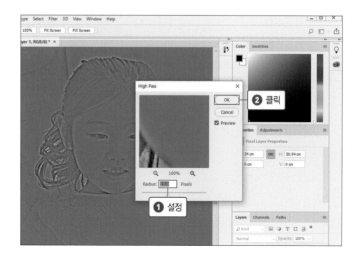

04 Layer 패널에서 'Normal'을 'Ove-rlay'로 변경합니다.

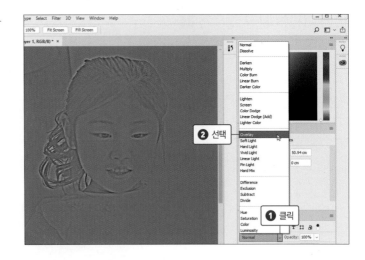

05 눈에 어느 정도 초점이 맞춰진 것을 확인할 수 있습니다. 하지만 다른 영역까지 초점이 들어갔기 때문에 약간 조정할 필요가 있습니다. 'Layer1'을 선택하고 Alt 키를 누른 상태에서 'Add Layer Mask'를 클릭합니다.

06 레이어 마스크가 생성되면서 사진이 원래대로 돌아오는 것을 확인할 수 있습니다.

07 브러시를 선택하고 Opacity와 Flow
값을 '100', Foreground 색상은 흰색으로
변경합니다.

08 마우스를 활용하여 눈동자와 왼쪽
볼 위주로 문질러 줍니다. 문지른 부분만
Highpass 값이 적용됩니다.

09 Alt+E 키를 눌러 레이어를 병합합
니다.

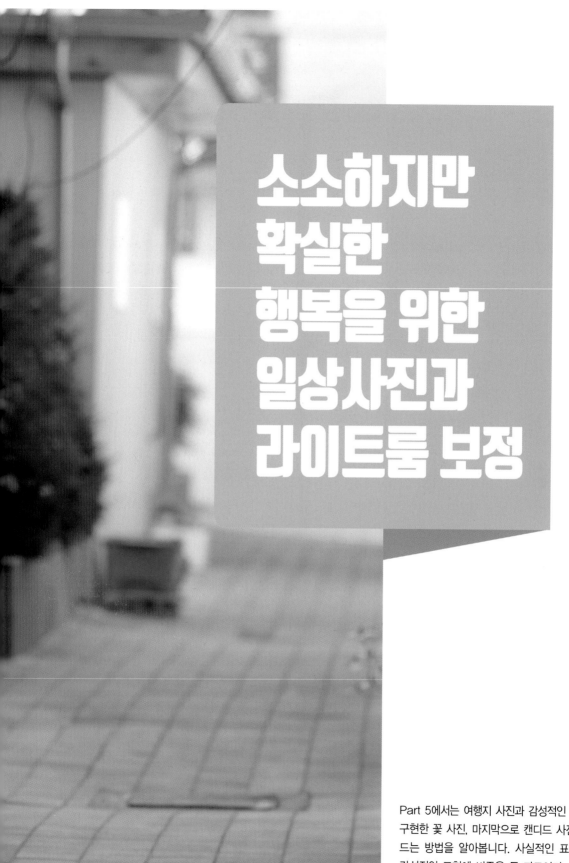

소소하지만 확실한 행복을 위한 일상사진과 라이트룸 보정

Part 5에서는 여행지 사진과 감성적인 컬러를 구현한 꽃 사진, 마지막으로 캔디드 사진을 만드는 방법을 알아봅니다. 사실적인 표현보다 감성적인 표현에 비중을 둔 파트이며, 스페셜 페이지에서 성공적인 불꽃사진과 음식사진 촬영을 위한 팁을 소개합니다.

여행 블로거를 위한
감성사진 촬영과 보정하기

사진을 배우는 단계에서는 사진을 위한 여행으로 접근하는 것이 좋습니다. 반드시 유명한 여행지가 아니어도 됩니다. 가까운 지역부터 돌아보며 여행지의 특성을 어떻게 표현할 수 있을지 고민해 보면 충분합니다.

1 | 여행 블로그의 완성도

인터넷에서 여행지를 검색해 보면 여행과 사진은 따로 생각하기 힘든 영역이라는 것을 알 수 있습니다. 수많은 여행 블로거가 있지만 사진을 잘 촬영하는 여행 블로거의 비중은 적은 편입니다. 다음 사진은 풀 프레임 DSLR 카메라와 프리미엄급의 렌즈로 촬영한 사진입니다. 그렇지만 사진을 살펴보면 기본적으로 노출이 맞지 않은 상태이고 여행지와 관련없는 현수막의 일부가 나와 있는 것을 알 수 있습니다.

물론, 이렇게 촬영한 사진이더라도 여행지 정보를 전달하는 데는 지장이 없습니다. 그러나 여행 블로그를 전문적으로 운영하려면 사진의 품질부터 바뀌어야 합니다. 당장은 차이가 없을지 모르지만 시간이 지나면 블로그의 완성도를 결정하는 중요한 요소가 되기 때문입니다.

▲ 여행지 정보를 전달하는 데는 문제 없지만 사진의 품질이 좋지 않다.

관광객은 현장감을 살리는 요소

여행지에서 촬영할 경우 관광객이 방해가 된다고 생각할 수 있습니다. 그래서 사람들이 지나가기를 기다렸다가 촬영하는 분도 있습니다. 이렇게 촬영하는 것이 나쁘지는 않지만 여행지의 현장감이라는 측면에서 볼 때는 좋은 촬영 방식이 아닙니다. 관광객의 뒷모습이 나온 사진이 현장의 느낌을 훨씬 살릴 수 있기 때문이죠. 특히, 지역 유명 행사나 축제에서 현장감을 살리는 촬영을 하면 관광객의 밀집도라는 정보를 제공할 수 있습니다. 망원렌즈를 활용하여 촬영하면 아웃포커스 효과로 관광객의 프라이버시를 보호하는 동시에 공간에 압축감을 줘서 현장감을 살리는 효과가 있습니다.

▲ 사진에 관광객이 나오면 현장감을 살릴 수 있다.

▲ 망원렌즈로 촬영한 사진

2 | 카메라와 렌즈의 선택

"좋은 사진가가 되기 위해서는 부지런해야 한다"라는 말이 있습니다. 이 말은 체력적인 부담을 감수하고 많은 렌즈를 들고 다니면서 수시로 상황에 맞는 렌즈로 교체하는 습관을 들여야 좋은 작품을 남길 수 있음을 의미합니다. 하지만 여행이 본업 또는 부업이 아닌 이상, 필요한 렌즈를 모두 구입하여 촬영하는 것은 현실적으로 어렵습니다. 처음에는 간편하고 손쉽게 촬영할 수 있는 렌즈를 활용해도 좋은 여행사진을 남길 수 있습니다.

하나의 렌즈로 해결하는 슈퍼줌렌즈

과거의 슈퍼줌렌즈는 광학기술력의 한계로 성능이 많이 떨어졌지만 시중에 나와 있는 슈퍼줌렌즈는 해상력과 빛에 대한 대응이 우수한 편입니다. 하나의 렌즈로 대부분의 사진을 촬영할 수 있는 동시에 높은 해상도의 사진을 얻을 수 있는 점은 체력 소모가 많은 여행 블로거가 사용하기에 큰 장점이 될 수 있습니다. 하지만 가변조리개 렌즈이기 때문에 어두운 장소에서 손으로 들고 촬영할 경우

▲ 18-300 렌즈. 이 렌즈 하나로 풀프레임 환산 24mm~450mm까지의 초점 거리를 자유자재로 활용할 수 있다.

에는 사진이 흔들릴 수 있으므로 빛이 충분하지 않은 장소에서 촬영할 때는 흔들리지 않도록 신경을 써야 합니다.

Tip 가변조리개 렌즈 : 줌인 · 줌아웃에 따라 최대 개방 조리개 값이 한정된 렌즈.

결과물에 우선하는 줌렌즈

자주 사용하는 화각대의 줌렌즈를 일명 '줌렌즈 삼총사'라고 부르는데요. 풀프레임 환산 값 16-35, 24-70, 70-200 렌즈가 여기에 해당합니다. 이 세 가지 구성의 렌즈로 사실상 모든 사진을 촬영할 수 있고 성능도 우수하기 때문에 여행사진 전문가뿐만 아니라 일반인도 많이 활용하고 있습니다. 단, 렌즈의 무게가 700g~1kg에 육박하기 때문에 촬영 시 체력 소모가 빠를 수 있고 가격도 비싼 단점이 있습니다.

◀ 줌렌즈 삼총사로 불리는 렌즈들

▲ 70-200 렌즈로 촬영한 사진

3 │ 감성 가득한 여행사진 촬영

여행지라는 이유로 반드시 전경사진만 촬영할 필요는 없습니다. 얕은 심도로 촬영하거나 크롭을 이용하면 감성이 가득한 사진을 얻을 수 있습니다.

얕은 심도로 피사체 담기

얕은 심도로 촬영하면 주변을 정리하는 동시에 피사체를 강조할 수 있습니다.

▲ 조리개 값 2.0으로 촬영한 사진

조급함을 피하자

사진에서 가장 피해야 할 것은 '조급함'입니다. 당장 결과물을 얻기 위해 빠르게 촬영하다 보면 놓치는 부분이 많을 수 있습니다. 여유를 가지고 주변을 꼼꼼하게 관찰하는 습관을 갖는 것이 좋습니다.

크롭의 기술

피사체의 일부를 잘라서 보여주고 싶은 부분만 촬영하면 촬영자의 감성이 담긴 사진을 얻을 수 있습니다. 또한 사진을 보는 이들에게 상상의 여지를 남겨주기 때문에 사진이 다양하게 해석될 수 있습니다. 이런 사진은 기술적인 부분보다 감성적인 부분이 크게 작용하는데, 블로그에 포스팅할 때 중간 중간 삽입하면 블로그 방문자들과 공감대를 형성할 수도 있습니다.

4 | 현장감을 살리는 사진 촬영과 보정 기법

현장감을 살리는 사진 촬영은 촬영자의 생각이나 주관보다는 여행지의 사실적인 표현에 중점을 두는 촬영 방법을 말합니다. 적절한 프레임과 앵글, 구도와 구성을 조금만 신경 쓰면 완성도 있는 여행사진을 얻을 수 있습니다. 수준 높은 여행사진을 촬영하는 방법에 대해 알아보겠습니다.

광각으로 전체를 보여주는 촬영

광각렌즈를 활용하면 여행지의 전체적인 모습을 촬영할 수 있습니다. 여기서 '전체를 담는다'는 개념에 대한 이해가 필요한데, 단순하게 전체를 담는 것은 누구나 할 수 있지만 정돈된 느낌의 사진을 얻는 것은 쉽지 않습니다. 몇 가지만 알아 두면 설득력 있는 여행사진을 촬영할 수 있습니다.

기본적인 카메라 세팅

전체가 선명한 사진을 얻는 것이 목적이기 때문에 조리개를 조이는 것이 좋습니다. 조리개 값은 F/5.6~F/8.0이 적당합니다.

주제가 잘 드러나는 사진

일반적으로 완성도가 떨어지는 사진은 '주제가 잘 드러나지 않는 사진'을 의미합니다. 다음 사진에서 주인공은 무엇일까요? 바로 건물입니다. 하지만 아래쪽의 불필요한 풀숲의 비중이 주 피사체인 건물보다 크기 때문에 사진의 몰입도를 떨어뜨리므로 일정 부분을 자르더라도 건물을 강조할 필요가 있습니다.

주제를 강조하기 위해 건물에 더 다가가서 촬영하였습니다. 기존 사진보다 건물이 잘 드러나 있고, 보는 사람에게 정보를 전달하는 데도 부족함이 없습니다. 몰입도를 떨어뜨리는 불필요한 부분은 줄이고 주인공인 주 피사체를 강조하는 것이 사진의 주제를 드러내는 방법입니다.

▲ 주제가 미흡한 사진   ▲ 주제를 강조하기 위해 재촬영한 사진

특색 있는 여행사진

여행지만의 특색을 파악하면 현장감 있는 사진을 얻을 수 있습니다. 블로그에 포스팅할 때 필요하다면 글을 동반하여 자세한 정보를 제공하는 것이 좋습니다. 하지만 사진에서 관광객의 얼굴이 너무 자세하게 드러난다면 문제가 될 수 있으므로 주의해야 합니다.

▲ 한옥마을에서는 대부분의 방문객들이 한복을 대여해서 입고 있다.

가로사진과 세로사진의 효과

다음 사진은 여행지에서 한 건물을 대상으로 가로와 세로로 촬영한 것입니다. 가로사진은 건물 전체가 드러나 안정감이 느껴지는 동시에 주변 환경을 어느 정도 보여주는 반면, 세로사진은 프레임의 대부분을 건물이 차지하고 있어 사실적인 묘사보다는 웅장함을 표현하는데 적합하다고 볼 수 있습니다.

촬영 당시 처음에는 가로사진으로 촬영하였지만 불필요한 햇볕의 간섭으로 선명한 사진을 얻기 힘들었습니다. 이것을 해결하기 위해서는 위치를 이동하여 촬영해야 했는데, 해당 장소를 가로로 촬영할 경우 건물과 여백을 동시에 담기 어려웠습니다. 그래서 카메라를 세로로 돌린 다음 최대한 낮은 자세에서 극단적인 왜곡을 주어 건물의 웅장함을 표현하는 방식으로 촬영하였습니다. 이처럼 세로사진과 가로사진 중 어떤 것이 정답이라고 말하기는 어렵기 때문에 상황에 따라 적절한 구도로 촬영해야 합니다.

▲ 가로사진

▲ 세로사진

실습 사실적인 컬러 사진 만들기

사실적인 컬러 보정은 다소 화려하지 않을 수 있고, 일부 문제가 보일 수도 있지만 최소한의 보정으로 최대한의 효과를 끌어내는 방법입니다. 이 보정 방법은 쉽고 빠른 작업이 가능한 동시에 일정 수준 이상의 결과물을 보장합니다. 동기화가 아닌, 개별적인 보정임에도 불구하고 많은 양의 사진을 빠르게 편집할 수 있기 때문에 블로그나 SNS에 포스팅할 때 유용하게 활용할 수 있습니다.

◐ **원본사진** … 예제사진→여행사진→여행사진.NEF　　◐ **완성사진** … 완성사진→여행사진(완성).JPG

Before

◐ 화이트밸런스가 맞는 것처럼 보이지만, 좀 더 정확한 색을 위해 라이트룸에서 화이트밸런스를 조정합니다.

◐ 하늘의 색을 조금 더 파랗게 만들 필요가 있습니다.

◐ 전체적으로 샤픈을 적용하여 선명한 사진으로 만듭니다.

After

화이트밸런스 맞추기 Lr

01 '사실적인여행사진.NEF' 파일을 연후 Develop 모듈로 이동합니다.

02 화이트밸런스를 맞추기 위해 White Balance Selector(단축키 W)를 클릭합니다. 마우스 커서가 스포이드 모양으로 바뀌는 것을 확인할 수 있습니다.

03 사진에서 흰색으로 표현되어야 하는 부분을 찾아 클릭하면 클릭한 지점을 기준으로 Temp와 Tint 값이 자동으로 설정됩니다.

Tip 'White Balance Selector'는 전체적인 이미지 컬러에 영향을 주기 때문에 화이트밸런스를 맞추는 작업은 사실적인 컬러 톤을 구현하는 과정에서 가장 중요합니다.

화사한 하늘 표현하기 Lr

01 하늘을 좀 더 화사하게 표현하겠습니다. 원본 사진에서 하늘은 'Blue'에 가까운 컬러라는 것을 확인한 다음 슬라이더 바를 내려 HSL 패널로 이동하고 'Luminance'를 클릭합니다.

02 Luminance의 Blue 값을 '-40'으로 설정합니다.

> Tip Luminance는 빛의 농도를 조정합니다. Luminance 값을 낮추면 해당 컬러가 짙게 표현되고, 높이면 옅게 표현됩니다.

▲ Lumunauce Blue:-100

▲ Lumunauce Blue:+100

03 채도를 높이기 위해 Saturation을 클릭하여 Blue 값을 '+30'으로 설정합니다.

04 Basic 패널에서 Shadows 값을 '30'으로 설정합니다.

05 가장 밝은 곳과 가장 어두운 곳에 대비를 주어 선명도를 높이는 동시에 화사한 색으로 만들겠습니다. Whites 값을 '+30', Blacks 값을 '-15'로 설정합니다.

06 샤픈을 적용하여 전체적인 선명도를 향상시키겠습니다. 슬라이더 바를 내려 Detail 패널로 이동합니다.

07 Amount 값을 '40', Radius 값을 '1.0', Detail 값을 '50', Masking 값을 '20'으로 설정합니다. 보정으로 인해 건물 아래 다리까지 파랗게 변한 것을 확인합니다.

부분적인 컬러 보정하기 Lr

01 하늘 색을 선명하게 만드는 보정으로 인해 파랗게 된 다리 부분의 컬러를 다시 보정하겠습니다. Adjustment Brush(단축키 K)를 클릭합니다.

02 선택 영역을 확인하기 위해 'Show Selected Mask Overlay'를 체크합니다.

03 마우스 휠 스크롤을 이용하여 브러시 크기를 조정하면서 문질러 줍니다.

04 'Show Selected Mask Overlay' 체크를 해제합니다. 브러시 Feather, Flow, Density 값을 '100'으로 설정합니다.

Tip Feather는 경계의 구분, Flow는 흐름, Density는 농도를 의미합니다.

05 Saturation 값을 '-29'로 설정합니다. 파랗게 변한 다리 부분이 원래의 색으로 돌아옵니다.

Tip Saturation 값을 많이 내리면 색의 변형이 올 수 있기 때문에 눈으로 확인하면서 미세하게 조정해야 합니다.

06 최종 완성본을 확인합니다.

힐링을 부르는
꽃사진 촬영하기

해마다 꽃이 피는 계절이면 웹상에 수많은 꽃사진이 올라옵니다. 우리 주변에서 쉽게 찾을 수 있고 DSLR 카메라만 있으면 누구나 예쁘게 촬영할 수 있기 때문에 많은 사람들이 취미 삼아 꽃사진을 촬영하고 있습니다. 이번 섹션에서는 꽃 촬영의 기초부터 다양한 시선으로 꽃을 바라보는 방법에 대해 알아보겠습니다.

1 | **렌즈의 선택**

풍경사진이나 인물사진과 달리, 꽃사진은 렌즈의 초점 거리에 영향을 덜 받습니다. 일반적으로 왜곡이 없고 피사체를 강조할 수 있는 망원렌즈로 촬영하는 경우가 많은데, 망원렌즈 중에서도 마크로렌즈가 꽃사진 촬영에 많이 활용되고 있습니다. 마크로렌즈의 특성과 활용에 대해 간략하게 알아봅니다.

마크로렌즈의 특성

마크로렌즈는 최소 촬영 거리가 가까우며, 1:1 배율(등배배율)로 촬영이 가능한 특징이 있습니다. 여기서 1:1 배율은 실제 피사체의 크기가 10cm라면 이미지 센서면에도 10cm로 기록할 수 있는 것을 말합니다. 사전적인 설명이기 때문에 약간 이해되지 않을 수 있는데요. 쉽게 말하자면, 일반적인 렌즈는 피사체에 가까이 붙어도 이미지를 크게 촬영하지 못합니다. 아무리 비싼 렌즈라도 말이죠. 그래서 렌즈 제조사는 돈

보기처럼 최소 촬영 거리가 가까우면서 확대하여 기록할 수 있는 특수 렌즈를 설계했고, 해상력과 빛에 대한 대응력을 올려줌으로써 나온 렌즈가 마크로렌즈(MacroLens)입니다.

이런 특수한 설계 때문에 접사 촬영에 최적화되어 있지만 AF 속도가 느린 것과 단초점렌즈임에도 불구하고 조리개 개방 값이 최대 2.8로 한정된 점, 다소 부담스러운 가격이라는 단점이 있습니다. 하지만 제품 촬영과 디테일 촬영, 인물 촬영 등 활용도 높은 렌즈이기 때문에 꽃사진을 즐겨 촬영한다면 구입을 고려해보는 것도 나쁘지 않습니다.

▲ 마크로렌즈

▲ 마크로렌즈로 촬영한 사진

접사 튜브란?

접사 튜브는 기존에 사용하고 있는 렌즈에 장착하여 접사 효과를 낼 수 있는 장비입니다. 금액대가 마크로렌즈처럼 비싸지 않기 때문에 많은 사람들이 접사 촬영에 활용하고 있습니다. 마크로렌즈에 접사 튜브를 장착하면 배율을 더 끌어올리는 효과를 낼 수 있습니다.

접사 튜브 ▶

2 | 누구나 쉽게 촬영할 수 있는 꽃사진

안정적인 느낌을 위한 꽃사진 촬영

꽃이 바라보는 방향에 여백을 배치하는 것은 꽃사진에서 기본적인 여백 배치법으로, 삼분할 구도와 유사하여 안정적인 사진을 얻을 수 있습니다. 여기서 중요하게 고려해야할 부분이 있는데 바로 '피사체의 크기'입니다.

피사체가 너무 크면 불안정한 느낌을 줄 수 있으며, 반대로 너무 작으면 피사체가 제대로 강조되지 않을 수 있습니다. 그러므로 뷰파인더를 통해 피사체가 차지하는 크기를 살펴보는 것이 중요합니다.

▲ 피사체 크기가 크면 불안정한 느낌을 준다.

▲ 피사체 크기가 작으면 제대로 강조되지 않는다.

얕은 심도를 활용한 꽃사진 촬영

얕은 심도를 활용하면 쉽게 예쁜 꽃사진을 촬영할 수 있습니다. 아웃포커스로 인한 배경 흐림 효과는 DSLR 카메라의 가장 큰 장점 중 하나이기 때문입니다. 크게 어려운 점은 없지만, 조리개를 개방하여 촬영하기 때문에 촬영 후 초점이 정확하게 맞았는지 확인하는 과정이 필요합니다.

▲ 아웃포커스로 인해 꽃만 강조되는 사진

배경의 컬러를 고려한 촬영

얕은 심도로 촬영하되, 배경도 함께 고려하여 촬영하면 화사한 사진을 얻을 수 있습니다. 배경 흐림 효과로 인해 배경이 부드럽게 표현되기 때문입니다. 다음 사진은 70~200 렌즈를 사용하였으며 조리개 값은 2.8로 촬영하였습니다. 원리를 정리하면 다음과 같습니다.

▲ 줄기의 끝이 향하는 방향으로 여백을 배치한 사진

① 얕은 심도를 활용하면 꽃은 선명해지고 배경은 흐려진다.

② 뷰파인더를 통해 배경이 흐려졌을 때 나타나는 색을 미리 확인한다.

③ 얕은 심도로 촬영하면 꽃은 선명한 컬러로, 배경은 파스텔 톤으로 혼합된 컬러로 나타난다.

이렇게 촬영하기 위해서는 여러 색을 띠는 꽃밭에서 촬영하는 것이 좋습니다. 배경 색의 종류가 다양할수록 배경이 흐려졌을 때 더 화사하게 표현되기 때문입니다. 또한 다음 사진과 같이 배경과 꽃의 색이 유사하면 꽃이 배경에 묻히는 현상이 발생하므로 배경과 꽃의 색이 명확하게 구분된 장소에서 촬영해야 합니다.

▲ 배경과 꽃의 색이 유사할 경우 피사체가 강조되지 않는다.

꽃사진을 촬영할 때 항상 얕은 심도로 촬영할 필요는 없습니다. 다음 사진에서 아래쪽 꽃들은 흰색과 노란색의 규칙적인 배열로 이루어져 있고, 위에서 내려온 나뭇잎은 여름날 그늘의 시원함을 느끼게 합니다. 깊은 심도로 촬영하면 현장의 싱그러운 분위기를 잘 담아낼 수 있습니다.

▲ 전체적인 분위기를 고려하여 깊은 심도로 촬영한 사진

광각렌즈로 촬영하기

다음 사진은 무당벌레가 달아나지 않게 최대한 조심스럽게 근접하여 촬영한 것으로, 광각렌즈의 원근감으로 인해 무당벌레가 작게 느껴지지 않는 독특한 사진을 얻을 수 있었습니다. 꽃사진을 촬영할 때 꽃 주변에 곤충이 많다면 광각렌즈로 촬영해보는 것도 좋습니다.

▲ 16mm 렌즈로 촬영한 사진

다른 시선으로 피사체 바라보기

꽃사진을 촬영하는 이유는 꽃이 예쁘기 때문입니다. 그러다 보니 '꽃이 예쁘니까 예쁘게 찍어야지!'라는 생각으로 촬영을 하지만 다른 시선으로 바라본다면 색다른 느낌의 사진을 얻을 수 있습니다.

꽃을 위에서 내려 본 상태에서 촬영하면 예쁘고 아름다운 느낌이 아닌, 밝고 귀여운 느낌의 사진을 얻을 수 있습니다. 카메라 앵글을 바닥을 향해 촬영하기 때문에 카메라 스트랩 또는 머리카락이 렌즈를 가리지 않게 주의해야 합니다.

바닥도 살피면서 촬영하면 매력적인 광경을 발견할 수 있습니다. 떨어진 꽃잎은 생기는 없지만 감성은 남아있기 때문입니다. 떨어진 꽃잎을 표현하기 위해서는 바닥에 앉은 상태에서 LCD 창을 보며 촬영하는 것이 좋습니다.

바닥에 앉아 꽃과 같은 눈높이 또는 낮은 눈높이에서 촬영하면 빛이 들어오기 때문에 발색이 좋아지고 꽃잎이 투명하게 표현되는데, 이런 촬영 방식은 하이키 톤 촬영의 기초가 됩니다.

3 | 흰색 배경을 표현하기 위한 꽃사진 촬영

하이키(HighKey)톤이란?

하이키 톤은 '전체적으로 노출이 오버된 밝은 사진'을 말합니다. 하이키 톤 촬영은 사진의 전반적인 영역에서 많이 활용되며 전체적인 노출을 끌어올리되, 피사체는 약간 밝고 배경은 완전히 흰색으로 만드는 기법입니다.

빛의 방향

꽃사진에서 하이키 톤을 구현하기 위해서는 빛의 방향과 앵글의 높이가 중요합니다. 빛의 방향은 역광, 역사광이 좋으며 앵글의 각도는 낮은 앵글(Low 앵글)로, 꽃을 올려다 보는 느낌으로 촬영해야 합니다. 역광에서 촬영할 경우 피사체에 적정 노출로 맞추면 배경이 밝게 표현되고 꽃잎이 투명하게 비치는 효과를 낼 수 있습니다. 앵글이 피사체 정면에 위치하면 주변의 불필요한 꽃과 줄기 식물이 프레임에 나올 수 있기 때문에 Low 앵글로 촬영하는 것이 좋습니다.

뷰와 노출 값 설정

앵글을 내려서 촬영하기 때문에 줄기부터 꽃잎까지 위로 뻗어있는 모양이 나타나는데, 이렇게 위아래로 뻗어있는 피사체는 세로로 촬영하는 것이 메시지를 전달하는데 효과적입니다. 피사체를 적정 노출로 촬영하면 하이키 톤이 완성되는 경우가 많지만, 예외적으로 약간 어둡게 촬영되는 경우가 있는데 이런 경우 조금 밝게 촬영하면 원하는 결과물을 얻을 수 있습니다. 꽃과 배경의 노출 차가 크기 때문에 반자동 모드로 촬영한다면 측광 모드는 스팟 측광으로 설정해야 합니다.

▲ 가로사진

▲ 세로사진

(실습) 감성적인 꽃사진을 위한 하이키 톤 사진 만들기

하이키 톤 보정을 염두에 둔 촬영은 보정에서 건드릴 부분이 없는 경우가 많습니다. 하지만 보정을 하지 않아도 된다는 것은 아닙니다. 꽃잎이 투명하게 비치고 배경이 흰색인 하이키 톤 사진을 만들어 보겠습니다.

◉ 원본사진 … 예제사진→하이키톤→하이키톤.NEF   **◉ 완성사진** … 완성사진→하이키톤(완성).JPG

Before   After

◉ 역광이 독특한 분위기를 만들긴 하지만 사진에서는 좋은 빛으로 보기 어렵습니다.

◉ 대비로 선명도를 더하고 배경의 밝기를 더 밝게 만들 필요가 있습니다.

◉ 꽃잎 컬러가 탁한 느낌이 강합니다. 채도가 아닌 빛의 양으로 생기 있는 컬러를 구현합니다.

하이키 톤 보정하기 Lr

01 '하이키톤.NEF' 파일을 불러온 후 Develop 모듈로 이동합니다. 배경을 하얗게 만들기 위해 Highlights 값을 '100'으로 설정합니다.

02 꽃잎 내부가 투명하게 보이도록 꽃잎의 밝기를 높이겠습니다. Whites 값을 '+50'으로 설정합니다.

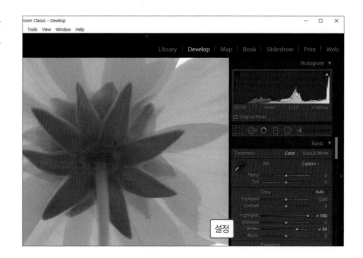

03 역광으로 낮아진 대비를 조정하기 위해 Contrast 값을 '+40'으로 설정하고 마무리합니다.

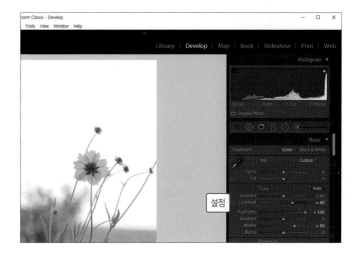

실습 따뜻함이 느껴지는 감성 꽃사진 만들기

감성적인 사진은 보정과 더불어 컬러 톤에 어울리는 피사체와 구도를 찾는 것이 중요합니다. 따뜻하고 감성적인 컬러 톤을 적용하여 감성 꽃사진을 만드는 방법을 알아보겠습니다.

●원본사진 ⋯ 예제사진→감성꽃사진→감성꽃사진.PNG　　**●완성사진** ⋯ 완성사진→감성꽃사진(완성).JPG

- 따뜻하고 감성적인 느낌을 만들기 위해 Temp와 Tint 값으로 필름 톤 효과를 적용합니다.

- 필름 톤과 어울리도록 노이즈와 Roughness을 더해 빈티지한 느낌을 표현합니다.

- 주 피사체를 강조하기 위해 비네팅을 적용합니다. 비네팅은 보정 마무리 단계에서 적용할 것입니다.

Before

After

필름 톤 효과 적용하기 Lr

01 '감성꽃사진.PNG' 파일을 불러온 후 Develop 모듈로 이동합니다.

02 따뜻한 느낌으로 보정하기 위해 Temp 값을 '+15'로 설정합니다.

> **Tip** 예제 이미지가 아닌 직접 촬영한 사진으로 실습할 경우, 너무 노랗다면 Temp 값을 마이너스 값으로 설정합니다.

03 녹색 톤을 더해 필름 톤 효과를 내겠습니다. Tint 값을 '−40'으로 설정합니다. 컬러 톤은 맞춰졌지만 대비가 내려간 것을 확인할 수 있습니다.

04 대비를 올리기 위해 Contrast 값을 '+40'으로 설정합니다.

빈티지한 느낌 내기 Lr

01 조금 더 빈티지한 효과를 주기 위해 슬라이더 바를 내려 Effects로 이동합니다.

02 Grain의 Amount 값을 '+60'으로 설정합니다. 이미지에 노이즈가 증가한 것을 확인할 수 있습니다.

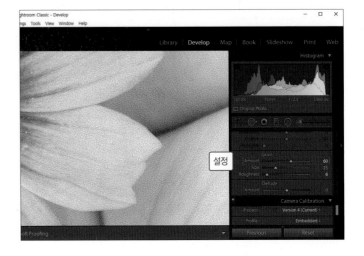

03 Size를 '25'로 설정합니다.

> **Tip** 노이즈 크기가 너무 커지면 디테일이
> 뭉개지므로 되도록이면 기본 값인 '25'를 유지
> 하는 것이 좋습니다.

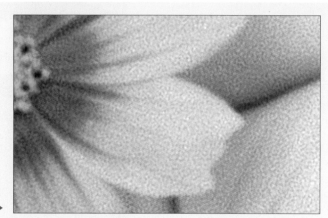

노이즈 크기가 클수록 디테일이 사라진다. ▶

04 노이즈의 거친 느낌을 추가하기 위해
Roughness 값을 '56'으로 설정합니다.

비네팅 적용하기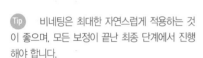

01 주 피사체를 강조하기 위해 비네팅을 적용하겠습니다. Post-Crop Vignetting 으로 이동합니다.

Tip 비네팅은 최대한 자연스럽게 적용하는 것이 좋으며, 모든 보정이 끝난 최종 단계에서 진행해야 합니다.

02 Amount 값을 '-15'로 설정합니다.

03 자연스러운 경계선을 위해 Feather 값을 '100'으로 설정합니다.

04 어두운 영역이 가운데로 들어가도록
Midpoint 값을 '17'로 설정합니다.

05 최종 완성본을 확인합니다.

Section 03 메시지가 분명한 사진 촬영과 **흑백사진** 보정하기

주제가 명확하게 들어나도록 사진을 촬영하는 방법은 피사체를 크게 촬영하거나 피사체와 대비가 다른 장소에서 촬영하는 방법, 배경을 단순화해서 촬영하는 방법입니다. 여기서는 메시지가 분명한 사진 촬영 방법에 대해 알아봅니다.

1 | 의미 있는 사진 촬영

사진을 배우는 단계에서는 너무 어려운 사진에 접근하지 않는 것이 좋습니다. 사진에 대한 기초 지식을 제대로 갖추지 않은 상태에서 어려운 사진에 접근하면 난해한 경우도 많고, 무리수를 둘 수 있기 때문입니다.

즐거운 마음으로 촬영했지만 촬영한 이후 사진을 더 이상 보지 않는 경우가 많습니다. 이런 문제가 생기는 이유는 무엇일까요? 답은 간단합니다. 사진에 이유가 없기 때문입니다. 사진에 이유가 있으려면 '왜'라는 질문부터 시작해야 합니다. '풍경이 너무 예뻐서'와 같은 단순하고 직관적인 이유가 아닌, 사진 자체에 의미가 있어야 합니다.

▲ 예전에 촬영했던 사진 중 보지 않는 사진이 훨씬 많다.

2 │ 사진 제목 정하기

사진의 제목을 정하는 것은 사진을 촬영하는 것만큼 중요합니다. 제목을 어떻게 정하느냐에 따라 사진이 전달하는 메시지가 분명해질 수 있고, 반대로 반감될 수 있기 때문입니다. 제목을 먼저 정하고 촬영하면 사진의 완성도와 설득력이 높아지기 때문에 되도록이면 촬영 전에 계획을 세우는 것이 좋습니다.

좋지 않은 제목

좋지 않은 제목의 대표적인 예를 몇 가지 들어보겠습니다. 첫 번째는 너무 어려운 제목을 사용한 경우입니다. 예를 들어, 리어카로 고물을 줍는 할머니의 뒷모습을 촬영했다고 가정할 때 '삶에 대한 고찰'이라는 제목을 다는 경우가 많습니다. 강한 메시지를 전달하기 위한 목적으로 보이지만, 제목이 너무 광범위하고 할머니의 삶을 촬영자의 기준에서 해석한 사진이므로 공감을 끌어내기 힘든 제목입니다.

두 번째는 너무 보편화된 제목을 사용한 경우입니다. 예를 들어, '봄이 오는 소리'와 같이 'OO이 오는 소리'가 제목인 사진을 각 계절의 초입에 많이 볼 수 있습니다. 감성적인 면이 강하고 잘 촬영하면 메시지가 분명한 사진을 얻을 수 있는 제목이지만, 제목 자체가 너무 보편화되었고 계절마다 반복되다 보니, 크게 와 닿지 않는 경우가 많습니다. 또한 '봄이 오는 소리'라는 글귀를 제대로 표현하기 위해 어떻게 촬영해야 할지 고민하게 될 경우, 한없이 어려워지게 됩니다. 봄꽃을 촬영한 사진에 '봄이 오는 소리'라는 제목을 다루는 것과 '봄이 오는 소리'를 표현하려는 촬영자의 의도를 사진에 드러내는 것은 완전히 다르기 때문입니다.

▲ 입문 단계에서는 멋드러진 제목보다 솔직한 제목이 좋다.

「봄 향기에 눈을 뜨다」

「작은 섬」

「손바닥으로 태양을 가릴 수 없다」

3 | 빛과 그림자 그리고 공간의 활용

　빛과 그림자의 상반되는 성격과 공간이 어우러지면 단순하면서도 메시지가 강한 사진을 얻을 수 있습니다. 사람의 형태가 실루엣으로 표현되기 때문에, 찰나의 순간을 어떻게 잡아낼 수 있을지 의문을 가질 수 있지만, 이런 촬영 방식은 순간적인 대응이 아니라 기회가 올 때까지 기다리는 것입니다.

먼저 구도와 구성을 잡되, 최대한 단순화된 배경을 찾습니다. 사람이 실루엣으로 표현되어야 하므로 가장 밝은 부분을 적정 노출로 설정하고 인물이 움직이는 방향을 미리 계산한 다음 원하는 위치에 인물이 위치하면 셔터를 눌러 촬영합니다. 구도와 구성 그리고 메시지를 전달하는 방법을 연습하는데 효과적이므로 입문자일 경우 이런 방식으로 촬영한다면 실력 향상에 많은 도움이 될 것입니다.

4 │ 캔디드 사진이란?

'캔디드 사진'은 촬영 대상이 의식하지 못하고 있을 때 촬영한 사진을 말하는 것으로, 자연스러운 몸동작과 표정을 담아낼 수 있습니다. 사진에 촬영 대상의 얼굴이 드러날 경우, 초상권에 위배되지 않도록 동의를 구해야 합니다.

실습 메시지가 분명한 흑백사진 만들기

사진은 빼기의 예술이라고 하고 더하기의 예술이라고도 합니다. 초보 사진가들은 대부분 애매하게 빼고, 애매하게 더하기 때문에 사진의 주제가 제대로 강조되지 않는 경우가 많습니다. 빼야할 상황이라면 과감하게 단순화하고 더해야 할 상황이라면 절제했다고 생각하는 것 보다 조금 더 추가하면 됩니다.

◉ **원본사진** ⋯ 예제사진→흑백사진→흑백사진.ARW　　◉ **완성사진** ⋯ 완성사진→흑백사진(완성).JPG

Before

After

◉ 인물을 멀리서 촬영했기 때문에 주변의 불필요한 사물이 포함되었습니다.

◉ 인물의 자세가 균형이 잡혀있기 때문에 세로사진이 적합해 보입니다. 사진 자르기 기능으로 불필요한 사물을 없애고 세로사진으로 전환하는 작업을 한 번에 해결합니다.

◉ 최종적으로 흑백 전환을 통해 대비를 살립니다.

불필요한 피사체 제거하기 [Lr]

01 '흑백사진.ARW' 파일을 불러온 후 Develop 모듈로 이동합니다.
라이트룸CC 7.3 버전 사용자의 경우에는 흑백 보정하는 인터페이스가 일부 변경되었습니다. Black&White 전용 패널에서 수치 값을 조정하여 원하는 흑백사진으로의 변환이 가능하게 되었습니다.

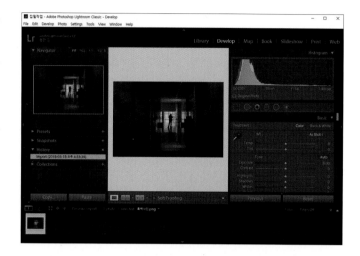

02 불필요한 부분을 잘라내는 동시에 세로사진으로 전환하기 위해 Crop Overay (단축키 [R])를 클릭합니다.

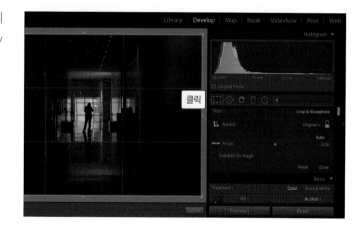

03 인물을 가운데에 배치하기 위해 오른쪽 또는 왼쪽 끝에 마우스 커서를 가져간 후 [Alt] 키를 누른 상태에서 안쪽으로 드래그하고 [Done] 버튼을 클릭합니다.

흑백전환 후 대비 지정하기 Lr

01 HSL/Color/B&W 패널에서 B&W
를 클릭합니다. 자동으로 흑백으로 전환되
었지만 밝은 부분과 어두운 부분의 대비가
조금 부족해 보입니다.

02 컬러 톤을 확인하기 위해 HSL을 클릭합
니다. 가장 밝은 영역은 'Yellow'에 가깝고 그
다음 밝은 영역이 'Orange'에 가까운 것을 확
인할 수 있습니다.

▲ 창틀의 밝은 부분은 Yellow   ▲ 배경 부분은 Orange

Tip 흑백사진은 '밝고, 어둡고, 밝고, 어둡고'와 같이 패턴이 반복되어야 하는데, 밝기가 균일할 경우 피사체가 배경에 묻히기 때문입니다. 예
제에서는 인물이 실루엣 처리되었으므로 인물 주변에 있는 'Yellow'는 밝게 조정하는 것이 좋고 그 다음 밝기인 'Orange'는 어둡게 조정하는
것이 좋습니다.

03 색의 밝기를 조정하기 위해 HSL/
Color/B&W 패널에서 B&W를 클릭합
니다.

04 Yellow를 조금 더 밝게 만들기 위해 Yellow 값을 '+35'로 설정하고 Orange 를 어둡게 만들기 위해 Orange 값을 '-64'로 설정합니다.

05 최종 완성본을 확인합니다.

Tip 이미지에서 밝은 영역을 확인하는 작업은 작업자가 육안으로 확인하는 것으로, 보정 경험이 쌓이게 되면 감으로 알 수 있는 부분입니다. 입문 자분들은 직접 해당 컬러의 값을 조정하면 확인 가능합니다. 단, 확인 후 반드시 원래 값으로 돌려놓 아야 합니다.

스페셜 불꽃사진과 음식사진 촬영 & 보정 팁

1 | 환상적인 불꽃사진 촬영

불꽃사진은 빠른 셔터스피드가 아닌, 느린 셔터스피드를 사용하여 촬영해야 합니다. 일반적으로 4초 이내가 안정적이며, 셔터스피드를 너무 길게 설정하면 궤적이 길어져 불꽃 모양이 예쁘게 나오지 않을 수 있습니다. 반대로 셔터스피드가 너무 짧으면 불꽃이 점 형태로 표현되어 버립니다. 일반적으로 불꽃 사진은 느린 셔터스피드를 사용하기 때문에 삼각대와 릴리즈는 필수이며, 렌즈에 장착된 필터는 모두 제거해야 합니다.

불꽃축제에서는 불꽃이 터지면서 생기는 연기로 인해 시간이 지날수록 깨끗한 이미지를 얻기 힘들기 때문에 촬영 전에 대략적인 구도와 구성을 잡고 노출을 설정해야 합니다.

불꽃이 터지는 순간에 셔터를 누르는 것이 가장 이상적이지만 큰 규모의 불꽃축제는 대부분 연발성으로 불꽃이 터집니다. 즉, 불꽃이 터진 다음 터진 불꽃에서 또 다른 불꽃이 터지는데, 이렇게 불꽃이 연속적으로 터지면 노출이 오버되어 사진의 분위기를 살리지 못하는 경우가 많습니다. 이 문제는 불꽃이 어느 타이밍에 어떤 방식으로 터지는지 알

▲ 연발로 인하여 노출 과다 발생

면 쉽게 해결할 수 있지만 불꽃이 어떻게 터지는지는 아무도 모르므로 구도와 구성을 잡았다면 지속적으로 한 장소에서 촬영하는 것이 좋습니다.

2 | 맛깔나는 음식사진 촬영을 위한 다양한 구도

SNS에 많이 올라오는 사진 중 하나는 음식사진입니다. 사진에 대한 지식은 없더라도 음식 인증 샷만큼은 기가 막히게 촬영하는 분들이 많은데요. 조금만 신경을 쓰면 훨씬 더 좋은 사진을 얻을 수 있으므로 다양한 시각으로 사진을 보고 피드백해 보세요.

이렇게 젓가락이나 포크, 수저를 이용해 음식물을 들고 있는 사진을 많이 볼 수 있습니다. 하지만 이 사진이 SNS에 올라오는 음식사진과 다른 점이 있는데요. 바로 '빛의 방향'을 고려한 점입니다. 뒤쪽에서 자연광이 들어와 초밥의 앞쪽까지 자연스럽게 빛이 들어가게 함으로써 음식에 윤기가 도는 효과를 주었습니다.

빛의 방향

1번 사진은 피자를 촬영한 것인데, 일반적인 피자와 다른 느낌이 들 것입니다. 뭘까요? 이 사진의 포인트는 '역동성'입니다. 피자가 원형을 유지하고 있는 상태에서 한 조각만 뺀 것이 아니라, 전체를 쪼갠 상태에서 분리해 놓았습니다. 이런 방법을 통해 사방으로 갈라지는 역동적인 느낌을 줄 수 있습니다.

2번 사진 역시 일반적으로 많이 볼 수 있는데요. 안타깝지만, B컷 사진입니다. 주 피사체인 고기에 초점이 맞지 않고, 야채와 과일에 초점이 맞아 이도저도 아닌 사진이라 볼 수 있습니다. 음식사진에서 가장 많이 나오는 실수 중 하나로, 포인트를 얕은 심도에만 두어서 생기는 문제입니다. 이 문제는 조리개를 조금 조이면 해결되는데, 조리개를 조일 경우 전체가 선명하면서 깔끔한 사진을 얻을 수 있습니다. 복잡하지 않은 구성일 때는 배경에서 여백의 비중을 높이면 정돈된 사진을 얻을 수 있습니다. 그렇다면 3번이나 4번 사진처럼 음식을 가운데가 아닌, 한쪽으로 쏠리게 배치하면 어떨까요? 사실 접시 모양은 그렇게 중요하지 않습니다. 불필요한 부분은 잘라내어 시선이 음식에 자연스럽게 쏠리도록 하면 됩니다.

5번 사진과 같이 음식을 바로 위에서 내려보며 촬영할 경우, 주의할 점이 세 가지가 있습니다. 첫 번째는 조리개 심도입니다. 전체를 보여주기 위해 위에서 내려보며 촬영하는데, 이때 최대 개방을 사용하면 모든 면에서 완성도가 떨어지므로 조리개는 최소 F/4.0 이상으로 설정하여 촬영하는 것이 좋습니다. 두 번째는 그림자입니다. 음식물 바로 위에 사람이 있기 때문에 형광등 같은 조명이 머리 위에 있다면 그림자가 생길 수 있습니다. 그러므로 그림자의 간섭을 받지 않는 촬영 장소를 선정하는 것이 중요합니다. 마지막으로 음식의 정렬입니다. 음식이 여러 가지일 경우 일정한 패턴을 갖는 것이 좋은데 예를 들면, 가장 큰 음식을 가운데 두고, 나머지 음식 배열을 직사각형이나 모서리 모양으로 구성한 다음 그릇의 크기나 색상별로 구성하여 촬영하는 것이 좋습니다.

전부를 보여주고 싶다면 음식 바로 위에서 촬영하는 것이 가장 이상적이지만, 상황이 여의치 않을 때는 6번 사진처럼 보여주고 싶은 것에 초점을 맞추고, 나머지 음식에 배경 흐림 효과를 적용해 형태만 보여주는 것도 좋은 방법입니다.

대박을 부르는 쇼핑몰 사진 촬영과 라이트룸 보정

Part 6에서는 다양한 조명 액세서리를 설명하고, 액세서리 없이 부드러운 빛을 만드는 방법을 소개합니다. 더 나아가서 제품 촬영을 위한 셀프 스튜디오를 만드는 방법과 쇼핑몰 촬영을 위한 모델의 포즈와 연출까지 알아봅니다.

빛의 마법사!
외장 플래시 활용하기

많은 촬영자들이 외장 플래시 사용을 어려워합니다. 이것은 부드러운 빛만 생각하기 때문에 발생하는 문제인데요. 이번 섹션에서 부드러운 빛을 구현하는 방법과 그에 따라 필요한 액세서리와 활용법에 대해 알아보도록 하겠습니다.

1 | 외장 플래시란?

외장 플래시는 카메라에 기본으로 장착된 플래시(팝업 플래시)가 아닌 사용자가 추가적으로 장착하는 조명으로, 내장 플래시보다 광량이 강하고 빛이 멀리까지 뻗어나가는 장점이 있습니다. 또한 헤드의 방향을 자유자재로 움직일 수 있기 때문에 빛의 방향을 조절할 수 있으며, 부가적인 액세서리를 통해 다양한 연출이 가능합니다. 플래시, 외장 플래시, 스트로브 등 다양한 명칭으로 불리고 있지만 일렉트로닉 플래시 또는 스피드라이트가 가장 정확한 명칭이라 할 수 있습니다. 여기서는 정확한 명칭을 사용하기 위해 스피드라이트라는 용어를 사용하겠습니다. 스피드라이트의 구조는 다음과 같습니다.

발광부

헤드

아이 캐치 리플렉터

와이드 패널

AF 보조장 및 센서

후면 조작부

▲ 스피드라이트의 구조

와이드 패널은 빛을 넓게 확산하는 역할을 하는데, 바운스 촬영을 하거나 디퓨저를 장착했을 때는 확산광을 더 크게 만들어 부드러운 빛을 구현하는 기능을 가지고 있습니다. 리플렉터는 발광부에서 올라온 빛이 아이캐치 리플렉터에 반사되면 전방으로 미세한 빛이 뻗어나가는데 이런 경우 사람이나 동물의 눈동자에 캐치라이트를 생기게 하고 바운스 촬영 시 부족한 광량을 어느 정도 보충할 수 있습니다. 일반적으로 리플렉터와 아이캐치 리플렉터는 같이 활용됩니다.

2 | 스피드라이트 사용

인물사진을 촬영하려면 당연히 스피드라이트도 사용할 수 있어야 한다는 생각에 스피드라이트를 구입해서 사용해 보지만, 결국 장롱에 들어가거나 중고장터에 올리게 됩니다. 물론, 예외가 있을 수 있지만 대부분의 사람들이 스피드라이트를 사용하기 어렵다고 느끼는 이유가 있는데요. 자연광 수준으로 부드러운 빛을 기대하기 때문입니다. 중국산 저가 스피드라이트든, 수백만 원의 고가 스튜디오용 조명이든 부가적인 액세서리 없이는 절대로 부드러운 빛이 나올 수 없다는 사실을 알아야 합니다.

3 | 부드러운 빛을 만들기 위한 액세서리

부드러운 빛을 만들기 위해서는 별도로 액세서리가 필요합니다. 첫 번째는 디퓨저입니다. 요즘은 자주 사용하지 않지만 직광 촬영할 경우 빛을 부드럽게 만드는 효과가 있습니다.

두 번째는 엄브렐러입니다. 우산 모양을 닮아 붙여진 이름인데요. 스피드라이트가 발광하면 엄브렐러 안쪽 면에 반사되어 빛을 확산시키는 역할을 합니다. 디퓨저가 내부의 난반사를 이용해서 부드러운 빛을 만든다면 엄브렐러는 빛을 반사시켜 확산된 빛을 이용합니다. 엄브렐러는 확산 면적 넓어 공간 활용이 좋고 상대적으로 가격이 저렴하며 가벼운 것이 장점입니다.

▲ 디퓨저

▲ 엄브렐러

▲ 무선동조기

마지막으로 무선동조기입니다. 무선동조기는 카메라와 스피드라이트를 분리해 사용할 수 있는 제품으로, 스피드라이트를 제대로 활용하기 위해 필요한 필수 장비입니다. 사용법은 어렵지 않습니다. 무선동조기는 수신기와 송신기로 구성되어 있는데, 송신기는 카메라에, 수신기는 스피드라이트에 장착한 후 채널만 맞추면 원거리에서 바로 작동합니다.

4 | 액세서리 없이 부드러운 빛을 만드는 방법

인공광을 활용하는 방법을 '라이팅 기법'이라 말합니다. 라이팅 기법을 활용하는데 액세서리가 절대적인 역할을 하는 것은 사실입니다. 하지만 어느 정도까지는 액세서리 없이도 부드러운 빛을 만들 수 있습니다.

직광 촬영

직광으로 촬영하면 번들거림과 동시에 배경과 대비가 너무 차이나는 동굴 현상이 발생합니다. 그렇기 때문에 많은 사람들이 직광 촬영에 어려움을 겪고 있습니다. 이것을 보완할 수 있는 액세서리도 있지만 A4용지 하나만 있으면 쉽게 해결됩니다.

방법은 간단합니다. 스피드라이트 앞에 테이프를 이용하여 A4용지를 부착합니다. 스피드라이트의 발광부와 A4용지 사이에 간격을 두면 모든 촬영 준비는 끝납니다. 단, 광량 저하가 많이 발생하기 때문에 촬영해 보면서 노출을 맞춰야 합니다. 이 방법은 디퓨저의 동작 원리와 유사한 것으로, 내부의 난반사된 빛을 이용하는 촬영 방법입니다.

▲ 직광 촬영

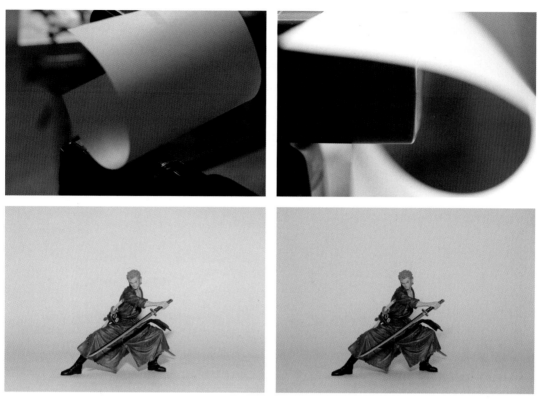

▲ 스피드라이트 단독 직광 촬영　　　　　　▲ 발광부에 A4 용지를 덧댄 후 촬영

바운스 촬영

바운스 촬영은 직광과 달리 특정 면에 빛을 반사시킨 후 확산된 빛을 이용하는 촬영 방법입니다. 어떻게 보면 엄브렐러의 동작 원리와 유사하지만, 엄브렐러처럼 단일 컬러(흰색, 은색, 골드)로 반사되는 것이 아니라 반사된 면의 색상이 피사체에 묻어나고 광량의 손실이 큰 단점이 있습니다. 바운스 촬영은 가장 부드러운 빛을 보여주고 이질감 없는 사진을 얻을 수 있지만 바운스할 대상인 벽면이나 천장이 없으면 불가능하기 때문에 실외에서는 거의 사용되지 않습니다.

▲ 천장 벽지의 색상이 사진에 묻어나기 때문에 화이트밸런스의 조정이 필요하다.

5 | 제품 촬영을 위한 셀프 스튜디오

강의를 하다 보면 수많은 질문을 받게 되는데, 그중에서 많이 받는 질문 중 하나는 쇼핑몰 운영에 관한 것입니다. 사진을 직접 촬영하고 싶은데 어디서부터 어떻게 해야 하는지 모른다는 질문이 많은데요. 사실 이런 질문에 대해 A부터 Z까지 세세하게 답변하기에는 설명만으로 부족합니다. 금전적인 부분에서도 광고지에 실리는 정도의 결과물을 얻기 위해서는 차라리 스튜디오에 의뢰하는 것이 저렴하다고 할 수 있습니다. 하지만 제품 정보를 소비자에게 제공하는데 지장 없을 정도이면서 품질이 일정 수준 이상인 사진을 촬영할 수 있는 방법이 있습니다. 스피드라이트와 부가적인 액세서리 그리고 대형 전지만 있으면 가능합니다.

스튜디오 만들기

테이블과 전지, 스피드라이트, 삼각대, 동조기, 엄브렐러, 스탠드 등 준비물이 필요합니다. 삼각대는 사진이 흔들리지 않도록 고정하려는 목적도 있지만, 사진의 통일성을 위해 사용하는 것입니다. 하나의 구도로 동일한 이미지를 구현해야 홈페이지나 쇼핑몰에 게시했을 때 전체적으로 균형 잡힌 모양이 나오기 때문입니다.

이제 스튜디오를 만들겠습니다. 먼저, 벽에 테이블을 밀착시킵니다. 전지를 테이블 위에 펼친 후 테이프로 벽면과 테이블에 붙여 전지를 고정합니다. 이때 전지를 90°로 접어 모양을 잡는 것이 아니라, 곡선으로 떨어지게끔 잡아준 후 붙여야 합니다. 이렇게 붙이면 공간이 생기고 경계면이 사라져 이미지가 깔끔하게 표현됩니다. 또한 테이프를 붙일 때 너무 세게 붙이면 떼어낼 때 벽지가 손상될 수 있으므로 전지가 고정될 정도로만 붙이는 것이 좋습니다.

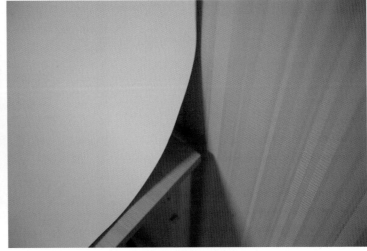

고정한 전지 위에 촬영할 제품을 올리고 스피드라이트에 무선동조기의 수신기를 장착한 후 엄브렐러에 장착합니다. 그런 다음 엄브렐러의 위치를 잡아주는데, 최대한 사물 쪽에 붙이는 것이 좋습니다. 당연히 카메라 프레임에 스탠드가 보여서는 안됩니다.

 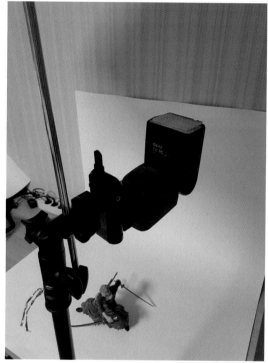

다음 사진은 앞에서 만든 스튜디오 세팅에서 제품만 바꾼 후 촬영한 것입니다. 모든 사진은 후보정을 하지 않았습니다. 사진을 살펴보면 조명 세팅이 오른쪽에 집중되어 있지만 왼쪽에 광량이 부족하여 그러데이션이 생긴 것을 볼 수 있습니다.

이 부분을 해결하는 방법은 몇 가지 있는데, 가장 쉬운 방법은 크롭하는 것이고 제품의 크기가 클 경우 붐스탠드를 사용하여 제품 위쪽에 조명을 위치시키는 것입니다. 특별한 콘셉트가 아닌 이상 스튜디오 조명으로도 이것과 유사한 방식으로 촬영하는 경우가 많습니다. 이때 스피드라이트의 광량이 강하면 강할수록 좋으며, 제품의 크기가 클수록 조명의 높이도 같이 올라가면 균일한 빛을 제품에 조광할 수 있습니다.

조명용 붐스탠드 ▶

▲ 원본

▲ 크롭된 이미지

쇼핑몰을 계획하고 있다면

과거에는 콘셉트에 어울리는 예쁜 피팅모델을 섭외한 후 DSLR 카메라로 촬영하는 것이 쇼핑몰 매출에 큰 영향을 줬다면, 요즘에는 제품의 사실적인 부분을 강조하는 것이 매출에 더 도움이 되는 경우가 많습니다. DSLR 카메라가 아닌 스마트폰으로 촬영한 제품사진을 올려 대박이 난 업체를 예로 들 수 있는데, 소비자 입장에서는 스마트폰 사진이 제품의 사실적인 정보를 확인하는데 더 도움이 된다고 생각하기 때문입니다. 앞서 언급한 대로 잡지나 광고에 실리는 사진의 결과물을 얻는데 목적을 둔다면 업체에 맡기는 것이 훨씬 저렴할 수 있으며, 고품질의 사진을 촬영하기 위해서는 쇼핑몰 운영은 제쳐두고 사진 공부에만 매달려야 할 만큼 많은 시간을 필요로 합니다. 그러므로 사실적인 표현에 중점을 두되, 최소한의 장비 운영을 통해 촬영하는 것이 좋습니다.

6 | 링 플래시를 활용한 꽃사진 촬영

스피드라이트 외에 또 다른 조명장치가 있는데요. 바로 '링 플래시'입니다. 링 플래시는 접사 촬영에 가장 많이 사용되고 LED를 사용한 제품이 대다수입니다. 링 플래시의 장점은 손으로 들고 촬영할 수 있을 만큼 편리하고, 스피드라이트에 비해 다루기가 어렵지 않다는 것입니다. 하지만 스피드라이트처럼 원격으로 조명을 발광할 수 없고, 검증된 제품의 경우 고가라는 단점이 있습니다.

자주 접사 촬영을 하고 전문적으로 촬영해보고 싶다면 검증된 링 플래시를 추천하며, 접사 촬영을 거의 하지 않는다면 저렴한 비메이커 제품을 구입해서 사용하는 것도 나쁘지 않습니다.

▲ 인공광을 활용하면 낮에 야외에서도 이런 사진을 촬영할 수 있다.

▲ 링 플래시

다음 사진의 배경을 보면 누가 봐도 화창한 날이라는 것을 알 수 있습니다. 이런 날 링 플래시를 사용하면 오른쪽 사진처럼 배경이 어둡고 주 피사체인 꽃이 강조되는 사진을 얻을 수 있습니다. 광량이 조금 부족해 보이지만 이런 사진이 나오는 원리는 간단합니다. 조리개를 과할 정도(F/16~F/22)로 조인 후 셔터 스피드를 1/30초로 맞춥니다. 조명 없이 촬영하면 검은색으로 아무것도 보이지 않는데, 이 상황에서 렌즈 앞에 장착된 링 플래시가 켜지면 꽃에만 빛이 들어가 오른쪽과 같은 사진이 나오게 됩니다.

▲ 링 플래시를 장착한 모습

▲ 링 플래시 장착 후 촬영한 사진

이런 사진은 촬영 장소가 산일 경우 진가를 발휘합니다. 산은 명부와 암부의 차이가 큰 장소가 많기 때문에 약간의 빛만으로도 꽤 근사한 사진을 얻을 수 있기 때문입니다. 산에 오르며 촬영하는 것은 힘들지만 촬영할 만한 피사체를 찾는 재미를 느낄 수 있기 때문에 접사 촬영을 시작한다면 산에서 촬영하는 것을 추천합니다.

Section 02

쇼핑몰 피팅 촬영과 사진 보정하기

쇼핑몰에서 사진이 차지하는 비중은 절대적이라 할수 있습니다. 자본금이 많다면 전문 포토 그래퍼를 고용하여 촬영하면 수월하겠지만 거의 대부분의 쇼핑몰 업체에서 직접 촬영하는 경우가 많습니다. 이번 섹션에서는 피팅 촬영 시 주의해야 할 점과 가장 기본이 되면서도 중요한 부분들을 알아보도록 하겠습니다.

1 | 피팅 촬영

의류 쇼핑몰을 운영하는데 피팅 촬영은 필수 요소입니다. 과거에는 얼굴이 예쁘고 몸매가 뛰어난 모델을 섭외한 후 전문 포토그래퍼의 손을 거친 사진을 게시하는 것이 주를 이루었다면, 현재는 대표자가 직접 촬영하는 업체가 많고 심지어 대표자가 모델로 나서는 경우도 흔치 않게 볼 수 있습니다. 또한 최고 성능과 고급 렌즈를 사용한 장비가 아닌, 스마트폰으로 촬영한 사진을 올린 업체도 많습니다. 당연히 그런 사진들의 품질은 낮은 것도 많습니다. 하지만 매출은 그와 반대로 높은 경우가 많죠. 즉, 스마트폰으로 촬영하든, 평범한 일반인 모델을 촬영하든 사진의 품질과 매출은 비례해서 증가하지 않는 것을 알 수 있습니다.

그럼에도 불구하고 쇼핑몰을 준비하는 분들에게 '유명인이 아니라면 사진의 품질을 높이는 방법을 사용하라'고 말합니다. 홈페이지의 완성도를 올리기 위함인데요. 고객 입장에서는 업체가 AS나 교환·반품, 그리고 배송 서비스를 제대로 지원해주는지 확인할 방법이 없습니다. 그렇기 때문에 홈페이지를 최대한 완성도 있게 구성하여 고객에게 신뢰감을 줄 필요가 있습니다. 홈페이지의 완성도를 결정하는 요소는 사진의 품질과 게시된 이미지의 양입니다. 이미지는 소비자에게 정보를 전달하는 효과가 있기 때문에 양이 많으면 많을수록 좋습니다. 단, 제품과 관련 없는 클로즈업 사진이나 추상적인 느낌이 너무 강한 이미지는 정보 전달을 방해하는 요소로 작용하기 때문에 배제하는 것이 좋습니다.

10%의 A컷보다 90%의 노멀함을 위할 것

피팅 촬영할 때는 촬영자 마음에 드는 A컷을 촬영하는 것이 아니라, 고객이 원하는 노멀한 사진을 촬영하는 것이 중요합니다. 즉, 착용한 제품에 대한 올바른 정보를 전달하기 위해 추상적인 부분은 최대한 배제한 채 사실적인 부분을 강조하기 위해 노력해야 합니다. 촬영자가 작품을 구상하려고 생각하는 순간 사진의 방향이 목적과 다르게 촬영되는 경우가 종종 있는데, 이것을 방지하기 위해 개인 사진에 대한 욕심을 버리는 것이 중요합니다.

사실적인 이미지 촬영과 필요한 장비

요즘 소비자들은 쇼핑몰에 올라오는 사진에 어느 정도 보정이 적용되어 있는 것을 알고 있습니다. 심지어 얼마나 과한 보정이 적용되었는지 알아내는 경우도 종종 있는데요. 그렇기 때문에 사실적인 모습을 여과 없이 보여주기 위해 스마트폰으로 촬영한 사진을 보정 없이 그대로 올려 판매하는 업체도 많이 볼 수 있습니다. 그렇지만 스마트폰으로 촬영한 사진을 사용할 경우, 홈페이지의 완성도는 떨어질 수밖에 없습니다. 또한 디테일 컷에서 약점을 보이기 때문에 되도록이면 DSLR 카메라나 미러리스 카메라로 촬영한 사진을 사용하는 것이 좋습니다. 장망원의 렌즈는 심도가 너무 얕아 사실적인 부분을 표현하기 어려우므로 다양한 단렌즈를 활용하면 좋지만, 필수는 아닙니다. 하나의 렌즈만 사용할 경우 표준 줌렌즈를 활용하면 좋습니다. 표준 줌렌즈 하나만으로도 거의 모든 사진을 촬영할 수 있기 때문입니다.

모델 얼굴이 나오는 사진

피팅 촬영 시 모델 얼굴이 나오게 촬영하면 의상을 돋보이게 만들 수 있습니다. 쇼핑몰에서는 의상 콘셉트에 가장 적합한 모델을 섭외하고 어울리는 메이크업과 헤어를 한 후 촬영에 들어가는데, 여기서 고객은 해당 옷을 입었을 때 어떤 머리 스타일과 메이크업 방식이 어울리는지 알 수 있고, 옷과 자신의 외모가 어울리는지 판단할 수도 있습니다. 과거에는 이런 촬영이 주를 이루었지만 요즘에는 필수라고는 보기 힘듭니다. 전문 모델의 외모는 일상에서 흔히 볼 수 있는 평범한 스타일이 아니기 때문입니다. 그래서 정반대의 콘셉트로 모델을 섭외하여 진행하는 경우도 많습니다. 예를 들면, 누가 봐도 평범한 일반인 모델의 사진을 올려 소비자의 구매욕을 자극하는 경우입니다. 평범한 사람이 입으면 어떤 느낌이 나는지 알 수 있고, '내가 입으면 저것보다는 낫겠지.'라는 일종의 상대적인 심리를 이용한 것이라 볼 수 있습니다.

하지만 전문 모델을 촬영한 이미지를 포함하는 것이 홈페이지의 완성도와 브랜드 가치를 단시간에 끌어올릴 확률이 높기 때문에 대형 업체들은 여전히 이 방식을 선호합니다. 무엇보다 디테일 컷과 마네킹 컷이 포함된 상태에서 전신이 나온 사진까지 포함되면 그만큼 고객이 얻을 수 있는 정보도 많은 장점이 있죠.

단, 이 방법은 인물 촬영에 대한 이해와 연습이 기본적으로 갖춰져 있어야 하기 때문에 난이도 높은 촬영입니다.

모델 얼굴을 제외한 사진

피팅 촬영 시 모델 얼굴이 나오지 않게 촬영하면 전문 모델의 평범하지 않은 외모를 배제하고 보기 때문에 의상 정보만 전달하는데 효과적입니다. 얼굴이 공개되지 않기 때문에 해당 옷을 입었을 때의 느낌을 표현하는데 한계가 있지만 지인이나 가족이 모델이 될 수 있습니다.

▲ 모델의 얼굴이 나오면 의상을 돋보이게 할 수 있다.　　　　▲ 얼굴을 제외시키면 의상 정보를 효과적으로 전달할 수 있다.

마네킹 컷

마네킹에 의상을 입혀놓고 촬영하는 방법으로, 마네킹의 완벽하게 균형 잡힌 체형 때문에 옷의 핏이 가장 좋게 나온다고 볼 수 있습니다. 사람이 입었을 때의 느낌을 보여주기 힘들지만, 마네킹에 입혀진 제품만 집중적으로 보여주기 때문에 의상의 실사를 표현하는데 가장 효과적입니다. 단, 이미지 자체가 단순하기 때문에 세세한 부분을 신경 써서 촬영해야 합니다.

오른쪽 사진의 문제점은 무엇일까요? 먼저 왼쪽에 콘센트가 드러나고 허리끈은 풀려있으며, 옷에 주름이 많습니다. 그리고 한쪽 팔은 완전히 펴져있지만 다른 한쪽 팔은 소매가 접혀있습니다. 콘센트 정도는 보정으로 지울 수 있지만 다른 문제점은 보정으로도 해결할 수 없으므로 촬영 당시에 꼼꼼하게 세팅한 후 촬영해야 합니다. 마네킹 컷은 원가절감의 효과가 가장 큰 촬영 방

▲ 제품의 디테일한 부분을 전혀 고려하지 않은 사진

법이지만 일반적인 쇼핑몰에서는 많이 활용되지 않으며 활용되더라도 메인 컷이 아닌, 서브 컷으로 활용됩니다.

부분 컷 촬영하기

부분 컷 촬영은 제품의 특성과 포인트를 파악하는 것이 중요합니다. 소비자에게 제품의 상세 정보를 보여주는 역할을 하기 때문에 제품의 형태를 잘 표현할 수 있는 방법으로 접근하는 것이 좋습니다.

2 | 스튜디오 촬영

포털사이트에서 '셀프 스튜디오'를 검색하면 주변의 스튜디오를 확인할 수 있는데, 대부분 예약제로 운영되기 때문에 전화로 예약 절차를 진행하는 것이 좋습니다. 예약하는 과정에서 사전에 준비해 두면 좋을 것들에 대해 요청하면 수월한 촬영이 가능합니다. 스튜디오 촬영은 모델이 다소 전문적인 포즈를 취해도 이질감이 느껴지지 않기 때문에 완성도 있는 사진을 원한다면 장소를 임대하여 촬영하는 것이 좋습니다.

스튜디오 촬영은 사진의 품질과 완성도는 가장 높지만 전문 모델이 있어야 효과를 극대화할 수 있고, 스튜디오 렌탈 등 추가적인 비용이 들어가는 단점이 있습니다. 하지만 촬영 장소에는 과감하게 투자할 필요가 있습니다. 결혼 관련 패션 쇼핑몰 중 예산 문제로 놀이터에서 촬영한 사진을 봤는데, 이렇게 장소를 잘못 선정하면 의상과 배경이 동떨어진 느낌을 줄 뿐만 아니라 배경이 너무 산만하여 의상을 제대로 보여주기 힘듭니다. 스튜디오에 대한 대안으로 카페에서 많이 촬영하기도 합니다. 카페는 어떤 의상을 입더라도 대부분 잘 어울리기 때문에 소비자에게 친숙하고 일상적인 장면을 연출할 수 있는 장점이 있습니다.

사실적인 컬러 작업을 위한 준비물

스튜디오처럼 통제된 환경에서 촬영할 때는 화이트밸런스와 노출을 맞추는 것이 수월합니다. 미리 언급할 부분은 우리의 눈을 믿으면 안 된다는 것입니다. 모니터와 스마트폰 화면의 컬러와 밝기가 제각각이기 때문에 메타데이터에서 지정하는 평균값을 만들어 주는 방식으로 진행되어야 합니다. 쉽게 말해 눈으로 보고 화이트밸런스와 노출을 맞추는 것이 아니라, 특별한 장비를 사용해야 합니다.

▲ 스파이더 큐브

데이터 컬러 시스템에서 나온 스파이더 큐브는 라이트룸에서 지원하는 화이트밸런스와 노출을 설정하는데 사용하는 도구입니다. 스파이더 큐브는 정확성이 높기로 유명하고 플라스틱 재질에 특수 인쇄가 되어 있어서 변색되지 않으며, 오염이 되더라도 물로 씻어서 원상복구가 가능한 장점이 있습니다. 크기에 비해 다소 비싸다는 느낌이 들지 모르나 피팅 촬영이나 제품 촬영에서 일관성 있는 작업을 위해서는 반드시 필요한 장비입니다.

소품의 활용과 렌즈의 선택

사실적인 모습을 보여주는 것이 중요하기 때문에 아웃 포커싱으로 배경을 흐리게 만든 사진은 좋지 않습니다. 최대한 배경과 조화를 이루면서 사실적인 묘사를 드러내는 것이 좋으므로 풀프레임 카메라 기준 50mm 이하의 초점 거리를 가진 렌즈가 이상적입니다. 줌렌즈를 사용하든 해상력이 좋은 단렌즈를 사용하든 상관없으며, 상황이 여의치 않다면 번들렌즈도 충분히 사용 가능합니다. 항상 서 있는 자세만 촬영하기 보다는 주변의 소파나 침대, 카펫 같은 것들이 있다면 이것을 활용하여 다양한 각도로 촬영하는 것이 좋습니다. 셀프 스튜디오를 선정할 때 이런 부분까지 고려하면 다양한 사진을 촬영할 수 있습니다.

포즈와 연출

포즈를 지정할 때는 광고지에 나오는 포즈보다는 현실적이면서 균형 잡힌 포즈를 잡아주는 것이 중요합니다. 사람마다 차이는 있지만 경력이 2년 이상 되는 피팅모델의 경우에는 이런 부분을 실제 촬영에 적용할 수 있는 능력이 있기 때문에 만약 경험이 부족하다면 모델에게 맡기는 것도 하나의 방법입니다. 단, 어떤 느낌으로 촬영할 것인지 모델에게 반드시 설명해야 합니다. 경력 모델 섭외가 힘들다면 지인이나 가족을 촬영하는 것도 방법이 될 수 있습니다.

연출은 앞에서 언급한 대로 전문적인 포즈를 사용하되, 자연스러움을 접목시키는 것이 좋습니다. 광고지나 연예인 화보 촬영 같은 느낌으로 촬영할 경우 의상 정보를 소비자에게 효과적으로 전달하기 힘들기 때문입니다. 반대로 너무 자연스럽게 촬영하면 사진의 품질이 많이 떨어져

▲ 콘셉트에 따른 포즈를 지정한 스튜디오 촬영

보일 수 있습니다. 포즈의 기본적인 규칙만 적용해도 자연스러우면서 안정감 있는 사진을 얻을 수 있기 때문에 과한 포즈보다는 자연스러움을 요구한 후 포즈를 세밀하게 지정해주는 것이 좋습니다.

거리 촬영

거리 촬영은 별도의 비용이 들지 않는 장점이 있습니다. 스튜디오 촬영과 비교해 본다면 고정적인 포즈로 촬영하는 것이 아닌, 움직임이 있는 동적인 촬영이 많은 차이점이 있습니다. 거리 촬영 방법은 간단합니다. 먼저, 모델에게 특정 상황을 제시하고 그대로 연기하도록 큰 틀을 잡아줍니다. 그 다음에 "여기서부터 여기까지 이런 식으로 움직여 주세요."라고 요청하면 됩니다.

자연스러움을 담은 거리 촬영 ▶

카메라 세팅

거리에서 촬영할 경우, 인물이 움직이는 모든 과정을 촬영하기 때문에 연사 모드를 활용하는 것이 좋습니다. 또한 표준 줌렌즈처럼 빠른 AF 속도를 보여주는 렌즈가 유리하며, 동체추적 기능을 활용하는 것이 최대한 많은 사진을 건질 수 있는 방법입니다. 그래서 피팅 촬영 전문 사진가는 최고급 기종의 카메라(플래그쉽)를 사용합니다. 일반적인 인물사진에서는 눈에 정확하게 초점이 맞아야 하기 때문에 동체추적 기능을 사용하지 않습니다. 하지만 의상이 주인공인 피팅 촬영에서는 동체추적 기능이 유용하게 사용됩니다. 조리개를 개방하여 감성적이고 추상적인 느낌을 주기보다는 조리개를 조여서 배경과 어울리게 촬영하는 것이 좋습니다.

프레임 비중

피팅 촬영 시 여백에 많은 비중을 두면 의상이 아닌, 인물과 분위기가 강조됩니다. 그러므로 프레임 설정을 잘못했다면 크롭해서 배경이 차지하는 비중을 줄이는 것이 좋습니다. 사실 다음 사진은 피팅사진에 적합하지 않습니다. 이유는 촬영 당시 바람이 심하게 불어 옷의 형태가 제대로 표현되지 않았기 때문입니다. 그러므로 야외 촬영할 때는 바람이 없는 날을 선택해야 합니다. 촬영 날짜를 다 잡았는데 바람이 심하게 분다면 실내 촬영으로 바꾸거나 일정을 변경하는 것이 좋습니다.

▲ 인물의 비중이 작은 사진

▲ 확대 크롭하여 인물의 비중이 큰 사진

3 | 색과 노출 작업

사이즈와 색상은 반품에 가장 큰 영향을 미치는 요소입니다. 사이즈는 어떻게 할 수 없다고 해도 색상은 표준치로 맞출 필요가 있습니다. 또한 노출에 따라 보이는 컬러의 느낌이 달라지기 때문에 이 부분도 균일하게 맞춰야 합니다.

색과 노출 작업을 위한 촬영과 보정

준비물로는 스파이더 큐브나 QP 카드가 필요합니다. 이 둘의 역할은 동일하지만, 스파이더 큐브는 입체이기 때문에 좀 더 정확한 노출과 컬러를 보여주는 장점이 있습니다.

스파이더 큐브를 이용해 색과 노출의 표준치를 맞추려면 모델이 스파이더 큐브를 들고 있는 사진이 필요합니다. 스튜디오 내 자연광이 고른 상황에서는 그냥 들고 촬영해도 괜찮지만, 인공

▲ 스파이더 큐브

▲ QP 카드

광을 사용하거나 그림자가 존재하는 자연광의 경우에는 스파이더 큐브를 인물이나 의상에 밀착하여 촬영해야 합니다.

이렇게 촬영한 다음 라이트룸에서 색과 노출을 표준에 맞추고 프리셋을 저장하여 활용하면 되는데, 소비자의 모니터와 스마트폰에서 보여주는 밝기와 컬러가 다르기 때문에 프리셋 값을 저장한 후 가장 클레임이 낮은 컬러를 찾는 과정이 필요합니다. 즉, 작업할 때마다 프리셋을 계속 저장해야 하며 클레임이나 반품이 심하게 발생한다면 값을 조정해야 합니다. 컬러 작업은 아주 민감한 문제이고 장비를 바꿀 때마다 해결해야 합니다.

▲ 스파이더 큐브를 인물이나 의상에 밀착시킨 다음 촬영하여 라이트룸에서 색과 노출 값을 조정한다.

실습 색과 노출의 표준치 맞추기

밝기에 따른 색상 차가 존재하기 때문에 노출 보정을 하면 할수록 데이터가 손실될 수밖에 없습니다. 그러므로 촬영 당시에 적정 노출에 가깝게 촬영하면 가장 표준에 가까운 결과물을 얻을 수 있습니다. 스파이더 큐브를 활용하여 색과 노출의 표준치를 맞추는 작업을 해 봅니다.

◉ **원본사진** ⋯ 예제사진→색작업→색작업.NEF　　◉ **완성사진** ⋯ 완성사진→색작업(완성).NEF

Before

◉ 사진이 전체적으로 어둡기 때문에 먼저 밝게 보정해야 합니다.

◉ 지금까지 눈으로 판단하여 보정했다면 이번 실습에서는 도구를 이용하여 보정해 봅니다.

After

화이트밸런스 맞추기

01 '색작업.NEF'와 '색작업1.NEF' 파일을 불러온 후 Develop 모듈로 이동합니다.

02 화이트밸런스를 맞추겠습니다. Navigator에서 스파이더 큐브를 1:1 비율로 확대하고 White Balance Selector(단축키 [W])를 클릭합니다.

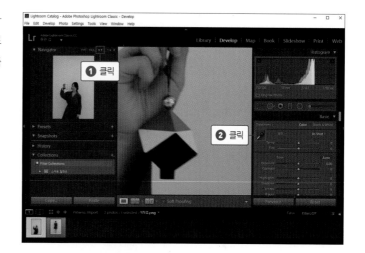

03 스파이더 큐브의 밝은 회색 부분을 클릭합니다.

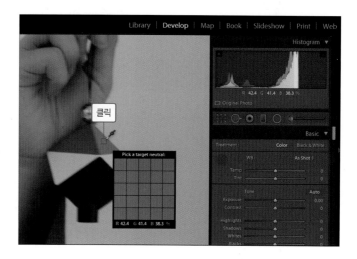

전체적인 노출 조정하기 Lr

01 노출을 맞추기 위해 클리핑 경고 활성화 버튼을 모두 클릭합니다. 클리핑 경고가 표시되면서 어두운 부분의 디테일이 손상되었음을 알 수 있습니다.

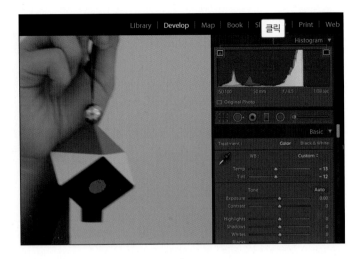

Tip 원 안의 영역은 가장 어두운 부분이기 때문에 클리핑 경고가 나타나도 괜찮지만 그 외의 부분은 클리핑이 나타나면 안 됩니다.

02 사진이 전체적으로 어둡고 히스토그램에서 밝은 영역 쪽의 톤이 부족한 것을 알 수 있습니다. 가장 밝은 영역의 클리핑 경고를 표시하기 위해 Whites의 슬라이더 바를 히스토그램의 Highlights 지점까지 움직여 줍니다. 예제에서는 '51'이 적정 값입니다.

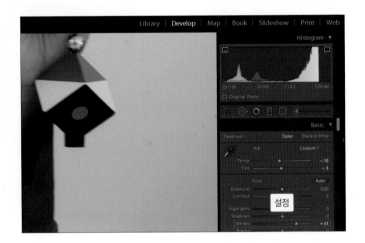

03 전체적인 노출을 조정하겠습니다. 스파이더 큐브의 흰색 부분에 클리핑이 생기지 않도록 Exposure의 슬라이더 바를 움직여 줍니다. 예제에서는 '+1.18'이 적정 값입니다.

▲ 너무 밝게 보정하여 클리핑 경고 발생

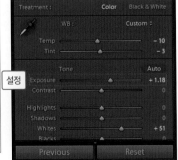

프리셋 저장하기

01 지금까지의 조정 값을 클릭 한 번만
으로 다른 이미지에 적용하는 작업이 가능
하도록 프리셋으로 만들어 보겠습니다. 현
재 이미지에 적용된 조정 값을 프리셋으로
저장하기 위해 Presets 오른쪽의 '+'를
클릭합니다.

02 New Develop Preset 창이 열리면 'Preset Name'
을 지정합니다. 예제에서는 'Astudio'를 입력 이름을 입력한
후 모든 값을 저장하기 위해 하단의 [Chech All] 버튼을 클
릭하고 [Create] 버튼을 클릭합니다.

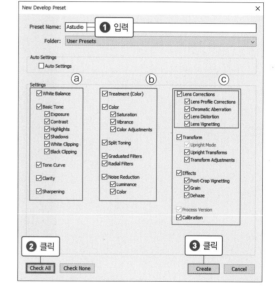

> **Tip** **Preset 옵션**
>
> 라이트룸이 익숙해지면 선택적으로 프리셋을 만들 수 있습니다.
>
> ⓐ : 화이트밸런스와 노출 톤 대비 샤프닝의 적용 선택
> ⓑ : 컬러 작업 및 필터 노이즈 감소 적용 선택
> ⓒ : 렌즈 교정, 변형, 효과(비네팅, 노이즈 증가, 디헤이즈) 적용 선택

03 User Presets에 'Astudio'라는 프
리셋이 저장된 것을 확인할 수 있습니다.

04 저장한 프리셋을 적용하겠습니다. 동일한 환경과 장소에서 촬영한 이미지 또는 새로 불러온 이미지를 선택합니다. 예제에서는 '색작업2.png' 파일을 불러옵니다.

05 [Presets open] 버튼을 클릭하면 하단에 프리셋이 열립니다.

06 User Presets에서 'Astudio'를 클릭하면 이전에 저장한 데이터 값이 그대로 현재 이미지에 적용됩니다.

Section

03

쇼핑몰 제품 촬영과
사진 보정하기

제품 촬영은 사실적인 제품을 보여주는 것이 목적이므로 보정을 하면 안된다고 생각하는 분이 많습니다. 하지만 실제 광고 촬영이나 제품 촬영에서 보정이 되지 않은 사진은 거의 없다고 볼 수 있습니다. 쇼핑몰 제품 촬영 시 반드시 해야 할 보정 방법에 대해 알아봅니다.

1 │ 빛을 알면 제품 보정이 보인다

많은 사람들은 조명을 활용한 촬영을 위해 빛에 대한 이론과 라이팅 기법을 공부합니다. 하지만 너무나 익숙하기 때문에 무관심했을 뿐, 라이팅 기법이나 빛에 대한 이론을 공부하기 전부터 이미 일상에서 빛을 보고 느끼고 있습니다.

예를 들어 보겠습니다. 흰색의 종이를 들고 정오에 밖으로 가지고 나가면 어떤 색으로 보일까요? 대부분의 경우 밝은 흰색으로 보일 것입니다. 하지만 빛이 없는 장소에서 보면 검은색으로 보일 것입니다. 정확하게 말하면 어두워서 보이지 않는 것이 맞겠죠. 마지막으로 낮 시간에 그늘이 있는 곳에서 흰색 종이를 보면 어떤 색으로 보일까요? 애매하긴 해도 흰색과 검은색의 중간인 회색과 유사한 색으로 보일 것입니다. 이 예시는 실제 스튜디오 조명을 활용하는데 기초가 되는 내용으로, 많은 상업 사진가들이 이것을 바탕으로 촬영을 하고 있습니다.

◀ 빛이 많으면 흰색, 그 중간이 회색, 빛이 부족하면 검은색을 띈다.

461

2 | 누구나 쉽게 할 수 있는 제품 촬영과 보정

제품 촬영 시 흰색 배경을 활용하면 제품을 강조할 수 있습니다. 흰색 배경의 이미지를 얻는 방법은 크게 세 가지로 나눌 수 있습니다. 첫 번째는 피사체뿐만 아니라 배경에도 별도의 조명을 비추는 것입니다. 라이팅 스튜디오 시뮬레이터 프로그램을 보면 빛을 비춘 배경만 흰색으로 표현되는 것을 알 수 있습니다. 이 방법은 배경을 흰색으로 만들 때뿐만 아니라 제품의 윤곽선과 투명함을 표현할 때도 활용됩니다. 두 번째 방법으로는 포토샵을 이용하는 것입니다. 선택 영역 작업을 통해 이미지만 추출한 후 PNG 파일로 만들어 흰색 배경에 붙여 넣는 방법입니다. 마지막으로 라이트룸을 활용하는 것인데, 앞서 흰색 종이가 빛의 양에 따라 색이 크게 3단계로 바뀌는 것을 배웠습니다.

▲ 제품의 뒤쪽에서 빛이 들어오면 투명함이 강조되고 윤곽선이 살아난다.

▲ 라이팅 시뮬레이터 프로그램 : 조명을 배경에 조광하면 흰색 배경이 된다.

실습 제품이 강조되는 흰색 배경 만들기

제품에 집중할 수 있도록 제품의 배경을 흰색으로 보정합니다. 최대한 흰색으로 전환되도록 밝기를 높이고, 불필요한 부분은 잘라내어 완성합니다.

◉ **원본사진** … 예제사진→제품사진→제품흰색배경.JPG　　◉ **완성사진** … 완성사진→제품흰색배경(완성).JPG

Before

After

◉ 전체적인 이미지로는 제품을 강조하기 힘들기 때문에 소비자가 제품에 집중할 수 있도록 크롭하여 잘라냅니다.

◉ 흰색 배경을 표현하기 위해 배경의 밝기를 과할 정도로 밝게 만듭니다.

배경 지우기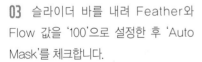

01 '제품흰색배경.JPG' 파일을 불러온 후 Develop 모듈로 이동합니다.

02 제품의 배경을 완전한 흰색으로 만들기 위해 Adjustment Brush(단축키 K)를 클릭합니다. Exposure 값을 최대치인 '4.00'으로 설정합니다.

> **Tip** 제품의 배경을 보면 흰색 같지만 완벽한 흰색은 아닙니다. 만약 흰색으로 판단하여 실제 홈페이지에 게시한다면 다른 제품과의 통일성이 떨어지게 됩니다.

03 슬라이더 바를 내려 Feather와 Flow 값을 '100'으로 설정한 후 'Auto Mask'를 체크합니다.

> **Tip** 'Auto Mask'를 체크하면 라이트룸에서 자동으로 경계선을 어느 정도까지는 침범하지 않게 합니다. 만약 지워야 하는 부분이 지워지지 않는다면 'Auto Mask'를 체크 해제한 후 지웁니다.

04 사진에서 흰색으로 표현할 부분을 꼼꼼하게 드래그하고 [Done] 버튼을 클릭합니다.

Tip 마우스 휠 스크롤을 조절하여 브러시 크기를 변경하며 작업하면 편리합니다.

05 예제에서 왼쪽 부분은 필요 없는 여백이라 모두 지우지 않았습니다. 사진을 적당한 크기로 자르기 위해 Crop Overlay를 클릭합니다.

06 화면에 표시된 격자를 확인하고 사진의 가장자리에 마우스 커서를 가져간 다음 클릭한 상태에서 위아래로 움직여 수평을 맞춥니다.

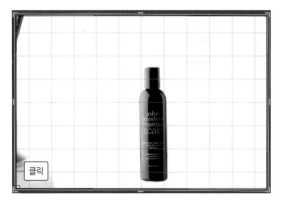

07 마우스 커서를 사진의 세로라인에 가져간 후 [Alt] 키를 누른 상태에서 안쪽으로 드래그합니다. 가로 라인도 동일하게 작업하여 비율을 맞춥니다.

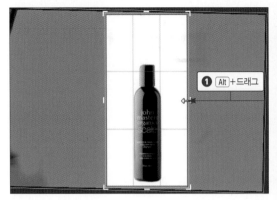

08 [Alt] 키를 누르지 않은 상태에서 각각의 라인을 움직여 제품을 가운데로 배치합니다. 배치가 끝났으면 [Done] 키를 눌러 마무리합니다.

실습 상표를 또렷하게 만드는 텍스트 만들기

제품 촬영을 하다 보면 간혹 상표가 또렷하게 나타나지 않는 경우가 있습니다. 주로 상표를 스티커에 인쇄하여 상품에 붙인 제품에서 이런 문제가 발생합니다. 라이팅 기법으로 이것을 해결하는 것은 까다로운데, 보기 싫은 빛 반사가 나타나는 경우가 많아 세심한 조명 세팅을 요구하기 때문입니다. 예제 사진은 역광으로 라이팅을 주어 촬영했기 때문에 전면이 검게 표현되었습니다. 별도의 라이팅을 사용하지 않고 라이트룸에서 상표를 살리는 작업을 해보겠습니다.

◐ **원본사진** … 예제사진→상표부각→상표부각.NEF　　◐ **완성사진** … 완성사진→상표부각(완성).JPG

Before

◐ 상표가 어둡게 표현되어 상품 이미지가 깨끗해 보이지 않습니다.

◐ 금색 각인이 희미하게 표현되어 고급스러운 느낌이 사라졌습니다.

After

상표 부각하기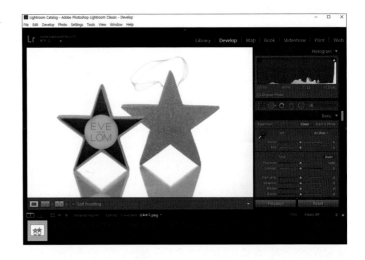

01 '상표부각.NEF' 파일을 불러온 후 Develop 모듈로 이동합니다.

02 Adjustment Brush(단축키 K)를 클릭합니다.

03 슬라이더 바를 내려 Fether와 Flow 값을 '100'으로 설정하고 'Auto Mask'를 체크합니다.

04 정확하게 노출을 얼마나 올려야 하
는지 모르는 상황이므로 Exposure 값을
'1.00(임의의 값)'으로 설정하고 이미지를
확대합니다.

05 먼저 흰색 원 전체를 밝게 보정하겠습니다. 최대한 글자를 피해서 흰색 원 부분만 문지릅니다. Navigator에서 'FIT'
를 클릭하여 전체적으로 이질감이 느껴지지 않는지 확인한 후 [Done] 버튼을 클릭합니다.

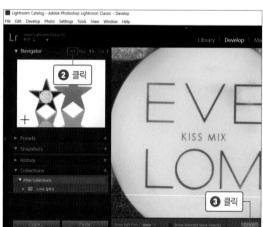

06 같은 방법으로 금색 글자를 살리겠습
니다. [Done] 버튼을 눌렀기 때문에 새로
운 브러시를 하나 더 적용할 수 있습니다.
Adjustment Brush(단축키 K)를 클릭하
고 글자 부분을 세심하게 문지릅니다. 브
러시 세팅은 이전 과정과 동일합니다.

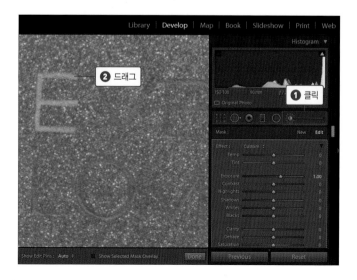

07 Navigator에서 'FIT'을 클릭하여 전체적으로 이질감이 느껴지지 않는지 확인하고 원하는 결과가 나왔다면 [Done] 버튼을 클릭합니다.

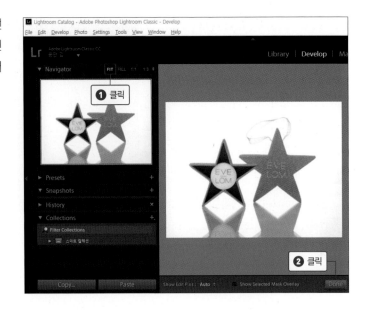

08 최종 완성본을 확인합니다.

실습 **불필요한 이물질 방지와 제거하기**

제품사진에서 지문이나 먼지 같은 이물질이 발견되면 후반 작업에서 하나하나 지워야 하는데, 촬영하는 동안 조금만 조심하면 최소한의 보정으로 해결할 수 있습니다. 제품을 만질 때는 반드시 흰색 면장갑 또는 털이 날리지 않는 장갑을 착용하고 꼼꼼히 살펴보며, 필요에 따라 브러시로 먼지를 털어 내거나 세정액으로 닦아서 제거하면 후반 작업의 시간을 절약할 수 있습니다. 화학약품에 민감한 제품이라면 세정액을 사용하지 않고 솜에 물만 묻혀 닦아냅니다.

◉ **원본사진** … 예제사진→이물질→이물질.PNG　　◉ **완성사진** … 완성사진→이물질(완성).JPG

Before

● 먼지가 묻어 제품 자체가 깔끔하지 못합니다. 먼지와 이물질을 제거하여 깨끗한 이미지를 얻도록 합니다.

● 영역 복제(Clone)를 활용하기보다는 픽셀 인식(Heal)을 적용하는 것이 좋습니다.

After

불필요한 이물질 제거하기 Lr

01 '이물질.PNG' 파일을 불러온 후 Develop 모듈로 이동합니다.

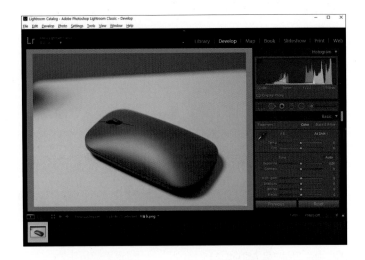

02 Spot Removal(단축키 Q)을 클릭합니다. 강하게 적용되어야 이물질이 깔끔하게 사라지므로 Feather 값을 '0', Opacity 값을 '100'으로 설정합니다.

03 이물질이 있는 부분을 클릭합니다. 라이트룸에서 자동으로 이질감이 없는 부분을 복제합니다.

Tip 마음에 들지 않는다면 새로 생긴 원을 클릭한 후 더 나은 복제 값을 찾습니다.

04 같은 방법으로 미세한 이물질을 제거합니다. 모두 제거했다면 [Close] 버튼을 클릭합니다.

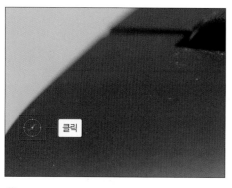 

> **Tip** 제품사진에서 이물질을 제거할 때는 브러시가 제품과 배경의 경계선을 넘지 않는 것이 좋고, 브러시 크기는 지우려는 이물질과 최대한 비슷한 크기로 설정하는 것이 좋습니다.

05 최종 완성본을 확인합니다.

> **Tip** 라이트룸은 포토샵에 비해 아주 미세한 이물질은 제거하기 힘듭니다. 하지만 쇼핑몰에 게시되는 이미지 크기를 감안할 때 이 정도면 꽤 훌륭하다고 말할 수 있습니다. 물론, 가장 좋은 방법은 깨끗하게 제품을 닦고 촬영을 진행하는 것입니다.

색인 Index